新课程理念下的作业、试卷设计与评阅

主　编　王福强　解素女

天津教育出版社

内容简介

　　本书在编写过程中坚持以"为第一线教师服务"的主旨，以"翔实、鲜活、典型的案例解析与相应的理论指导相结合"为基本写作思路，密切联系当前新课程实践中出现的新的发展情况，对新课程下教师的技能——作业设计、作业评阅、试卷命制、试卷分析与讲评等方面分别进行了详细分析与阐述，既注重理论的厚重，更强调教师具体教学实施中的可模仿、可借鉴的操作思路与操作方法的介绍。

　　本书紧扣新课程改革的基本要求，理念先进，内容翔实，风格朴素、生动，可读性强，既可作为中小学教师专业技能培训的参考用书，又可作为师范类院校对师范生进行专业技能训练的教材，还可作为初涉教坛的中小学教师及非师范类院校毕业生或社会人员报考教师资格、进行专业技能自我提高的参考用书。

图书在版编目（CIP）数据

　　新课程理念下的作业、试卷设计与评阅／王福
强，解素女主编. —天津：天津教育出版社，2010.5
　　ISBN 978 - 7 - 5309 - 6063 - 9

　　Ⅰ．①新⋯　Ⅱ．①王⋯　②解⋯　Ⅲ．①中小学—教学
研究　Ⅳ．①G632.0

　　中国版本图书馆 CIP 数据核字（2010）第 074829 号

新课程理念下的作业、试卷设计与评阅

出 版 人	胡振泰	
主　　编	王福强　　解素女	
责任编辑	李勃洋	
出版发行	天津教育出版社	
	天津市和平区西康路 35 号	
	邮政编码 300051	
经　　销	全国新华书店	
印　　刷	北京龙展印刷有限公司	
版　　次	2010 年 5 月第 1 版	
印　　次	2015 年 8 月第 3 次印刷	
规　　格	16 开（787×1092 毫米）	
字　　数	298 千字	
印　　张	12.5	

定　　价　■00 元

目　　录

第一章

学习评价概论

重要观点：

◎评价标准的不同，直接决定着教育教学价值的取向，决定着学生成才的可能性。

◎评价，应该成为学生发展的起点，而不应该成为阻碍学生发展的基点。

◎解放学生的心灵，解放学生的头脑，解放学生的手脚，使他们借助评价的力量，不断寻求到新的生长点，自然地有序地成长。

◎评价淡化了其甄别功能，不再是为了给学生"排队"和分出"三六九等"，而是作为促进学生发展的工具。

第一节　学习评价的变化趋势

在现实的教学中，我们总不难发现这样的状况：有的学生在课堂上木讷呆板，但课下却机智灵活；有的学生在学校出类拔萃，但出了校门却机械胆怯；有的学生考试成绩遥遥领先，但在人际交往中却表现得手足无措；有的学生在学业上一无是处，但遇到实际的生活难题，却思维活跃，总不乏奇思妙想……

这些现象说明了什么？学生是活生生的人，要想客观、公平、公正、科学地评价一个学生，实在不是一件容易的事。正因为如此，研究和解决学生评价的标准，实现学生评价的科学合理，就成为新课程改革的重要内容之一。可以说，评价标准的不同，直接决定着教育教学价值的取向，决定着学生成才的可能性。

有人曾打过一个形象的比喻：学生评价方式，仿佛悬挂在学校、学生和家长头上的"达摩克利斯之剑"。而从目前的教育发展看，高考、中考的指挥棒仍在控制着师生教与学的行为，这个"威力无穷"的指挥棒，致使日常教学中对学生的评价发生了扭曲，教师难以采取科学的方法、平和的心态来评价学生的学习成绩和学习行为。这是新课程改革中诸多"美妙"的理念流于形式、师生的发展受到严重阻碍的关键所在。

一、评价：压抑学生的基点还是解放学生的起点

近些年来，在网络上，广泛流传着一些"教师忌语"，尽管版本不尽相同，但内容大同小异。据报道，有些"教师忌语"被引入学校，作为学校进行管理的重要依据。现摘录其中的版本之一：

1. 你怎么这么笨？我教××年书，没见过你这样的。

2. 一颗老鼠屎坏了一锅汤。

3. 你长大了扫大街都没人要。

4. 狗改不了吃屎。

5. 你怎么老忘？回家拿去！

6. 你把这个字给我写××遍。

7. 别人怎么都懂了,就你听不懂!

8. 站着! 谁让你坐下了?

9. 不愿意上课就请出去!

10. 我就这水平! 你敢顶嘴?!

11. 就你这样还想考大学?

12. 今天我气不顺,你们老实点儿。

13. 让你爸爸妈妈明天来学校找我!

14. 我就不信治不了你!

15. 你真笨! 你真傻!

16. 你是什么东西? 你根本不是学习的材料。

17. 咱们班的脸都让你丢尽了。

18. 你怎么这样没有教养。

19. 你的记性被狗吃了!

20. 谁教你谁倒霉。我不想看见你。

21. 看你那德性! 你就知道吃,你还知道啥。

22. 你这样活着有什么意思? 我都替你害臊。我要是你早不活了!

23. 你长眼睛(耳朵)干什么用的!

24. 讲了多少遍了还不会,真是个白痴! 榆木疙瘩。

25. 你别在我们班里混,哪儿凉快哪儿呆着去。

26. 你再这样下去,永远也不会有出息。

27. 上课吃东西,像什么样子,不想上就出去。

28. 你以为你是谁? 你脑子有病啊!

29. 除了捣蛋,你还会什么? 看到你我就来气。

30. 碰到你们这些学生,算我倒霉!

由于教育教学中永远存在的师生关系,教师对学生的评价是无时无刻不存在的。这些看似平常的、琐碎的评价,甚至是教师无意中透露的一些看法,都可能对学生产生巨大的影响。以上列举的这些"教师忌语",之所以被很多学校明令禁止,恰恰说明在我们的日常工作中,诸如此类的"批评"、"挖苦"、"讽刺"甚至是"侮辱"的评价方式并不鲜见。它导致的直接结果就是使学生的心灵一次又一次地经受沉重的打击。难道这就是评价的初衷吗?

2001年4月2日的《中国青年报》曾刊登了一篇题为《中美教师对同一个孩子的不同评价——"我以性命担保她行!"》的文章,这篇文章深刻揭示了中美教育对学生评价的截然不同,应该对我们有很多的启迪:

中国父亲端木的女儿在上高二时,告诉他"要分文理科班了,我报了文科"。他小心翼翼地问女儿:"你为什么这样选择呢?"女儿说:"老师说我没有数学脑子……"

这话让他怒火中烧,一个为人师者,怎么可以这样摧毁学生的自信呢?尽管父亲对女儿很有信心,觉得她是一个心智很正常的孩子,品行也没有什么必须矫正的缺陷,但她的理科成绩确实有江河日下的趋势。老师对女儿的评价开始影响她,"女儿真的缺乏理科方面的才能?""她真的缺乏逻辑思维能力?""她学习真的不够努力?"他自己都感到在给女儿打气时有些言不由衷了。终于有一天,女儿迟疑地对他说:"爸,我厌学了……"

不久后,女儿有机会去美国读书,奇迹似乎很快就发生了。女儿那边好消息不断传来,"突破"先从法语开始,女儿首次得了满分! 很快,她的化学又开始频频获满分。女儿给他的信中写道:今天化学考试又得了 100！女儿的每次邮件,都要写几句老师对她的评价。让这位父亲惊奇的是,这些评价无一例外是赞扬,而且往往是在全班同学面前大声地赞扬,"你们要努力呀,否则将来你们都要给斯蒂芬打工去了"等等,女儿说"我都不好意思了"。这些赞扬有点像兴奋剂,不知为什么,女儿开始自信得让父亲感到陌生,父亲原来并未发现的一些特质似乎开始呈现。果然,3 个月过后,女儿不经他同意,干脆地告诉他"准备今年就申请大学",她甚至已经试着考了一次"托福"。不久,成绩出来了,着实让他大吃一惊,她竟考了 600多分！这个成绩申请美国大学绰绰有余。女儿真的开始申请大学了。她告诉父亲:其中一个必要程序是中学老师的推荐信。父亲大大地担心起来,以往国内老师对女儿的评价言犹在耳,刚刚在美国学校呆了几个月,美国老师怎么可能了解一个中国孩子呢？美国是个信用社会,老师向大学推荐学生关系到自己的声誉,绝不会像中国人通常认为的是个"人情",拣好话说就是了。又过了一段时间,父亲接到厚厚的一封信,是女儿从美国寄来的。打开一看,是 4 件美国老师给大学的推荐信！他迫不及待地开始读,一种从未有过的震撼油然而生……

　　端木从信里读到了什么？他读到了四位美国老师对女儿与国内老师截然不同的评价。与中国教师所认识的"不够努力"、"缺少数学脑子"、"逻辑思维能力差"的评价完全相反,在四位美国教师的眼中,自己的女儿有数学"特长",能"优雅"而"创造性"地解决难题,甚至她的英文教师愿意"以性命担保"她的品性……

　　是什么对端木的女儿发生了重要的作用？使她像发生了化学变化一样,有了脱胎换骨式的本质的改变？

　　显然,是评价。是美国教育与中国教育截然不同的评价标准发挥了重要的作用,使原本这样一个"问题女孩"改头换面、步入了优秀的行列。

　　教师对学生的评价无时不有,考试的分数是评价,作业的批语是评价,集体活动的小结是评价,学期的评语是评价,个别谈话是评价,家访也有评价。评价在一个学生学会学习、学会做人、学会生活的发展过程中起着至关重要的作用。一个学生如果总是受到负面的评价,就会产生自卑心理,甚至导致自暴自弃。评价必须最大限度地考虑最终结果,要学会用发展的、积极的观念去看待每一个学生。美国的孩子考试得了 80 分,教师会说,你学得真不错,绝大部分都会了,我相信你会做得更好。这样,孩子认为自己确实学会了很多东西,就有信心继续学习。而我们的学生考试得了 95 分,有些教师也会说,你怎么这么笨,你看人家某某得了 100 分,就是因为你这 5 分,降低了我们全班的平均分。结果,学生就可能产生对教师的不满和内心的自卑。很显然,前一种做法,对学生的激励作用更为明显。这一点,早已被心理学上著名的"罗森塔尔效应"证明——仅仅是因为教师对学生的期待不同,一部分学生就会比另外的学生取得更大的进步。

　　这难道不该引起我们每一个教育工作者反省和深思吗？相信学生,鼓励学生,让学生拥有自信,让他们相信自己"能行",就会在他们的发展中产生一股神奇的驱动力。这种驱动力能够调动一个人全部的潜能,从而焕发起无穷的力量和智慧,更有助于接近成功。可是,在现实中,我们的很多老师把"相信学生"这个法宝抛弃了,他们总是用怀疑的眼光去看待学生,不相信学生能够自主学习,自主发展,不相信学生具有独立的生活能力,具有独立的思维和判断力,喜欢唯我独尊,颐指气使,喜欢拿着"放大镜"去搜寻学生的缺点和不足,并将其暴露于众人面前而津津乐道。我们的教师以为,这样才是对学生的"严格要求",这样才是对学生"负责任",殊不知,这种做法一次又一次打击着学生的上进心,伤害着他们的自尊,最终致使他们在学业上所经受的不断的挫折面前而颓废、动摇,甚至自暴自弃,成为端木的女儿一样的"问题学生"。

评价，应该成为学生发展的起点，而不应该成为阻碍学生发展的基点！合理的科学的评价，能够解放学生的心灵，解放学生的头脑，解放学生的手脚，使他们借助评价的力量，不断寻求到新的生长点，自然地有序地成长，最终实现全面地发展、个性地发展、主动地发展。

二、建立发展性的学习评价观

长期以来，由于受应试教育的影响，我们缺乏一套科学合理的评价标准和体系，习惯以学生书面考试成绩的优劣来判断衡量学生的优劣，许多学生学得被动、艰辛乃至痛苦，良好的个性、健康的心理、全面的身心发展等方面被压抑和抹杀。

新一轮课改把课程评价观的转变作为重要枢纽。课改纲要明确提出：要建立促进学生全面发展的评价体系。评价不仅要关注学生的学业成绩，而且要发现和发展学生多方面的潜能，了解学生在原有水平上的发展。很明显，新课程倡导的是建立旨在促进学生素质全面发展的评价主体多元、评价项目多种、评价方式多样的发展性评价。

那么什么是发展性学习评价呢？它是指依据一定的教育目标和教育价值观，评价者与学生建立相互信任的关系，共同制定双方认可的发展目标，应用适当的评价技术和方法，对学生的发展进行价值判断，使学生不断认识自我、完善自我，不断实现预定发展目标的过程。它的核心思想在于促进学生的发展。发展性学习评价是对学生充满人文关怀的评价，与传统的评价相比具有明显的优点。在这种评价体系下，评价淡化了其甄别功能，不再是为了给学生"排队"和分出"三六九等"，而是作为促进学生发展的工具，评价的着眼点是学生现有的问题和未来的发展潜力，目的是通过检验学生的学习情况来制定更为合适的计划，激发学生的学习动机，使学生学会为自己的学习负责，鼓励学生去反思，去自我评价。

1. 评价重点：由"评价结果"变为"评价过程"

传统评价过多注重终结性评价，忽视评价过程在实现评价发展性功能中的重要作用。评价工作不能只在学习结束后进行，应该使之全程化，发挥评价的诊断和发展功能，实行全程性评价。这包括两方面含义：第一，学习全程的评价即对学生学习全程进行评价，着重从知识、技能、方法、态度、情感等方面考察，评价学生的学习过程，重视在教学过程中开展形成性评价，用作业、提问、观察、谈话等多种形式，及时、动态地了解学生，从中发现学生多方面潜能，了解学生发展中的需求，促使学生及时、准确、有效地对学习做出适当的调整。第二，发展全程的评价即在坚持进行全程评价的基础上，对学生在一个比较长的时期中的发展情况进行考察、记录和评价。有的教师使用成长记录袋收集学生发展过程的资料，以便于考察学生学习与发展的轨迹，帮助学生认识自我，明晰自己的进步和优势，从中得到鼓励，进一步增强发展的信心。同时，也引导学生认识到自己的主要不足之处，明确进一步努力的方向。因此，我们在进行学生评价时，应该将终结性评价与形成性评价结合起来，突出评价的过程性，关注学生的个体差异，使评价能够更好地促进学生的学习与发展。

例如，我们通常所采用的月考、期中期末考试，往往注重的是终结性评价，即经过一段学习之后，用一个成绩来对学生某个阶段的学习进行"认定"。这种单纯的评价方式过于强调了为学生的学习行为"下结论"，而没有把激励学生、督促学生认清优势和不足，提出有针对性的建议作为重点。这样的评价效果往往不理想。注重学习过程的评价，就要求在一个单元、一个章节，或一项作业完成之后，及时对学生的学习态度、学习方法、学习习惯、实践能力、合作意识等方面进行分析、评述，判断其当前的学习状态，并根据实际，"对症下药"地提出努力方向或修正方案。这样的评价就将立足点落于学生的发展，其功能有了真正意义上的体现。

当然,过程性评价应该是灵活自如的,不能陷入形式主义的窠臼。有的学校硬性规定日常评价的间隔时间、形式、内容、字数等,造成评价的目的性和针对性不强,效果并不理想。教师更应该注重的是平时教学中对学生的观察,应当根据学生状况,有必要予以评价时,便随时可以通过谈话、在作业本上写下批语、量化报告等方式,将评价内容反馈给学生,以督促学生自我调整。实践证明,这种"即时性"的灵活多样的评价方式,紧紧抓住了学生的发展过程,往往效果明显。

2. 评价内容:由"单一狭隘"变为"全面科学"

在新的课程标准中,每一学科的培养目标都分为三类:知识与技能,过程与方法,情感态度与价值观。这三个层面的目标,没有主次之分,它们共同构成了学生素质的培养方向。

然而,在教师固有的传统观念中,往往过分重视学生"知识与技能"目标的达成,因此,对学生的学习评价往往也单一地围绕这一目标展开。这里边固然有一些客观原因,譬如"知识与技能"目标往往更贴近考试内容,更适合于用传统的笔试、口试、实验等方式来进行测评,更能够简单地用分数来区分等第、层次等,而与之相比,"过程与方法"、"情感态度价值观"的目标评价起来就有了较大的难度。但是,我们绝不能因为这些客观原因而忽略了对学生的全面的评价,造成学生发展的偏颇。

有人称"过程与方法"、"情感态度价值观"类的目标为"隐性目标",这恰恰说明了其不宜采取简单量化的方式进行评判的特点,对其恰当的评价要建立在教师对学生长期进行观察、记录、分析和思考的基础上,可以通过观察学生的行为、调查问卷、访谈、家长评价、自评和互评等途径进行。评价的方式,要尽量采取评语描述的方式。需要注意的是,教师给学生下结论要"慎而又慎",要尽量采取简单的描述作为支持性的资料和证据。具体操作起来,要特别注意两点:

第一,评价的内容不能是笼统的,甚至不可捉摸的。比如评价一个学生"爱祖国,爱人民"就过于笼统和含糊,不容易被人理解。评价一个学生的学习态度,非要分成等级,结果上一周是"优",这一周却成了"良",其依据是什么?很难说清楚。这样的评价就难以达到预期的效果。

第二,不能为"评价"而"评价",要与日常学习活动紧密结合。我们见到某些老师为了评价学生,把"行为习惯"、"遵守校纪"、"同学关系"、"学习态度"等拟定成 A、B、C、D 等级别,在某些特定的时间段搞"突击式"的评价,这种做法是不科学的。对"过程与方法"、"情感态度价值观"方面的评价必须与学生们日常的学习生活紧密结合起来,把日常教育活动作为评价的平台。如在日常的课堂中,教师可以观察学生学习是否具有主动性、是否善于思考、是否具有合作精神、是否有良好的听课习惯等,这样才能按照评价标准恰切地给以学生评定。

当然,对"知识与技能"目标,也并非不存在狭隘和不科学的一面。例如,我们大多数语文教师,对作文的评价就是笼统的,常以"主题突出,结构完整,语言优美"等套话予以评价,不能给学生以真正的帮助,如果有意识地将评价标准细化为"立意、结构、语言、书写"等几个方面,分别给以评价,则更有利于反馈学生在写作中某个方面存在的优势和不足,有针对性地加以改正和提高。

3. 评价方式:由"一刀切"变为"多一把尺子"

以往的评价比较多地采取"一刀切"、"一锅煮"的方式,以一把尺子衡量全体学生,要求学生达到统一的标准。一元的评价思维,忽视了学生存在的个体差异,抹杀了学生不同的兴趣爱好,也背离了学生多样化、自由化、自主性的发展要求,不能关照到价值的多元诉求,导致学生评价的僵化与片面。多元化的评价标准,不仅指出"对"与"错",还要指出"好"与

"坏"、"繁"与"简"、是否有改进的可能等等,将评价贯穿于教学的全过程。即便是同样的评价,对于这个学生是合适的,而对于另一个学生可能是不合适的。所以,我们既关注学生的共性,更关注学生的个性,实行统一评价与分层评价相结合,以分层评价为主的方法,根据学生的实际情况作出多元评价。

对学生来说,在学习中要注意它的基础性,又要注意它的差异性,因此达到的目标不同,评价也就不同。例如,有的学校在课堂测试、单元测试中,采用分层测试卡的形式,分层检测,通过书面评价和口头评价相结合的方法,既避免暴露分层或分层给学生带来的心理打击,又能通过给学生恰当的评价,使他们树立学习的意识和信心。对不同程度的学生布置不同的作业,然后按照完成作业的情况予以评价。这样无形中有了更多的"优秀"。多一把衡量的尺子,会量出更多的好学生。比如评价学生朗读的能力,可以分阶段性地评出"朗读过关奖"、"朗读能手"、"金嗓子奖"、"小播音员"等,评价过程记录,展现学生动态成长过程,以促进学生主动参与学习过程,争取提高学习效果。增加了评价的尺子,就让更多的学生体验到了成功,从而满足了这些学生做一个好学生的心理需求,使他们从成功走向成功。

每个学生都具有不同于他人的素质和生活环境,不同于他人的成长经历,不同于他人的爱好、长处和不足。这种差异不仅指考试成绩的差异,更多的体现为生理特点、心理特征、兴趣爱好、脾气性格等各个方面的不同。这使得每一个学生发展的速度和轨迹不同,发展的目标也具有一定的个体性。发展性的评价,就是要依据学生的不同背景和特点,正确地判断每个人的发展现状及潜力,从而为其制定出合理的奋斗目标和有针对性的改进措施。

4. 评价方法:由"单调死板"变为"多法并举"

传统的评价方法往往把复杂的教育现象简化为数字,把丰富的质还原为单一的量,学生评价方法单一,评定一个人的发展状况时则表现出僵化、简单化和表面化的特点,学生发展的生动活泼和丰富性、学生的个性特点、学生的努力和进步都被泯灭在一组组抽象的数据之中。量化的评价把学生复杂的个体特征以及复杂的学习生活简单化,忽视或丢失了学生教育教学过程中存在的价值和意义。

因此,实施评价的过程中,要摒弃以往"单调死板"的评价方法,做到重点突出、多法并举。

传统纸笔测验作为最常用的评价方法,因为便于实施、能及时了解学生的学习状况等优点而被广泛采用,新课程推行之后,如表现性评价、成长记录袋等评价方法,在学习评价中也逐渐被大家所认可和使用。

不同的评价方式往往有其合理的一面,但也难免有不利的一面。如百分制有利于精确地记录学生的学习成绩,但很容易导致教师、家长依据分数给学生们"排队"的做法,造成"唯分数论"的弊端。某些学校实行等第制评价,用A、B、C、D或优、良、可、差等来表示,虽然避免了分数至上的问题,但等级标准的制定又难以做到绝对的科学合理。它只能模糊地反映学生的学习状况,如果需要更清晰的认识,往往还需要明确的分数。评语式评价,应该能够客观地描述学生的实际情况,但是,由于教师自身素质的差异,以及教师繁忙的工作,常使评语的撰写草草应付,达不到预想的目的。

因此,对于学生的综合素质评价,我们提倡运用多种的评价方法进行,例如访谈评价、问卷评价、运用核查表进行观察、小论文、成长档案袋评价和表现性评价等。举个例子说明,很多学校为了突出评价的过程性并关注个体差异,十分重视运用成长记录袋进行评价,通过收集表现学生发展变化的资料,反映学生成长的轨迹,学生本人在成长记录内容的收集上有更大的主动权和决定权,能够充分体现个体差异。这样的评价较之单一的评价,其效果不可同日而语。

5.评价主体:由"单一化"变为"多元化"

以往对学生学习评价的主体是教师,教师是惟一的"裁判员"。学生对于评价结果大多处于不得不接受的被动状态,这种评价显然是违背"以学生发展为本"的要求的。因此,我们改变以往以教师为主体的单一评价现象,逐步改为由教师、学生、家长、社区教育人员共同参与的交互过程评价,既是遵循了教育发展的要求,也是教育人性化、民主化的体现。

教师在评价中扮演的是"组织者、引导者与合作者"的角色,创设情境让学生充当评价的主角,组织和引导学生开展学习评价,让他们真正成为学习的主人。评价意见要尽量出自学生之口,而不是教师的"拍板定论"。

学生互评不仅仅是教师评价的补充,使评价更趋于全面,而且直接让学生参与评价,更体现教学中学生的主体地位。给学生更多的自主,有利于他们在评价中学习,在学习中评价,真正成为学习的主人。同时,也有利于转变学习方式,在"合作交流"的过程中,学会评价,学会欣赏,完善自己。这里需要注意,学生互评时要淡化等级和分数,淡化学生之间的相互比较,强调关注同学的优点和长处,强调自我反思。不要让学生过多地将注意力集中在给对方打分数或划等级上,这样无助于学生向他人学习,往往使学生过于关注对方的缺点和不足,使评价过程变成互相挑刺、指责甚至报复。

还要重视学生的自我评价。因为作为学习者的学生本人,他对自己的学习感受往往比他人更贴切,对自己在学习过程中出现的波折、思考的角度,以及情绪上的变化,更能做出符合实际、更客观的评价。

有人曾经做过家长调查,在回答"您考虑孩子前途时最为关心的问题是什么"时,比例最高的是"学到知识"占53.6%,其次才是"良好行为习惯",占24.9%,身体健康占18.3%,这样的观念表现在家庭教育中就是不重视孩子全面发展,必然导致家长评价严重失衡。要将家长纳入评价的主体,通过召开家长会、座谈会、问卷调查、教师家访等方式,力求使家长评价多元化、科学化。如:对学生的在家学习表现评价,有人曾设置了这样的评价内容:

1. 坐姿端正。好(　　)　　较好(　　)　　加油(　　)
2. 精力集中。好(　　)　　较好(　　)　　加油(　　)
3. 书写规范。好(　　)　　较好(　　)　　加油(　　)
4. 按时完成。好(　　)　　较好(　　)　　加油(　　)
5. 作业之余能够自主阅读、自主学习。好(　　)　较好(　　)　加油(　　)
6. 能主动与家长交流学校生活。好(　　)　　较好(　　)　加油(　　)

当然家长评价要有依据,不能随心所欲、信口开河、想当然地评价孩子,评价不客观、不正确,错误信息误导孩子会产生消极的心理暗示,对孩子的心理健康和成长发展不利。

社会对学生的评价由学校组织,采用多种方式,定期、不定期地通过学生家长、社区有关人士及有关部门搜集有关学生的评价信息,对学生发展的满意程度做出评价。其目的是通过评价引导家长和社会逐步形成科学的学生发展观,营造有利于学生发展的家庭和社会环境,为学生的发展提供支持和服务。

建立健全教师、学生、学生家长及社会共同参与的多主体评价机制,教师、学生本人及同学之间、学生家长及社会均承担一定的评价任务。教师、学生本人及同学之间、学生家长对学生的评价由教师统筹、协调。其目的是通过评价让学生实现自我认识、自我教育,明确发展方向,促进自身发展;通过评价使教师树立正确的学生观,转变教育行为方式,学会和运用科学的教育评价理论和方法,引导和帮助学生发展。

第二节 学习评价的基本形式:作业和测试

毫无异议,作业与测试是日常教学中评价学生学习状况的最基本的两种形式,它们在教师的工作中占据相当大的分量。

作业是一种有效的管理手段。学生在校的主要任务是"学习",其中之"习"便是属于作业范畴。若"学"而不"时习"之,学生就可能因单调的"学"而枯燥乏味,变得厌学、辍学;就可能因多余的时间不知如何打发而无所事事,变得空闲、懒惰、滋生事端,从而加大班级、校园和社会的管理难度。若我们能让学生合理、合法、合情地"时习"之,使其有事可为,那学生就可能不会虚度时光,就可能在"时习"中"不亦乐乎",在"学"与"习"有规律的自然节奏变换中和谐发展,从而使教学进入有序有效的管理轨道。

测试,由来已久,只是时代不同,形式、内容和目的各不相同而已。测试,它既是检查学生对知识掌握情况的有效工具,又是评估教师教学水平的重要手段,也是高一级学校选拔新生的基本方式之一。我们平时的测试,主要是诊断性功能,作为检查知识掌握情况的一种手段,以便改进教师的教和学生的学的问题。测试就是让师生"比而知不足,知不足而进取",是让人不断成长进步的过程,让人从中有所收获。若能通过测试,诊断学情,找到优势和不足,确定合理的努力方向,则测试的目的就达到了。

新课程理念下的作业、测试与传统教学相比,其功能发生了很大的变化,这种变化,体现出两种截然不同的教学评价观。

一、传统作业和测试的功能误区

在传统教学中,原本具有积极评价意义的作业和测试往往被异化了功能,使其不仅未能发挥出检查、督促和激励的作用,反而成为束缚师生头脑的枷锁,起到了负面作用。仔细观察,其误区大致如下:

1.作业方面

误区一:作业多多益善。每天布置大量的作业,搞题海战、疲劳战,这可能是目前作业布置中最大的误区。应该说,适当地多做一些作业,有助于提高学生整体成绩,但是作业的数量和最终的考试成绩并不是始终成正比的。有的老师恨不得让学生所有的课余时间都做自己这一科的作业,不加选择地大量布置作业,致使作业量太大,学生根本做不完。虽然教师布置作业的初衷是为学生好,但凡事都要有个度,过犹不及,过量作业不仅加重了学生的负担,影响学生次日听课的效果,长此下去还会使一些学生养成抄袭、不交作业的坏习惯,成绩提高幅度不大,能力提升更谈不上,甚至逐渐丧失学习的信心,产生误解甚至抵触情绪,从而步入所谓的"学困生"行列。

误区二:作业机械重复。只要"量",忽视"质"。布置作业不加选择,随意性太强。能够不做书面作业的,也要留;大多数已经会默写的,还要再抄写;能够做到书本上的,偏要再抄到作业本上;需要记忆、阅读、理解的知识,简单地抄写了事;等等。造成课业负担过重。下面是一个初三学生一天的作业:

语文做《中考必备》第一卷,翻译《隆中对》前三段;英语做基础训练、《典中点》,单词短语抄写三遍默写三遍;化学《一课三练》;数学是基础训练相关章节、《数学报》上的试卷;历史做基础训练第八课,默写14页内容等;物理做辅导用书上相应章节。

这份"作业单"的内容包括了当天学的所有课程。从作业内容不难看出,教师布置的这些作业都是有教辅书的。由于有了教辅书这些"帮手",教师们布置作业"轻松"多了。不加选择、不管难易、不论学生是否接受,一股脑地布置给学生。教师的一句话可以布置一堆作业,甚至有的教师感觉教辅书上的填空题太多,学生写的太少,在布置学生做一遍后,还让学生把书上的题目全部抄一遍。可怜这些十几岁的孩子,一个周末把厚达几十页的作业本几乎用尽!还有的老师,为了惩罚部分不交作业或者是测试成绩不好的学生,往往布置抄写性质的作业,几遍、十几遍、甚至几十遍,学生仿佛成了复印机,根本没有时间思考和记忆。为了应付老师,有的学生竟然"发明"了绝招:一只手握三支笔,下一次的功夫写三遍的作业!

误区三:作业布置一刀切。近些年,有的教师逐渐倡导分层次布置作业,如作业超市,让成绩好的学生做一些高层次的作业,成绩较差的做基础性的作业。但在实际教学中,这很难行得通,原因是:大家都在追求学生整体成绩的提高,每次考试结束,便会有上级领导比较"一分两率",进行教师排名,班级排名,学校排名……为了保证总成绩的提高,就需要所有学生成绩的提高,尤其是成绩较差学生成绩的提高。在教学中,教师们不得不利用一切时间,使用各种手段,让所有学生都达到提高成绩的要求,这就要不断地给成绩较差的学生加码。如在考试前,就跟学生说考不到多少分,就要多做作业。这样布置作业的结果是成绩好的学生吃不饱,成绩差的学生吃不了。

误区四:作业布置太单调。目前,教师布置作业多以强化记忆、理解教材内容、应付考试为主,以至于许多学生认为,只要把老师布置的写在本上的、需要背会的作业完成就万事大吉了。师生拘泥于教材,把教材教辅书当成圣经,一遍遍地重复,使学生一个个逐渐变成为成绩而学的"背多分",不但使学生做作业了无兴趣,还禁锢了学生的思维,更使这些孩子为应付作业花费大量时间,脱离生活、脱离社会,该有的童趣没有了,该激发的思维火花被扼杀了。

2. 测试方面

误区一:扭曲测试目的。部分学校或教师不能透彻地理解测试的目的,过分强调测试的甄别和选拔功能,以为测试就是为了将学生分成三六九等,就是为了给学生"排队",忽略了测试的改进和激励功能;有的教师利用测试结果发泄个人的愤怒,作为惩罚学生、管理学生的手段,对成绩不佳的学生不是真诚的帮助,而是讽刺、挖苦;有的教师故意出难题、怪题刁难学生,以显露自己的所谓"学识",完全不顾学生的内心感受。这样的测试,完全扭曲了真正的目的,使接受测试成为学生"深恶痛绝"的事情。测试结果"以分数论英雄",考好了皆大欢喜,考差了或成绩下降了各方压力纷至踏来,时间一长,学生逐渐形成了为了考试而学习、"你讲我听,你教我学,你说我做,你考我试"的被动学习局面。

误区二:窄化测试方式。将测试简单地理解为纸笔测试,以为只有书面测试才算是真正的测试,而忽略了口试、实验、社会实践等丰富多彩的测试形式。测试方法单一、死板,造成纸上做实验、纸上考实践、纸上考品行的怪事。

误区三:僵死测试内容。测试内容片面、僵化,只注重知识性的内容,强调认知目标的达成,将学生的学习能力、实践能力和一切非智力因素的素质排斥在测试之外,导致学生读死书、死读书。测试成了"指挥棒",造成教学中不是"教什么,考什么",而是"考什么,教什么"、"考什么,学什么"的怪圈,颠倒了测试为教学服务的关系。

误区四:曲解考试结果。传统的测试中有一个不言而喻的"共识":任何测试,都只能有一小部分是优秀的,也只有极少数的学生是很差的,大多数学生属于中等水平。这就是我们通常理解的"正态分布"。这样的认识,就使测试必然演变成为一种"排座位"式的教学行为,通过测试,无非是把一个学习群体分类,因此,只有少数人会获得成功的快乐,而大多数学生成了失败者,成为了"正态分布"假设的牺牲品。对大部分学生来说,测试的结果就是一种变相的打击：因为无论如何努力，总有一部分学生居于平均水平之下，而"沦落"为教师和家长眼中的差生。

二、新课程下的作业观和测试观

新课程改革彻底颠覆了许多传统的教育教学观念，其中，作业观和测试观也发生了巨大的变化：

1. 作业观

布置作业、批改作业，这都是常规教学中的重要内容，新课程理念无论如何变，只要考试这种制度还存在着，作为教学的一个重要环节——作业，就不会退出历史的舞台。有人曾对学生作业展开了调查，发现教师很少有不留作业的，并且随意性很大。作业内容大部分是教材中的练习题，并且是反复的操作，另外还有与教材配套的练习册，以及从书店购买的各类过关性习题。教师很少从学生的实际与自身的研究出发，研制适合学生兴趣的作业。在这种情况下，作业往往成为对学生课后复习行为进行督促和惩戒的一种手段，强调作业的管理功能和社会功能，而常常忽视了促进学生发展的功能。如果教师不留作业，将引起家长和社会的极大恐慌。

《基础教育课程改革纲要》中对课程改革的目标作出了明确的规定："要改变机械训练的现状，倡导学生主动参与、乐于探究的学风，培养学生获取新知识的能力、分析和解决问题的能力以及交流与合作的能力，要促进学生的发展。"在这个目标和思想指导下的作业应突出体现其发展性功能。具体而言，包括以下两方面的要求：

首先，要发展学生的潜能。《基础教育课程改革纲要》中提出"要发现和发展学生多方面的潜能"，这要求我们将教学活动的目标定位于充分挖掘学生的学习潜能，促进学生的终身发展。传统的作业侧重于对所学知识的巩固、记忆和机械性理解，以达到熟练化和自动化的程度，而忽视了对学生潜能的发挥；只注重学生近期的学习成绩，而忽视了学生的长远发展，在客观上压抑了学生潜在素质的发挥。作业和课堂教学一样，也是一种学习活动，理应担负起发展学生智能的重任。要通过作业活动，使学生从中学会学习，学会求知，学会合作，学会探究，为其终身学习和发展沉积良好的底蕴，使学生的目前发展和长远发展衔接起来；要调动学生的主观能动性，培养他们的创造力，使潜在的学习素质发展成为现实的能力；要使完成作业的过程成为学生在实践中不断学习、不断发展的过程，培养他们提出问题、分析和解决问题的能力；要鼓励学生间和师生间的合作与互动，实现多方的智力交流；要改变传统作业下"见物（分数）不见人"的冷漠状态，实现师生间情感、态度和人格素养的碰撞，实现知识、能力、价值观"三维"目标的和谐发展。

其次，要立足于学生的自主性发展。传统的作业过程是教师意志的体现，是学生被动接受的过程，是教师按照统一性要求（统一内容、统一要求、统一完成方式等）对学生的变相"灌注"过程。这种专制的、千篇一律式的作业不仅无法调动学生的兴趣，而且所培养出来的学生也都"千人一面"，泯灭了学生的个性和创造性。《基础教育课程改革纲要》中要求"教师应关注学生的个体差异，满足不同学生的学习需要……使每个学生都能得到充分的发展。"这要求在作业过程中实现学生的自主性发展，而不是在教师为其设计好的程序内被动的发展。因此，要将作业中的教师行为转变为学生的行为，提倡学生自主地选择作业的形式、内容、完成方式，让学生自己留作业，体现作业中的层次性、自主性和选择性。教师要实现身份的转变：由作业的命制者转变为情境的培育者；由过程的控制者转变为学生解决问题的咨询者；由作业评价的主宰者转变为学生内省的激励者；由作业的管理者转变为学生自主性发展的合作者……在这里，教师不是"考官"，而是学生完成作业中的"伙伴"。

2. 测试观

新课改推行之初,许多教师在对考试的认识上出现了偏差:把"考试"与"应试教育"用"等号"无形中连了起来。似乎一提到"考试",就不是搞素质教育,就不是在搞新课程改革。"到底要不要考试"成为一个颇有争议的话题。随着新课程改革的全面深入的开展,许多教育工作者已清楚地意识到需要为考试"正名"。素质教育、新课程改革不是不要考试,而是要改革考试的内容和方法,要将新课程的理念融入考试之中。

提起考试,往往令中小学生感到头疼。究其原因,就是因为考试决定着一个学生的未来和命运。在"一卷定终身"的制度下,考试已经从"促进教师和学生学习的一种强有力的手段"异化为"控制教师工作和学生学习的一种极可怕的魔杖"。学校管理和评价盛行分数主义,结果见分不见人,重分不重人。分数主义、分数管理严重扭曲了教育教学的价值取向,教育教学工作被蒙上了一层强烈的功利色彩,利益驱动代替了事业追求。学校评价学生靠分数,社会评价学校看分数,分数高,一切都好,"一俊遮百丑";分数低,一切都差。于是有了"分分分,学生的命根;考考考,老师的法宝"的说法,分数成了一切,考试成了主宰,考试决定了教师的教学,考什么就教什么,考什么就学什么。为了完成升学指标和上面下达的升学任务,整天搞题海战术,纯粹是为了考试而进行教育,严重扭曲了我国中小学教育,影响了中小学教育的正常进行。

伴随着新课程进入全面实验阶段,教育部发出了《关于积极推进中小学评价与考试制度改革的通知》。通知要求:

……考试命题必须依据国家课程标准,杜绝设置偏题、怪题,要采用形式多样的考试方式,使学生在考试中有展示特长和潜能的机会。初中升高中的考试与招生中,要综合考虑学生的整体素质和个体差异,改变以升学考试科目分数简单相加作为惟一录取标准的做法。高中录取标准除考试成绩以外,可试行参考学生成长记录、社会实践和社会公益活动记录、体育与文艺活动记录、综合实践活动记录等其他资料,综合评价进行录取。积极探索建立招生名额分配、优秀学生公开推荐等制度。

由此可见,新课程理念下的测试发生了巨大变化,其特点主要体现如下:

测试目的:从"甄别选拔"转变为"育人为本"。"应试教育"是淘汰主义的"精英教育",主要选拔少数尖子,淘汰绝大多数,评价是终结性的。素质教育是要面向绝大多数,符合教育公平的原则。学校的教育考试活动要由传统的"甄别选拔"转变为面向21世纪的"育人为本",要保证能使绝大多数学生全面发展,鼓励少数"超常"学生追求卓越。

测试内容:从"惟智育"转向"德智体美劳全面发展"。对学生及其基本素质的评价,一方面要坚决摒弃"一好"代替"五好"的片面做法,使每个学生在德、智、体、美、劳各方面都能全面而具有个性的发展;另一方面,对于"智育"的检测要由传统的侧重评价"知识和技能"转向着重考评"态度和能力",特别是创新意识和实践能力,坚决摒弃评价"惟知识和轻能力"的观点。

测试形式:从"封闭性"走向"开放性"。尽可能地开卷或者半开卷考试,对于文科考试实行全开卷,对于理科考试实行半开卷。

测试标准:从注重"相对标准"转变为注重"绝对标准"与"个体标准"的有机结合。绝对标准是一种达标标准,是非横向对比的通过性评价,如各科的期末考试、毕业考试都属于此种类型。这样的检测是非选拔性的,学生们互不以对方为敌,这样就可以将团体内部的排队争名次的矛盾转化为团体内部与外部的教学目标的矛盾,激励全体学生向着教学目标共同前进,促进中小学生知识、能力、态度与价值观的协同发展,能取得"大面积丰收"的教学效果。同时,也要注意学生的个性差异,引入"个体标准",对在各科教学中具有"超常"和"低常"的学生分别提出不同的要求,确定不同的衡量标准。将班级内部的竞争转化为班级中的每个成员自身的积极性、自觉性、能动性的自我积极发挥,能使学生通过考试认识到"过去的我"、"现实的我"并进而设计"未来的我",以增加发挥自我潜能的决心和勇气。两种标准的有机结合,既能使大多数人达到绝对标准,又不扼杀少数天才儿童的成长,使"个体标准"成为鞭策他们发挥潜质的动力。

测试设计:从"注重书本知识"转变为"注重实践活动"。把对学生基础知识的考查融入社会实际生活中,不单单是基础知识点的记忆和再现,而且包括运用基础知识解决实际问题的能力。命题可以尽可能地贴近学生的学习实际、生活实际,让学生通过体验、感悟和探究,感知实体性知识,经历知识的形成过程。孤立的知识点只有与真实的社会生活相结合才能显示出巨大的教育力量,否则学生面对被斩头去尾的公式、定理、概念、规范,感受到的只有单调、死板、郁闷和困惑。知识只有在被使用的情况下,其价值才会被揭示出来;也只有当知识在被使用的情况下,它的力量才能显示出来。给学生创造条件和机会,让他们能够利用所学的知识解决实际问题,带给学生的不仅是学习的兴趣,还可以增长学生的智慧,影响他们的个性心理品质。

测试方法:从"传统的笔试"转变为"综合应用多种方法"。传统的考试以纸笔考试为主,这样的单纯方式无法适应考试内容方面日益重实践、重创新等的变化。如学生的实践动手能力仅凭考卷是无法说明的,它必须在实际的环境中操作,才能得到准确的评价。倡导考试方法的灵活多样,应体现先进的评价思想,如采取自考、辩论、论文、制作、情景测验、开卷或闭卷考试等方式,运用多种手段考查学生的综合素质。

测试结果:从"关注虚无的分数"到"关注实效"。考试关注学生个体差异,实行多种水平的分层分卷考试。对于非选拔性考试,尽可能多地分层出卷,即在同一张试卷上分成四、五个层次,让学生根据自己的能力和水平自由选择。这样,根据学生个体差异,实行学生自选不同试卷进行测试的方式,针对学习能力、学习水平不同的学生提出不同的要求,确立不同的考试目标,让不同层次的学生得到不同程度的提高,使学有余力的学生有大显身手的机会,较后进的学生也能够体验到成功的快乐,有利于全体学生的发展,有利于学生自信心的培养和个性发展,有利于调控教学,避免了以分数排名次的弊端,减轻了学生的心理负担,使其得到健康活泼的发展。

让学生"乐学、善学",让教师"乐教、善教",这正是当前基础教育课程改革的目的和努力的方向。新课程下的测试,也要发挥激励功能,帮助不同程度的学生品尝到成功的快乐,发挥教学导向功能,使教与学更为科学、合理、高效,使测试真正达到促进学生发展、提高学生素质的目的。

第二章
新课程理念下的作业设计概述

重要观点：

◎学生完成作业的过程，是学生独立再学习的过程。作业的设计、指导和评改，是教师教学工作的有机组成部分。

◎学生对待作业的态度应该成为一种生活态度，让学生在作业过程中体验幸福和快乐、苦恼和辛劳。

◎作业布置时要尊重学生的个体差异，不能"一刀切"。

◎作业不能仅限于教材的练习，要突破教材的局限，要多让学生去观察生活、体验生活，重在培养学生的综合实践能力。

◎设计作业时，把相似、相反、易混的习题编成题组进行整体教学，能够加大教学密度，减缓思维难度，提高教学效度。

第一节　作业的教学功能

著名的语文教师于永正曾经在《作业设计要着眼于学生的发展》一文中对学生的作业问题发出"感慨"：

我们的小学生太累，不堪重负。在南京，我竟看到了一位小学生用拉杆拉着书包上学（他的书包带拉杆），就像大人拉着行李包赶火车、乘飞机。小学生走路看来轻松了，我的心情却很沉重。太原的一位朋友告诉我，他的女儿才上小学二年级，每天就有大量的家庭作业。新课预习，要求每个生字要组3个词语，有时大人翻词典都组不到3个词。这使我想起了斯霞老师的故事。一天，外孙女用"钊"字组词，怎么也组不到3个（老师也是让她每个生字组3个词语）。斯老师说："书上写的是李大钊，你就再来个王大钊、张大钊。"斯老师每说到这件事，便无奈地说："这样的作业有什么用？"

新课程改革以来，我们的课堂教学的确发生了天翻地覆的变化。那种一切以教师为中心，"满堂灌"、"填鸭式"的教学方式已鲜有踪影，取而代之的是自主、合作、探究的新型教学模式，学生的主体地位不断加强，完全凸显了"以学生为主体"的课程改革方向。

遗憾的是，作为课程改革的一个重要方面，学生的作业问题却一直没有根本性的改观。受应试教育的影响，许多教师仍热衷于搞"题海"战术，布置作业图"量"不求"质"，学业负担"越减越重"；无视学生的个性和基础的差异性，搞一刀切，使作业成为学习兴趣的"屠宰场"，造成有的学生"吃不饱"，有的学生"吃不了"；作业中应试能力的培养占主流，忽视了发展学生个性和综合能力的提高；布置的作业在量和质上都比较"随意"，对所提供的作业资料基本上采用"拿来主义"的策略；作业评价常注重作业本身的客观结果，轻视人的主体情感，缺少学生、教师与作业的情感态度的真实互动，严重地影响了学生学习热情和学习积极性，导致学生作业态度很被动，抄作业现象十分普遍。

这一切都说明，作业问题已经成为新课程改革的一个薄弱环节，也是新课改的一个瓶颈。如果不对作业问题予以高度重视，及时研究并探索作业的革新，我们的教学改革将事倍功半、举步维艰。

一、作业是教学工作的有机组成部分

谈到作业的问题，首先要弄清"作业"的内涵。那么，什么是作业呢？张华清在《作业是什么》一文(《现代教育导报》，2008.11.16)中曾写道：

这是一位教师向我说起的事。

几名学生屡次不做作业，老师生气，但也没法。眼看就要期中考试，老师焦急，于是将他们请到办公室。说服教育，谈心感化，依然无效，老师就给了一名学生两拳，然后问那些面无表情的学生："愿挨揍还是愿罚写?"结果出人意料，他们一齐选择挨揍。

这位教师说此事时，还感慨不断："要是把第一个狠揍一顿，就不会这样了。"

听此事，我无语，可内心却翻腾。

关于惩罚的话题，一直争论不休。正方说，不能惩罚，学生毕竟是受教育者，况且《教育法》也有明文规定；反方则称，合理的惩罚是必要的，只是不能体罚。青少年研究专家孙云晓先生就在报上发文《没有惩罚的教育是不完整的》。真是公婆各有理，难以说服对方。

对此，我不愿多言，只想就作业问题谈点浅见。

作业是什么?

大多数老师将其视为接力棒。它承接课上、课下，课内、课外。

一些老师将其看作杀手锏。嘴唇一动，让你忙得头晕胳膊酸。

有的老师则将其当成益智器，让学生在快乐之中长见识。

由此，从布置作业的角度，我把教师分成三类。

第一类：将学生按在题海中，置于题山上。不管学生基础，不问学生实际。老师布置了，学生就得完成。

第二类：圈子画大，空间开阔。"作业餐厅"温馨明亮，饭菜汤水、糕点水果一应俱全。学生可根据个人口味、身体状况，任意选择。

第三类：目的不在作业，在学生。明道理，激兴趣，鼓干劲，教方法。教师不布置作业，学生自觉找作业，乐意做作业。

新时代需要的是第三类教师。

因此，当学生不愿做作业时，教师不妨想想自己把作业当成了什么。

文章虽然短小，但却反映了一个深刻的问题：很多教师，对"什么是作业"持有不同的理解，因此，在布置作业的时候，常常根据自己的理解赋予其相应的功能。由于认识的偏颇，作业所应该具备的价值也就往往在具体实施过程中打了折扣。

作业是教师根据教学目标和学生掌握教材内容的需要，有目的、有计划地编制并指导学生完成的一种教学活动形式。学生完成作业的过程，是学生独立再学习的过程。作业的设计、指导和评改，是教师教学工作的有机组成部分。

作业究竟有哪些功能呢?

第一个功能是巩固知识。当学生学习新知识之后，为了加强记忆，避免遗忘，需要就所学新知识或关键的内容进行有针对性的强化训练。学生做作业，很重要的一个任务就是为了复习、巩固所学的知识。因此，一个老师会把作业作为巩固教学的手段，遵循遗忘规律，对学生作业做到及时布置，及时批改，及时反馈，及时矫正，有经验的老师还会借助作业帮助学生将所学知识进行类化。

第二个功能就是发展能力。学生完成作业，不单纯是为了复习、巩固、深化知识，还可以运用所学的知识进行拓展和延伸，尝试解决一些实际问题，形成技能，同时，又是在培养观察、分析、动手、创造、综合等能力。例如，在学习利率知识后，可以让学生到周围的储蓄机构去调查，并为自己的压岁钱设计一个最佳的储蓄方案；学习百分数后，可以让学生搜集食品包装袋了解相关的信息等等。这些作业不仅更能巩固深化新知，而且对学生综合能力的培养具有相当深远的意义。

第三个功能是矫正教学。作业不仅是对学生"学"的效果的检测，同样也是对教师"教"的效果的检测，教师可以从学生作业中获得大量的反馈信息，善于反思和积累的老师总能够从中筛选最有价值的东西，用于改善自己的教学。

第四个功能是培养学生的责任意识。这是一位台湾学者的观点，他认为，每天的作业是学生应尽的义务，借此，可以帮助学生增强责任感。

第五个功能是促进师生之间的心灵沟通。常常有老师抱怨今天的学生不好管理，一方面有个性太强的原因，另一方面也有师生之间缺乏有效沟通的原因。有的老师曾经尝试在学生作业中写谈心式评语，受到学生和家长的普遍欢迎，作业本成了老师与部分学生及家长的"聊天室"，孩子们把与老师交流作为一种荣誉和享受，每次作业都充满期待，提高了学生对教师的信赖度，避免了师生关系紧张的状况。

第六个功能是培养兴趣和信心。有研究表明，学生在某个学科上取得成功，兴趣和信心的作用不可小视。优秀的老师都非常重视作业的设计与批改，在作业的形式上不仅有口头作业、书面作业，还有分层作业、动手操作、社会实践、手抄报、各科集锦、学习随笔、个人博客等，由便于老师"教"转变成了便于学生"学"，很好地突出和落实了学生的主体地位。不仅如此，批改的方式也非常灵活多样，小红花、小红旗、小星星、大拇指、发喜报、激励性评语、对话式评语、谈心式评语等等，综合运用多种评价手段，为学生搭建了成功的平台，学生从中获得乐趣，树立起信心，提高了老师与学科对学生的亲和力，积极吸引学生"偏科"，利用学生"偏科"的正效应，提升学生的学科素养，也能映衬出教师的学养。

二、作业是学生自我建构知识与人生的生活过程

长期以来，传统作业被视为"课堂教学的延伸和补充"，作业内容日趋封闭僵化，仅局限于学科知识范围，远离学生实际生活和社会生活。作业方法、手段、技术日趋单一，注重作业程式化规范统一，强调死记硬背和机械训练，作业评价忽视了对人发展的教育激励功能。传统作业的典型代表就是"题海"作业，作业成了教师强加给学生的沉重负担。

出现这种现象不是偶然的。长期以来，在应试教育的教学实践中，教学论被异化为只有教而无学的"教论"，基于"教论"的作业逐渐转向了教师"教的补充"、"教的强化"。作业目的与内容越来越注重学生死记硬背、机械训练，注重重复与模仿，而学生的困惑、情感、态度、价值观、创造能力、实践能力则被冷落了。作业过程与评价越来越注重作业本身的客观性，轻视人的主观作用，缺少学生、教师与作业的情感态度的真实互动。即使作业评价有简短的文字交流，也生硬单一，缺乏教育性。目前，我们的作业还十分严重地存在着注重作业程式化、规范化的倾向。有的教师为了应付各级检查评比，甚至让学生抄写课本中的例题例句，结果作业千篇一律、工整规范，极具观赏性，却忽视了一个重要问题：作业过程是学生的智慧、知识、能力、情感、态度、价值观最理想的生成过程和体现过程，也就是说学生的问题、困惑、知识、能力、情感、态度、兴趣、需要等应是作业的主要生长点。学生在主体实践中消除困惑、解决或生成问题、满足需要、创新知识以及展示自我、升华自我的过程应是作业过程的本质所在。但在应试教育下，作业演变为"教的补充"、"教的强化"，自然也就成了学生的沉重负担，无助于学生的真正成长，失去了作业应有的教育意义。

新课程作业的价值观需要进行明显的转变。传统作业观将作业视为强化课堂教学的一个途径或工具,追求的是作业终结性的实效。新课程的作业已不再完全是课堂教学的附属,而更是重建与提升课程意义及人生意义的重要内容。从时空来看,多样化的作业将构成学生课外、校外(家庭、社会)生活的重要生活时空。作业已成为学生成长的履历,激发着学生成长的积极情感、态度、价值观,每一次作业都成为学生成长的生长点。学生在生成问题、解决问题,又不断生成问题、不断解决问题的探索中成长;在知识的不断运用中,在知识与能力的不断互动中,在情感、态度、价值观的不断碰撞中成长。可见,作业将是具有学生鲜明的价值追求、理想、愿望的活动,作业应当成为学生课外、校外的一种生活过程和生活方式,学生对待作业的态度也就应该成为一种生活态度,让学生在作业过程中体验幸福和快乐、苦恼和辛劳。这样作业已不再是强加给学生的负担,而是学生成长的一种自觉的生活需要、人生需要、学习需要。

新课程下的作业从集中专制走向自由民主。作业的目的、内容、方法并非对所有的学生都是相同的,每个学生对作业都有着独特的需要、独特的目的。学生身心不同,作业的目的、内容、方法也应因人而异,让作业真正成为学生自己的作业,即以人为本的作业。

新课程下的作业由封闭走向开放。可预见的、早已生成的学科知识作业是封闭型作业,其作用正在下降。开放性作业以师生互动中产生的不可预见的新知识,即师生共同建构、创生课程产生的新知识为基础,带着师生强烈的情感、态度、价值观,这些应是学生作业的主要内容。另外,新课程向学生生活及社会生活等广阔时空的开放,也使学生作业的天地更为广阔。传统的教师事先确定作业将更多地转向师生共同生发作业。也就是说作业的客观存在性与主观生成性并存。

新课程下的作业由独立完成走向协同合作。新课程改革纲要已明确指出,学生的合作精神与能力是重要的培养目标之一。新课程的生成性、建构性,也要求学生必须加强合作,学会合作。学生面临的作业更多的将是探究性作业,作业过程需要学生密切合作。另外,从作业的时空来看,课程的开放性,使大量的作业已不再是个人能独立完成的,而需要与社区、家庭以及他人协同合作。传统的"独立完成作业"的观念将受到挑战,而合作性作业将成为学生作业的重要理念。

新课程下作业的评改将由静态的分离式走向动态的参与式。在新课程中,传统的仅凭一支笔坐在办公桌前批改的单一方式面对学生多样化的作业将感到无能为力,而更多的将是参与学生作业过程或间接的参与学生作业过程,进行辅导评改。评改作业不再仅仅是教师,而是包括教师、学生、家庭、社区等有关人员组成的共同体,共同参与学生作业辅导及评改,共同关注学生成长。另外,随着信息技术的发展,作业的呈现方式及评改方式也将数字化。师生间尽管时空分离,但网络技术将使他们把评改变成讨论、交流的对话过程。

新课程下的作业评价将由对纯知识结果的关注转向对学生生命存在及其发展的整体关怀。新课程作业评价功能将重在帮助学生发现与发展潜能,认识自我、展示自我,促进学生生命整体的发展。传统的"只见分数不见人"及"非对即错"式的评价将成为过去。另外,在评价方式上,将提倡多元评价(如诊断性评价、自我评价、集体评价等)的相互结合,淡化单一的终结性评价,注重作业对学生成长的教育发展功能。

作业的技术、方式、性质将由单一僵化的机械重复训练式走向主体探究创造的自我建构式,传统的"温故"性作业将更多地转向研究创新性的作业。新课程倡导学生积极探究,获取信息,创新知识,培养分析、解决问题的能力。作业必将运用现代教学论、课程论及其他先进教育技术手段,多样化地深化并构建学生的知识与能力。目前,随着信息技术与课程整合的深入开展,学生搜集、发现、获取信息,分析、评价、优选并加工、利用信息的信息技术与能力将在学生的作业过程中得到凸显。

总之,作业将变成课程动态的生长性的延伸,当然,这种延伸不是机械的重复与叠加,而是对课程意义重建与提升的创造过程。对学生而言,则是学生自我建构知识与人生的生活过程。对教师的教学而言,则是学生对教学的深化过程(而非强化)。新课程理念下的作业必将成为教学与课程发展的中间激活因子,学校教育与家庭教育、社会教育发展的中间激活因子,促进教学与课程逐渐成为一种良性互动的平衡的"生态系统",促进学校教育、家庭教育与社会教育逐渐成为一种良性互动的平衡的"生态系统"。

第二节　新课程理念下作业设计的原则

我们时常听到家长抱怨:孩子太累,作业量偏大;学生抱怨:作业太多,没时间完成;教师抱怨:工作太忙,作业批改耗时费力收效不大,等等。目前一些案例显示,学校的作业缺少对学生创新精神、人文精神、实践能力的培养,应试训练色彩依然浓厚。从学生角度来看,作业留得不科学,出现了作业过多、重复、单一的现象,导致学生厌学,这严重地压抑了学生的学习兴趣,极大地限制了学生学习活动的空间,更重要的是制约了学生的个性化发展。从家长角度看,家长"望子成龙"心切,除了完成老师布置的家庭作业外,还自己设计,或到新华书店购买各类复习辅导和同步训练资料,让孩子做。据调查,有不少家长不问青红皂白,看见资料就买,买回来就让孩子做。有的小学生家长额外补充的练习比学校老师布置的作业还多若干倍。然而在家长辛辛苦苦付出的背后是否成效显著呢?从老师的角度看,留作业更多的是为了完成学业任务,而忽视了作业的质量,忽视了孩子的感受;同时又忙于自己所留的任务之中,而是否作业真的起到了事半功倍的效果,培养了孩子的能力、发展了孩子的个性呢?

出现种种问题,都是因为对作业设计与布置问题存在错误认识。那么,作业设计需要遵循哪些原则呢?

一、针对性原则

每节课都有既定的教学目标,有针对性地设计作业的内容和形式,整个教学过程才是完整的,因而教师在设计作业时要围绕教学内容,精心设计、认真筛选,布置典型性较强的作业,做到精选精练。既要选择与每节课、每单元的基础知识、基本技能和教学方法有直接关系的题目,又要选择学生在做题上有独到见解的题目,选择出错较多的题目,让学生积累自己作业中的错误多发点,对提高学生学习兴趣,防止知识遗忘,培养思维严谨性,提高分析问题、解决问题能力都大有裨益。

二、自主性原则

新课程下的教学以人的发展为最高准则,呼唤学生个性的张扬和创新意识的培养,这就要求教师把学习的自主权还给学生,多设计一些可供学生自由选择,可适当自由发挥的作业,让不同学习能力的学生最大限度地发挥他们的潜能,让学生通过作业自己去发现,去感悟,去探究,主动参与学习过程,感受、理解、掌握知识,亲自进行学习实践和学习新知的尝试活动,使学生的学习真正自主化。

三、层次性原则

教师在布置作业时要尊重学生的个体差异,不能"一刀切",而应从学生实际出发,针对学生的个体差异设计层次性的作业,为每一个学生创造成功的条件和发展的机会,使学生成为实践的成功者。根据不同层次学生的差异,可采用"作业超市"的形式设置三类题目:A类为基本题,紧扣当天所学的内容,主要用来巩固新知;B类为基础题,是针对一部分基础薄弱的学生设计的,浅显易懂,有利于他们获得成功的体验,增强学习的自信心;C类为发展题,有一定的难度,主要针对基础好的学生设计,有利于培养他们的思维,选择适合自己的作业。分层作业的布置,充分调动了学生的学习积极性,学生的自主作用得到尊重和发挥,学生的情感、兴趣、意志、习惯等非智力因素得到了健康的发展,学生的自主意识、创新意识明显增强。

四、探究性原则

学习的最终目的就在于"学以致用",所以教师在练习中要尽可能布置些把课本知识与学生实际生活相结合的习题,组织学生开展探究活动,培养学生灵活、综合地运用已有知识解决生活实际问题的能力,培养学生的创新意识。

五、人文性原则

作业不仅仅是巩固知识、训练技能的手段。雅斯贝尔斯说过:"教育是人的灵魂的教育,而非理智知识和认识的堆积。"新课程理念下的作业除了注重知识和技能外,也应该围绕情感和价值观进行精心设计,不仅要体现学生的知识和年龄特征,突出学生的个性差异,有利于学生个性的张扬,还要注意学生的性别、爱好、志趣、能力等方面的差异,给予学生足够的自由度,要能激发学生学习的兴趣,让学生在完成作业过程中得到情感熏陶、思想启迪、心灵感悟。

六、综合性原则

新课程作业的设计,要关注学生的生活领域,让课堂知识回归到生活,要体现实践探究,让书本知识能运用到实践中去;要淡化学科间的界限,把不同学科的知识或思考方法综合在一起布置作业,从而纠正学生片面性单科思维的习惯,促进其应用能力与综合素质的提高。为学生提供从不同角度、不同侧面考虑问题的机会,达到开发学生思维,培养学生创新意识的目的。

七、合作性原则

新课程明确提出"自主、合作、探究"的学习方式,通过合作教育,培养学生的合作意识、合作精神、合作能力和合作品质。学生学会了与人交往、与人共处、与人合作,实际上也就掌握了自己生存与发展的本能。这也是当今社会对他们最基本的要求。教师在设计作业时必须考虑这一因素,尽量多设计些有利于人际沟通与合作的作业,使学生学会交流,分享研究的信息、创意及成果,发展乐于合作的团队精神。

八、发展性原则

好的作业设计不应该是某项知识、某种技能的简单重复,而是能发展学生的观察能力、发展能力、记忆能力、思维能力、想象能力、实际动手能力、语言表达能力、自学能力、创造能力,能够有助于培养学生的非智力因素。这虽是对作业的高层次要求,但经过努力仍然是可以做到的。如有的老师注重学生的发散思维能力的培养,经常设计一些一题多解的作业进行训练,收到了很好的效果;也有的老师注重学生的动手能力的培养,围绕这方面设计作业,着力于培养学生的操作能力。

九、迁移性原则

"教"和"练"都离不开具有示范性和典型性的题例。因此教师在确定作业训练内容、方法与形式时,应抓住问题的实质和根本,使之成为学习迁移的支点,让学生通过完成作业掌握学习的关键点和重点。从少量的作业训练中习得解决问题的方法以迁移到以后的问题情境。所以,作业只有量的保证是不够的,还要注重质的提高。

十、适量性原则

一是指各科的作业量要适中,教师在布置单科作业时要考虑到学生的负担,不宜用"题海"压得学生透不过气来,也不宜布置得太少,使学生的知识和技能得不到及时巩固。二是指重复性作业的次数适中。学生已会的知识可以不留作业,学生基本掌握的知识可以留少量的作业,学生掌握起来有一定难度的知识可以留有梯度的、相对多一点的作业。适量的作业,能真正给学生"减负",还给学生一片自由展翅的天空,使素质教育得以真正实施。

十一、循序性原则

要求教师注重学生学习的程序安排。学生要掌握纵向不断分化、横向综合贯通的结构性知识,就必须循序渐进地通过各级智慧技能知识的学习,逐步提高自己的智慧技能水平。要能够设计不同级别的作业,如学生还未掌握低级的智慧技能,就不必大量设计旨在训练高级智慧技能的作业。

十二、课内外结合原则

课内作业是课堂教学的一个组成部分,它强调全体性、基础性和重点性,因此布置这类作业时必须紧扣课堂教学内容。课外作业即家庭作业,它是课堂教学的深化,是检查课堂教学效果的另一途径,这类作业必须考虑到学生能举一反三,并有利于检查和巩固课堂学习成果。

第三节 新课程理念下作业设计的特点

应试教育中,作业成为抹杀学生个性与创造力的帮凶,角色很不光彩。"题海战术"的指导思想是在并没有对规律达到实质性理解的条件下,通过大量的机械练习,企图穷尽各种可能性,最后在考试中过关。但题目怎能穷尽? 而能力,作为一种个性心理特征,它的形成绝非数道题目之功。练习是完全必要的,不可少的。但练习万不能是盲目、无节制的。不难发现,在现实教学过程中,作业上的问题相当严重,甚至有很多问题是违背教育规律,与主流的教育理念背道而驰的。

可以说,作业布置的水平、作业批改的质量、作业评价的策略直接反映一个教师的业务水平、事业热情和创新能力,作业上最能看出教师是否学习研究了、是否认真负责了,从作业入手抓教学管理改革是最为实际的捷径。教学必须改革,改革必须研究,新课改倡导一切以学生的发展为中心,转换观念、改进手段、改变行为、改革评价,落实这些新理念、新要求,必须找准切入点。作业改革是抓好教师学习研究、促进教学课内外衔接、加强学科渗透的集中阵地,更是引导学生研究性学习、自主学习、健康发展的良好途径,它起到教学双边行为及效果评价的窗口和纽带作用,居于中心环节。从这里入手,夯实教学及其管理改革,就能切实贯彻新课改精神,促进新课改阵地化、有序化,逐步充实校本课程资源。

在新课改的背景下,作业发生了显著变化,主要体现在以下几点:

一、形态：从封闭走向开放

伴随着课程改革的热潮，广大教师越发注重了课堂教学的创新，形式多样的教学着实让人耳目一新。而作为教学环节之一的作业设计却往往被我们所忽视，并未得到很大的改观，还是老生常谈，仅仅依靠教材上的几道思考题或是课辅材料中的标准化试题来巩固学生的学习。这些囿于书本、拘于读写、限于室内的作业大大地禁锢了学生的活动空间，限制了学生的知识视野，制约了学生思维的发展，影响了学生整体素质的提高，与新时期的课程改革格格不入。因此，必须对传统的作业加以变革，实行全面的开放，让它以崭新的面貌出现在我们的面前。作业的内容要开放，既可以与教材内容相联系，也可以与学生生活相结合，还可以与社会活动"接轨"，题材广泛，思路开阔，要让学生有"自由驰骋"的余地；作业形式要开放，或摘或录，或写或画，或讲或说，让学生根据自己的爱好、特长和表达的需要自主选择；完成作业的方法要开放，查阅、访问、调查、实践……可以自己独立完成，也可以几个同学合作完成，甚至可以请家长、老师来共同完成；完成作业的时间要机动灵活，有的可以一两天完成，有的可以一周内完成，有的还可以一月内完成，甚至可以一个学期完成；检查评估作业的方式要开放，检查型的、汇报型的、展示型的、交流型的、评比型的……应样样俱全，评估的过程也是学生互相启发，互相学习，共同合作，共同提高的过程。十个指头有长短，学生存在着层次差异，只有开放作业，不搞一刀切，才能使各种学生各尽所"知"完成作业，"各尽所能"做好作业，才能保证展示在教师眼前的作业内容丰富，形式多样。

二、要求：由统一走向选择

学生作业是在任务驱动下完成的。这是因为中小学生自律性较差，大部分学生还没有养成自觉地完成作业的习惯。有了任务，他们才知道做什么，怎么做。过去的作业，完全由教师做主，教师布置什么，学生就必须完成什么，否则就不是好学生。学生听命于教师，被迫完成所有作业，所以，时间一久，学生就厌倦了教师的作业，进而在情绪上抵触，态度上消极，行为上应付，使教师布置的作业不能达到预想的效果。学生的智力、兴趣、技能是有差异的，作业的统一性、必修性、规定性，必然导致学生信心的丧失。为了照顾学生的差异，树立他们的自尊心和自信心，教师在布置作业任务的时候，要多给学生创造自主选择的权利与机会。也就是说，有作业任务，但不是要求学生完全完成，学生可以根据自己的爱好、兴趣、能力有选择性地完成。这样，才能使学生的个性得到充分的展示，才能注重学生的层次性，使所有的学生都能尝试到成功的快乐。

三、内容：由单一走向综合

新课程非常重视学生综合素养的培养，提倡学科之间的整合。教材的编写也力求在这方面突破。比如，在中小学语文教材中，综合性学习是一个重要的组成部分。语文教材淡化了知识体系，强调了能力、方法、情感的和谐发展。课后的练习题更贴近学生的生活，凸现人文色彩。这样的设计意图，就是要教师变单一的知识教学转向综合性教学。教材编写的容量是有限的，不能满足各个层次学生以及实际发展的需要，这就需要教师创造性地开发教材，那么对于学生作业的布置也不能拘泥于教材。然而，教师习惯了过去的教学模式，很不情愿挖掘教材的内涵，还是把教材中的例子当作学生必修的课程，所以，作业内容就是教材的内容，每日要学生反复地演练，机械地训练，使学生感到枯燥、乏味。因此，教师留给学生的作业并不在多，而在于精。作业不能仅限于教材的练习，要突破教材的局限，要多让学生去观察生活、体验生活，重在培养学生的综合实践能力。在作业中反映出本学科特色及与其他学科的交叉，尤其是自然学科与人文学科的关联。如物理与哲学、艺术等。为拓宽学生的知识面,可增加具有时代气息、生活化的阅读材料。例如:"科技前沿动态"、"最新科技新闻"、"生活小窍门"、"知识窗"、"身边科学"、"美文赏析"等。为辅助课堂教学,培养动手能力和信息收集能力,可在作业中设置如"趣味实验"、"小制作"、"小发明"、"研究报告"、"社会调查"等。为激发学生学习的兴趣,可在作业中设计一些寓教于乐的文艺游戏。比如以物理学史或物理学名词为背景的"散文诗"、"灯谜"、"知识竞赛"等栏目。

四、方式:由独立走向合作

过去的作业比较注重学生独立性操作,学生是在封闭的状态下完成作业的。从某种意义上讲,这是对人格的摧残。人是社会的人,自然的人,人有求知的需要,有情感的需要,有交往的需要。中小学生的天性就是好动的、好玩的、好奇的,所以,我们不能为了作业而要求学生做作业。学生做作业的过程,也是人生的体验过程。要让学生感到,作业是一种满足,一种成长,一种享受。

由独立走向合作,是作业改革的必然趋势。新课程改革纲要也明确指出,学生的合作精神与合作能力是重要的培养目标之一。新课程的生成性、建构性,也要求学生必须加强合作,学会合作。既然倡导学生合作性作业,教师就要考虑完成作业的方式。教师可以有意识地把学生划分成学习小组,也可以允许学生自由地结对子,在完成作业的过程中,可以寻求同伴、家长、教师的帮助。从策略上讲,教师应多布置一些研究性作业,也就是说要让学生很不容易独立完成,迫使他们寻求与他人合作。

五、评价:由教师走向群体

传统的作业评价,完全由教师一个人操作。大量的作业批改,使教师不堪负重,况且不一定有好的效果。学生是作业的主人,如果教师教会他们操作的技术后,那么,自己的作业自己来批改是完全可能的。比如,以学习小组为单位,由小组长完成组员的作业评改。作业的评价,也可以让家长或社区人员来参与。总之,可以组成教师、学生、家长、社区有关人员的共同体,实现多角度、多层面的评价。当然,评价的多员参与,不能是盲目的操作,教师始终是策划的主体。教师要分清哪些是可以放开的,哪些是必须由自己操作的,这样才有利于教学反馈,有利于调整教学策略。另外,作业的评价也可以利用信息技术来完成,如网上的对话,这种跨时空的评价,是未来发展的趋势。无论采取何种方式评价,都要注重评价的人文关怀,那种"只见树木不见人"的做法要彻底丢弃。

六、编排:从零散走向统整

课业负担过重的一个重要原因就是学生作业过多。我们不难感受到,学生习题练得不少,但收获不大,可谓是"高耗低效"。其中很大的一个原因就是,教师对作业缺乏合理的选择、搭配和重组,编排的零散性、随意性,造成作业成为独立的一个一个练习,没有组成练习系统,不能促使学生在相应的知识点和能力点上取得本质性的提高,作业的价值大打折扣。新课程下的作业强调作业的编排由零散走向统整,通过作业的合理搭配,发挥作业的最大效益。首先,强调变"无序"为"有序",对教学内容的重点部分,要设计阶梯性的练习,由易到难,逐步引导学生拾级而上,使学生在巩固知识的同时,能力得到培养,智力得到发展。其次,强调变"点状"为"块状",提高练习效率,设计作业时,把相似、相反、易混的习题编成题组进行整体教学,能够加大教学密度,减缓思维难度,提高教学效度。例如,瞄准知识的分歧点、易错点和发散点编制作业题组,能够通过少而精的作业,突出对某个专项知识点或能力点强化训练,达到知识迁移、举一反三的效果。

七、情感:从强制走向自愿

　　传统作业内容陈旧,无时代特征且缺少人性化设计,不符合学生的认知规律和心理特点,很难被学生所认可与接受。同时,科技的发展与社会大背景时时影响学生的价值观,并造成学生情感的损伤、单调、缺乏和异化,使很多学生产生迷茫、孤独、失望和虚无感。现实提醒我们,知识教学不但未贬低情感地位,反而突出了学生的情感需要。学生是具体的人,他有个性,有平等的权利和人格,教师怎能无视这一点呢?在作业设计时,若教师对学生采取真诚尊重的态度,定能营造出理解、信任和友好的气氛,使学生能保持心情的愉快、活泼,其效果不但可提高学习效率,而且能增强自信心和师生友谊。对学生来讲,完成一定的作业题也许并非难事,但重要的是这样的过程是否发自内心需要。对知识的被动接受与对知识的主动探究对应两种截然不同的心理活动,其效果也是千差万别的。因此说,在作业设计时设计些人性化的图片和激励语,创造良好的师生交流情境,诱发学生的学习内驱力,是作业乃至教育教学设计成败的关键。

八、管理:从忽略走向重视

　　传统的学校管理模式中,固然有对学生作业的监控和管理,但基本流于形式,学校的教学研究也很少把"学生作业"作为课题放到重要的位置上来,这与目前的教育改革极不相称。学校应该抓好作业改革管理,带动教师学习研究,简化常规管理手续,着眼教与学的行为落实,在关键环节上用力,使教师和学校都能从教学管理环节上减负增效。教师如果能够从作业改革上抓住学生学习的发展,重视自身学习的发展,则能实现"教研训"一体化,一举多得。因此,学校要调整管理思路,从作业改革入手,抓好教学常规、教学研究、校本培训,这样既能使"教研训"管理一体化,起到事半功倍的效果,又能观"一叶"而"知秋",抓实过程评价。作业改革有了成效,学生管理效益自不待言,教学效率的提高自然也不会落空。

第四节　新课程理念下作业设计的要求

　　学生作业的设计会根据学科、教材内容、知识类型、基本学情等诸多因素的不同而有所差异,教师要根据情况的不同,合理地设计好作业。设计作业时,一般应遵循以下的具体要求:

一、目标性和针对性

　　作业的最终目的是为了实现预期的教学目的。因此,必须根据教学的预设目标来设计和布置作业。作业不能"眉毛胡子一把抓",每次的作业重点要清晰,要能够根据教学任务,把练习的意图集中地、强烈地表现出来。这就要求在作业设计中,既有目标性,又有针对性。所有的作业都应该遵循因材施教、因人施教、分层施教的教育教学原则,从教材和学生的实际出发,根据教学内容的要求和学生的心理特点,有针对性地设计作业。

　　因此,教师设计作业,不能带有随意性和盲目性,要明确作业要达到的目标,结合目标选取最合适的作业方式。同时,还要结合本班的学情,使作业的形式、难易等与学生的实际水平相吻合。这种"吻合"的程度愈高,对发挥作业的应有作用、提高学生水平愈有益。

　　【示例】

　　学习了用列方程解"和倍问题"后,练习课上除了解答一些标准叙述式的基本练习题外,一位教师还根据发散思维的要求设计了一些变式题:

　　1.(标准叙述型)一张方桌的价格是一把椅子的 4 倍,买一张方桌和一把椅子共 160 元,一张方桌和一把椅子各多少元?

2.（变式型）

a.一张方桌的价格与4把椅子的价格相同，买一张方桌和一把椅子共160元，一张方桌和椅子各多少元？

b.一张方桌的价格与4把椅子的价格相同，买一张方桌和4把椅子共160元，一张方桌和椅子各多少元？

通过变化应用题的叙述方式、条件和结构等，养成学生认真审题、分析的习惯，提高学生的思维能力和推断能力。这样的作业设计，目标明确，针对性强，训练效果明显。

二、整体性和层次性

设计作业不能孤立地考虑某一个练习的题目，而应该从学科的整体教学任务出发，从体现学科知识的连贯性和完整性出发，既关注作业对本节课教学内容、教学目标达成的作用，也要关注作业对该学科知识体系、能力体系的构建，要考虑知识的前后衔接和联系，要让学生通过作业，得到系统的、整体的复习和训练。

同时，要尊重学生的个性，在作业布置上既要关注后进生和中等生，又要关注优秀生。关注学生的差异，采取作业分层的策略，让不同层次的学生自由选择适合自己的作业习题，品尝属于他们自己的"果子"。可采取"刚性作业"和"弹性作业"结合的方式。"刚性作业"教师全批全改，学生必须完成；"弹性作业"以学生的学习需求和学习实际为标准，向学生讲清楚，你可以在其中有选择地做一些题目（也可以不做），这些作业学生可以交给老师，也可以不交给老师，老师可以抽样批改，甚至可以不批改。当然，凡是学生来向老师请教的题目，老师应该也必须向学生耐心解答。同时，作业的设计要做到由易到难，由浅入深，由具体到抽象，从模仿到创造，再到创造性发展，做到环环相扣，逐步提高。既要设计一定数量的基本作业，又要有一定数量的变式作业，以利于新旧知识的沟通，拓展学生的思路，还要设计一些综合性较强的思考性作业，以利于学生加强实践，促进知识、技能的转化。

【示例】

学完《中国石拱桥》之后，一位语文教师给学生布置了这样5道有层次性的作业：

1.摘录文中你喜欢的10个词语。

2.读了此文，说说赵州桥与卢沟桥的异同点。

3.走一走，看一看，家乡有哪些桥？都一样吗？

4.如果有兴趣，可以用上网、查资料、请教家长等方法向同学们介绍一座著名的桥，如苏州文化古迹之一宝带桥。

5.搞一次小设计，请设计一座桥的简单构图，并说明特点。

前两个题目是"刚性"的，要求必须完成，后三个题目是"弹性"的，可以根据自己的爱好选择完成。几个题目，由课本内容的基本要求到动手搜集、整理材料，搞创意设计，难度逐步加大。结果，很多学生在完成第一、二道题后都尽力地去完成后面的试题，渴望到"最近发展区"去"跳一跳"，摘到"果子"，表现出浓厚的兴趣和极大的好胜心，在不知不觉中锻炼了自己的观察、分析、表达等方面的能力。

三、及时性和适量性

作业是检验课堂教学效果、巩固教学内容的最好手段，因此，作业的布置必须体现及时性。教师布置作业，应该以强化和巩固当堂或某一章节、某一单元的教学重点、难点为主要任务，也可通过作业构建必要的知识体系，这就要求教师布置作业要及时，不能过分超前或滞后，要在学完当天的新知识以后，及时布置有关的作业，并要求学生当堂或当天完成，这样能够起到很好的巩固知识、防止遗忘的作用。有的教师不太注意这个问题,作业布置下去,不及时要求学生交,或不及时进行批阅,等到下节课新的教学任务已经开始了,却没有作业的反馈信息,造成学生学习的障碍。

作业还要适量。不能靠大作业量或偏、难、怪的作业来"挤"、"压"学生。作业的分量、次数、难度等都要顾及到学生的实际情况,使学生能够接受。如果一个学生完成某学科的作业需要花费太多的时间,不仅会影响到其他学科的学习,更关键的是,这会让学生产生厌烦心理、逃避心理,从而疲于应付,甚至抄袭,使布置作业的目的完全落空。因此,教师在设计作业的时候,一定要学会换位思考,站在学生的角度,预计学生完成作业的时间和难度。要避免机械的重复,避免惩罚性的作业,避免用偏题怪题来难为学生。

从学科老师的配合上来看,各个学科之间还应注意协调,互相照顾,不要造成一哄而上或者一哄而下的局面。要放弃"哪科作业越多,学生就越重视哪科"的想法,在布置作业时相互协调,不要只考虑增加本学科的作业量而不考虑其他学科的作业量。班主任在这个方面更要做有心人,统筹协调,这样就能有效地控制各任课教师所布置的作业量了。各科任老师还要教会学生自己给自己布置作业,做学习的主人而不是做学习的奴隶。当然,要做到这些,实际上也是对老师提出了更高的要求,老师在上课和布置作业之前,一定要认真备课,把学生最需要的知识、最需要的作业挑选出来,题目要典型,作业要扎实,这样才能有足够的时间培养学生的自主学习的能力。

四、趣味性和启发性

苏霍姆林斯基认为:"所有智力方面的工作大都依赖于兴趣。"教学的实践也证明:兴趣是最好的老师,是学生学习的不竭动力。然而很多教师布置的作业形式呆板,内容枯燥,形成一成不变的脱离实际的无趣模式,这样非常不利于学生综合素质的培养。教师的作业设计应富有创意,形式新颖、内容联系实际并有一定的趣味性,使学生能在一种愉悦的环境中,体验到寻觅真知和增长才干的成功乐趣。学生一旦对某个学科产生了浓厚的兴趣,就可以寻找到支撑学习热情的无穷的动力,就可以主动地、轻松地、持久地投入到学科作业的完成上来,非常有利于提高学习效率。

作业设计还要注意启发性。要通过作业,启发学生的积极思维,引发对相关问题的联系和思考,掌握方法和规律,从而达到举一反三的目的,灵活、深刻地掌握相关知识。这就要求教师在布置作业时,要根据学生的年龄特点和学习状况,设计出富有启发性和趣味性,能够调动学生学习主动性、积极性和创造性的作业,要注意题型的多样性,方式的多变性,以激发学生学习的兴趣。

【示例】

教师在教学《小溪流的歌》(浙教版第八册)时,设计了这样的作业题:

1.文中写到"五颜六色的卵石",请你想一想,生活中还有哪些东西也是五颜六色的?赶快写下来,越多越好。(时间2分钟)

2.照样子写词语,相信自己能写很多个。(时间5分钟)

A.拍拍、摸摸、挠挠(AA型,都表示手的动作)＿＿＿＿＿＿＿＿;

B.溪流、漂浮、蝌蚪(AB型,两个字的部首相同)＿＿＿＿＿＿＿＿。

这样的作业非常有趣,深受学生的欢迎,学生一拿到题目就想做;同时,完成作业还要记时间,并要在规定的时间内完成,新鲜且充满挑战。

五、诊断性和反馈性

学生作业具有反馈教学实际情况、暴露教学问题的功能。学生某一次作业的完成情况如何,在哪些地方出现了普遍性的和个别性的问题,不仅直接反映出学生的学习状况,而且也是对教师教学行为是否恰当、到位的一种判定。教师要借助学生作业情况,及时调整自己的教学行为,寻找适合学生的最佳的教学方式和途径。对学生中出现的普遍问题,要及时想方设法予以补救,帮助学生达到预定的学习目标。因此,学生的作业具有诊断、反馈和补救的功能。

【示例】

下面是一位小学六年级《科学》教师所布置的第1课《我们身边的物质》的作业:

1.填空题:

A.世界是( )构成的,物质是( )的,物质的变化有相同和不同之处。

B.一些物质的变化产生了( ),另一些变化没有产生( )。

2.探究题

A.观察把易拉罐或者饮料瓶压扁,它们发生了什么变化? 这样的变化是不是改变了物体的材料?

B.观察水结冰和冰融化成水的图片。回忆水的这种变化是否变成了其他物质?

C.这两种物质的变化有什么相同的特点?

D.点燃火柴,观察火柴的燃烧,它发生了什么变化?

E.观察生锈的铁钉,思考铁与铁锈是否相同?

F.这两种物质的变化有什么相同的特点?

G.易拉罐或者饮料瓶压扁、水结冰和冰融化成水,与火柴的燃烧、生锈的铁钉的变化有什么相同和不同?

作业题目虽然不多,但却紧紧抓住《我们身边的物质》一课的教学重点,能够较为全面地考查学生对本节内容的掌握情况,起到了诊断、反馈的作用。

六、开放性和研究性

传统的作业,过于强调"标准化答案",强调"对"与"错"的严格界限,造成学生的思维定势,束缚其思维的发展。新课程强调,必须增强作业的开放性,适当设计一些开放型题。允许学生突破"僵死"的"惟一"的答案的束缚,多角度考虑问题,在寻求答案的过程中,培养学生思维的广阔性、应变性、发散性、独创性,在讨论推断可能的正确答案和最优解法时,使学生能进行复合思维,培养学生创造性思维能力,使学生的个性素质和科学思维素质得以提高,从而形成学会求知的素质。因此,作业设计要体现出答案的丰富多彩性,让学生在符合题意的大体框架内去发表自己的见解。作业设计中应本着"近意即可"的原则,让学生张扬个性、有话好说、有东西可写。要有意识地设计拓展型、开放性作业,引导学生在解题思路的分析、探索过程中,培养创造性思维能力。

苏霍姆林斯基说:"在人的心灵深处,都有一种根深蒂固的需要,就是希望自己是一个研究者。"新课程理念更是强调培养学生自主、合作、探究的学习方式。因此,教师在教学的各个环节都要鼓励学生主动探究,挖掘自身的创造潜能,开发自身的多元智能,让学生在学习的过程中获得成功的体验,真正成为个性健全发展的人。如果设计一些研究性作业,往往能起到"四两拨千斤"的功效。

【示例】

一位历史教师在七年级上册《南方经济的发展》一课教学后,设计了这样一道作业题:

请你根据自己的喜好选择研究的方法和途径,调查多位外出务工人员(或者是外出求学的学生),了解他们打工(学习)的地点、生活、经历、感想,依据调查数据归纳出现代移民的特点,并找出与古代移民的异同点,写一篇调查报告。

在调查成果交流会上,有的学生展示的是一组组数据,有的学生是以画图的形式体现,有的学生是列表分析……它们都具有较高的研究价值。他们有体验,有感受,更有交流的冲动,教师在他们滔滔不绝的交流中适时引导,进一步激发学生的求知欲,鼓励他们大胆实践,引导调查活动向纵深拓展,同时为下一次的社会调查活动做铺垫。

七、应用性和社会性

应用意识薄弱是当前教学中的一个重要问题。作业的设计往往脱离学生的实际生活,因此形成学生"读死书"、"高分低能"的现象。实践是新课改蕴涵的理念之一,"学以致用"是教学的宗旨所在。对基础知识的运用实践是学生学习要形成的重要能力之一。因此,设计作业时,要突出题目的"应用性"和"社会性",注重知识与能力的关系,为学生创设实际的生活背景,从着眼于解决实际问题的角度,掌握所学知识,促进思想素质和智力素质的共同提升。

【示例】

一位《思想品德课》教师在《超越自负,告别自卑》教学后,设计了如下个性心理型实践作业:

标题:我是最棒的!

目标:增强自信,告别自卑。

内容:按照次序,请同学轮流到讲台前大声呐喊"我是×××,我是最棒的!"

设计依据:①客观依据:班内一部分学生来自农村,在心理上觉得低城里学生一等,有较为严重的自卑心理,不敢与城市学生交往,缺少自信心。一部分学生由于一直以来学习成绩欠佳,也对自己失去信心,甚至怀疑自己存在某些缺陷,并将这种怀疑扩张到生活及其他领域,造成某种程度的心理障碍。②方法依据:组织全班学生依次逐个上台有利于减轻学生心理压力,消除顾虑,激发其斗志。

对缺乏自信的学生来说,完成这样的作业是需要巨大的勇气与坚强的意志的,学生完成作业的本身就是对自己心理挑战的一次完胜,这就是我们教育者所要追求的结果。在这里,学生所完成的不再是枯燥乏味的"死知识性"的作业,而是将知识与自己的现实生活、现实世界紧密联系,在应用中予以掌握。这样得到的知识才是真正的知识,才能实现知识向能力、向素养的转化。

八、人文性和发展性

新课改的一个显著特征就是强调教学的"人文性"。其中作为巩固知识重要一环的作业设计,尤其应当体现对学生特有的"人文关怀"。作业设计要本着对学生负责的态度,尽量减少解题陷阱,让学生做得放心、练得舒心。在设计作业时可增加一些语言提示或符号提示,以便让学生有所警觉,不犯"会解而没有解出"的错误,不因"小节"而失"大体"。要考虑学生的心理承受能力,严格控制作业量,让学生轻松愉快地完成作业。要本着减轻学生过重的作业负担的精神,设计一些事半功倍的作业。同时,作业要特别强调学生的发展性,即强调学生是作业的主体,注重发挥学生作业的自主性、主动性和创造性,让他们在能动的创造性的作业活动中,获得生动、活泼、完满的发展。

【示例】

一位政治老师在学到"诚信"问题时,针对学生中存在着不讲诚信、弄虚作假等现象,结合所授知识,精心设计出一些"身临其境"式的作业题目:

有人就校园的"诚信"情况作了一番调查,请见下表(调查人数:50人):

现象	抄袭作业	考试舞弊	言而无信
从未出现	20	34	24
偶尔出现	15	10	16
经常出现	15	6	10

请回答下列问题:

1. 上表调查结果反映了什么问题?

2. 你认为应怎样解决这个问题?为什么?

3. 为"共铸诚信学校",我们应做哪些努力?

该题以《公民道德建设实施纲要》为背景,让学生对抽查的结果进行理性的分析,做到理论与实际相结合,将人文关怀的视角延伸到学生的现实生活中去,让学生有所想、有所悟、有所动。学生除巩固了相关知识,还在答题过程中受到一次隐含的思想教育,这对净化学生的心灵、提高思想觉悟大有裨益。

第五节　新课程理念下作业设计的过程和策略

设计作业是做老师的一项基本功,曾几何时,老师不再设计作业,这项工作完全被"教辅"替代,老师设计作业的本领正在被边缘化。

或许你要说,有现成的教辅不好吗?市场上的"教辅"质量我们姑且不论,单从作业设计过程来看,老师就必须做到"三个结合":结合重点、结合难点、结合学生。重、难点一方面来源于知识,另一方面还来源于不同生源质量和针对单节课的实际效果。这些,可能是千篇一律的"教辅"所无法"预计"的。我们在实际使用中都有这样的体验,在批改作业时发现题目不是太难,就是过易,还有错题、超纲题,此时发现,学生已经浪费了时日,不负责任的老师还会继续浪费下去。

如果教师自己设计呢?他会根据本节课的重、难点以及学生掌握的情况去精心编排练习,在"编排"的过程中,业务能力在悄悄地进展;批改作业时由于是自己编排的,格外亲切,尤其是自己精心设计的几个得意的"小陷阱",在批改时分外期待,期待自己的学生们不小心"上当受骗"。第二天的作业评讲是句句落实,孩子们受益匪浅。"教辅"就不一样了,一通布置,胡批乱改,老师还没明白题目的用意,作业已经批改完毕,评讲时也只是对对答案,这样的作业显然意义不大。

设计作业是教学常规的一个重要组成部分,从备课到上课再到作业是环环相扣的,备课靠下载、上课靠模仿、作业靠教辅,这样的老师毫无个性而言,早晚会被淘汰。尤其是设计作业,是教学有效反馈的重要手段,"反馈"最讲有效、准确,它为后期的教学提供了科学的依据。

也有一些负责任的老师,他们在使用"教辅"的时候加入了"剪刀"与"浆糊",这样的作业显然比"照搬"先进了许多,但由于对单个题目缺乏更深入的了解,这还不是最佳作业设计办法。

一、作业设计的过程

设计作业是教师的一项基本功,经常磨练才会不断提高。一般来说,作业设计需经过以下几个步骤：

1. 确定设计意图

任何一份作业总承载着教师的某种教学意图，比如预习相关的教材内容、巩固所学的知识和技能、培养学生的良好习惯、形成一定的审美情趣、提升思想境界，等等。因此，在设计一份作业之前，必须先要弄清楚自己这份作业设计的出发点或者说是设计意图到底是什么，这样才能根据设计意图来有针对性地设计作业。设计意图一般来源于几点：课程标准对相关内容的要求、教材的编排重点、教师的教育理念等。有意图的设计作业，能最大限度地克服作业布置中的"茫然无序"，避免作业的"无效性"。

一位教师在教学《纸船和风筝》一文后，这样确定自己的作业设计意图：

本课作业设计力求体现层次性、合作性、生活性、整合性和趣味性。

(1)基础题中，针对学生的差异设计梯级作业，学生可以自主选择作业的内容、形式、数量和完成方法，积极主动地完成。让学生写好后冲写得满意的词语笑一笑(自评)，让爸爸妈妈夸夸写得规范、端正、整洁的字，并圈出写错的字(父母评)，正是评价主体多元化的体现。

(2)拓展题中，推荐相关的优秀书目，让学生不受时间限制地阅读绘本故事，既是一次次阅读，又是一次次心灵的"盛宴"。长期加强课外阅读，能让学生真正走进书籍的世界，并在阅读中健康成长。

(3)实践题中，将语文学科与美术、手工学科整合起来设计作业，给作业注入了生机和活力，为学生学习语文提供了实践机会。让学生动手做一做，动笔画一画和写一写，互赠礼物，这就打破了学生封闭的学习环境，使作业和生活接轨，故事的教育意义也就在学生的作业中得到了体现。

这样，作业设计的出发点就清晰了，从而保证了作业设计目的明确，有的放矢，克服了随意性和盲目性。

2. 整理搜集素材

到底要如何布置作业？ 在不少教师的头脑中存在着错误的认识，说起作业来，那还不简单？ 课本上、练习册上，都有很多的试题，随意选择一些不就行了？ 只要不出授课的范围，不就是一份优秀的作业吗？

这个想法在很多老师头脑中根深蒂固。这是导致作业缺乏设计的最根本、最直接的原因。

要想完成一份优秀的作业设计并非如此简单。在确定了设计意图之后，教师要认真搜集和整理相关的素材，从大量的素材中选择那些最能体现设计意图的内容，这样才能使意图真正得以实现。

上面例子中的语文教师，在确定了《纸船和风筝》一课的作业意图之后，非常认真地做了两项工作：

(1)到学校图书馆进行广泛的查阅和浏览，目的是寻找适合向学生推荐的优秀的绘本故事。

(2)认真审阅学生手头上的资料，从众多的题目中加以筛选，根据题目的难易，编制相应的基础题题组。

这样认真地搜集素材，就使作业设计不是虚浮的，内容既贴近教材要求，又符合学生实际，确保了作业设计的扎实、有效。

3. 明确形式数量

对某一个章节的内容而言，可以当作作业来布置的练习不计其数。如果不考虑学生实际,凡看到觉得有意义的题目,都想拿来交给学生完成,似乎越多越好,就很容易把学生送进"题海",结果适得其反,不仅不能达到预期的作业目的,而且会造成学生的反感和抵触。

要能够根据学生学龄特点、学科特点布置作业,作业要符合中小学生身心特点,作业的数量要适当,既不能过多,也不能没有,同时,作业的形式要多样,尽量避免机械重复式的作业,要充分体现活动性、实践性、趣味性、有效性的特点。

4. 具体编制修订

在上述几个步骤的基础上,汇编作业题目,构成一份完整的作业。认真修订,最好将作业实际做一做,防止作业题目本身有隐藏的缺陷,带来不必要的麻烦。

例如,经过反复斟酌,最终这位老师将《纸船和风筝》的作业布置如下:

A. 读写积累——基础题

1. 字词积累(可以任选一项,也可以两项都选)。

(1)注意执笔和坐姿,抄写词语1～3次,难写的、带有生字的词语多写几次。写好后冲写得满意的词语笑一笑。

(2)注意执笔和坐姿,听写词语。写完后,让爸爸妈妈夸夸写得规范、端正、整洁的字,并圈出写错的字,改正后再写几次。

2. 句子积累(任选一项)。

(1)摘录课文中优美的句子或让你深受感动的句子,有感情地读给爸爸妈妈听。

(2)和爸爸妈妈合作寻找合适的音乐,配乐朗读课文。

B. 阅读感悟——拓展题(完成不限时间)

绘本《小老鼠和大老虎》《我有友情要出租》《我是霸王龙》《你看起来好像很好吃》《月亮狗》等都是关于友情的优秀作品,课后到图书馆或网上搜集这些绘本故事,与你的好朋友一起分享,并谈谈阅读感受。

C. 综合运用——实践题(任选一项)

(1)收集一些团结友爱的格言、谚语,做成漂亮的书签,想和谁做好朋友就送给谁。

(2)你和好朋友之间有小矛盾、小误会吗?把你想说的话写在你的小制作(纸船、千纸鹤、风筝、花瓶等)上送出去吧!

二、作业设计的策略

作业设计并非毫不费力的事情。作为一名教师,如果想给学生布置出既合理、又有新意的作业,必须讲求设计策略:

1. 研究教材、分析学情

作业设计是以教材内容为基础,以学生为对象的。没有认真研究教材、吃透教材,没有充分分析学情,有效的作业设计只能是一句空话。有效的作业设计首先要求研究教材、分析学情。作业的内容应合乎新课标、中高考考纲的要求和教材中对作业安排的宗旨。对所要布置的作业,教师要了解作业的深度和广度,依据学生的实际情况,在不脱离学生实际知识水平的基础上考虑安排课内、外作业。

例如,一位语文教师在教授苏教版七年级下册《月迹》一文时,认真研究教材、分析学情,制定出一份价值较高的作业:

教材及学情分析:

《月迹》是苏教版七年级下册"童年趣事"这一主题单元的第二课,是近代文学大家贾平凹对童年时代的一段美好回忆,充满童真童趣。它的前一课《从百草园到三味书屋》,表现儿童热爱大自然、追求自由快乐生活的心理。后一课《三颗枸杞豆》告诉人们:要抓住时间,抓住生命,少壮不努力,老大徒伤悲。相对而言,《月迹》更贴近学生的生活,容易激发他们的想象。因此,本课的作业设计,更侧重于让学生品味近代文学大家的写月名篇,增强语言积累,培养良好的语感,进一步培养他们从实际生活中发现美、创造美的能力,在写作手法上受到潜移默化的影响。设计的几项作业,学生可以根据自己的爱好自主选择、自主完成。

作业内容及设计意图:

(1)把你认为课文中最优美的词、句、段摘录下来。

[初中语文学习也要注重积累,要为阅读打好坚实的基础,新课标对此也指定出了量化标准。在阅读教学中,引导学生积累自己喜欢的词语和句子,能激发学生积累的欲望。]

(2)选择自己最喜欢的段落读一读,背一背。

[阅读是学生个性化的行为,让学生根据自己的特点,选择自己喜欢的段落读读背背,感受月夜的美。如此,不仅让学生体验自主学习的乐趣,还能使他们对语言文字的表达产生浓厚的兴趣]

(3)搜集课外与月亮有关的诗句、文章,认真朗读体会。

[新课标指出:要创造性地理解和使用教材,积极开发课程资源,引导学生以课本为点,扩大阅读面,大量积累语言。同时,训练学生搜集和处理信息的能力,拓宽他们的学习渠道,不断提高他们的语文素养,发展自主探究的能力。]

(4)练笔:你心目中的月亮是什么样的?请运用你积累的优美词句,发挥你的想象,施展你的文采,写一篇关于月亮的习作。

[积累的目的在于运用,运用的目的在于提高,提高的目的在于创造。这项作业是融字、词、句、段训练于一体,注重培养学生学以至用的能力和表达能力,培养他们在生活中发现美、创造美的能力。]

2. 找准重点、全盘考虑

作业设计的基本目的在于帮助学生巩固知识、发展思维、培养能力。这就要求老师在设置作业时,要找准主干知识、找准知识中蕴含的思想与方法,还要考虑本节内容在本单元、本章、本学期乃至本学段的地位和层次设置,为作业设计提供基础性保证。只有紧紧抓住学科教学的规律,紧扣具有学科特点的基础知识、基本技能等这些关键性的问题进行练习,才能触类旁通。从学生的精力和时间看,作业也必须在"少而精"的前提下进行"适当练习"。有的教师大搞题海战术,结果学习效果并不好。

例如,一位数学教师在布置作业时,不满足于停留在学生掌握课本知识上面,还要通过作业把学生引向课外,拓展知识来源。利用课外作业的机会,鼓励学生超越课本,有计划、有目的地广泛地阅读课外有关数学知识的书本。要求学生加以积累,做摘录笔记,根据自己的理解对收集的资料进行筛选处理。利用数学活动课,建立"课外数学知识"讲坛,开展"自编数学手抄报"等活动。这样的作业,就不是限于某一节课的作业,而是结合数学这个学科本身的特点全盘考虑,紧紧抓住了教学的重点,收效更为明显。他在教学"数的整除"这一单元过程中,根据教材内容,设计了以下课外作业:

(1)查阅有关数学资料,了解有关质数的知识。

(2)除了能被2、3、5整除数的特征外,你还能了解或收集能被其他数整除的数的特征吗?

(3)分解质因数在生活中有哪些应用?请你收集有关利用分解质因数解题的题目。借助"课外数学知识讲坛"、"手抄报",让学生自己当老师,一显身手,充分展示自我。

3. 面向全体、分层设计

从教育心理学角度看，学生的身心发展由于受先天禀赋以及后天诸多因素的影响，存在着巨大差异。要想让不同层次的学生都能在完成作业的过程中获得成功的体验，教师设计作业时要尽量从学生的实际出发，兼顾全体学生，考虑学生原有的基础，依据其最近发展区，建立多层次的弹性作业结构，以适应不同层次学生的需要。在作业布置上既要关注后进生和中等生，又要关注优秀生。教师要根据不同能力的学生布置不同的作业，增加作业的层次性，按作业目标、作业量、作业难度、完成作业时间分层，供学生选择，让每位学生都能体验到成功的喜悦，从而使学生的学习积极性得到保护，个性得到张扬，使不同学生的学习能力得到展示。

例如，某英语教师尝试了如下"分层作业"经验：

在设计练习或布置作业时要遵循"两部三层"的原则。"两部"是指练习或作业分为必做题和选做题两部分；"三层"是指教师在处理练习时要具有三个层次：第一层次为知识的直接运用和基础练习，是全体学生的必做题；第二层次为变式题或简单综合题，以B层学生能达到的水平为限；第三层次为综合题或探索性问题。第二、三两层次的题目为选做题，这样可使A层学生有练习的机会，B、C两层学生也有充分发展的余地，都能享受到成功的喜悦，因而提高了学习英语的积极性。

4. 形式多样、求精求新

老师应充分关注各种类型习题的选择，尤其是典型习题的选择，合理安排它们的数量比例，尽可能全面涉及各类题型，使整个作业设置能产生合力，从而使作业效用得以充分发挥。在选择题目时，求精自不必多言，求新则应充分关注。新，才能充分激发学生兴趣；新，才能更好地体现学科的美。当然，教师应当明确，求新不能等同于求异，偏怪、冷僻的题目是不可取的。教师应力求在教材已有习题的整合、改造上求新、出彩。

作业的形式应灵活多样，不拘一格。将各种训练形式全面结合起来，激发学生的学习兴趣，全面提高学生的素养。多样的作业形式，不仅可以让学生在探究中学习，在实践中发展，还能让学生感到学习的乐趣。

例如，一位语文教师《富饶的西沙群岛》的作业设计，充分体现了作业形式多样、求精求新的特点：

A.积累题：（可以任选一项，也可以两项都选）。

1.字词积累：摘抄描写西沙群岛的词语：风景优美、物产丰富、五光十色、瑰丽无比等。

2.句子积累：摘录课文中优美的句子或让你深受感动的句子，并想一想你体会到了什么？

B.阅读感悟——拓展题：

1.在作业地图上找到西沙群岛的大概位置用红圈标出。

2.课文从_____、_____、_____、_____这四个地方介绍西沙群岛，海面有_____；海底有_____；海滩有_____；海岛有_____。让我体会到了：西沙群岛就像_____。

C.动手操作题：

任选一个你感兴趣的自然段画一画，并给你的画取个好听的名字，用几句简洁的话介绍一下你的作品。

第六节　新课程理念下作业设计的技巧

作业存在的弊端很多,譬如对作业要求的"整齐划一",不论学生水平如何,一律"一视同仁";作业形式的"单调雷同",清一色的书面作业,缺少变化,看起来就让学生头疼;作业内容的"随意繁琐",以"熟能生巧"为借口,逼着学生陷进"书山题海"中,以为大量的重复就必定会形成能力……这种种问题就造成了大部分学生不喜欢作业,甚至讨厌写作业的局面。教师布置作业,其出发点本是好的,巩固学过的知识,发现知识的缺陷,发展学生能力,培养良好习惯,但这种"抵触"情绪无疑使这个出发点几乎落空。学生硬着头皮在应付,只求过关,不求收获,甚至以抄袭的手段蒙骗老师。这样的作业又有何益?因此,必须加强对作业形式的创新,以此达到用作业吸引学生、促其发展的目的。

一、优化常规作业

不可否认,无论作业形式如何创新,常规家庭作业,包括课文后和练习册上的习题,仍是学生家庭作业的主要样式。

所谓对常规作业的优化,就是要杜绝对课本和练习册习题不加选择地照搬使用,要根据学情,适当编选、重新组合,或者对试题进行改造。努力从试题中挖掘蕴含的趣味性,加大其思维含量,改变其呈现方式,努力形成有梯度、有关联的训练题组,从而使学生从以"练"为主的机械操作式的作业模式中解脱出来,通过处理灵活多样的常规性的作业,提高兴趣,增强能力。

【示例】

根据情境填写诗句:

1. 古诗中,诗人常借物传情。"＿＿＿＿＿,＿＿＿＿＿?"(《次北固山下》),王湾借"归雁"捎去他对家乡亲人的思念;"＿＿＿＿＿,＿＿＿＿＿"(《闻王昌龄左迁龙标遥有此寄》),李白借"明月"寄托他对远方朋友的牵挂。

2.2009 年,金融危机席卷世界,中华民族在危机面前不屈服,困境中求生存,逆境中谋发展,正如孟子所说"＿＿＿＿＿,＿＿＿＿＿。"

3. 梅是"岁寒三友"之一,自古以来,人们对它情有独钟,请写出和梅花有关的诗句(连续的两句):＿＿＿＿＿,＿＿＿＿＿。

【简析】

这几个小题考查的是古诗词的积累,这本是语文教学中最为常见的一个内容,但作业的形式却改变了常规的诗词填空,而是有了一个跃升。学生必须在头脑中对大量的古诗词进行再现、分类、筛选,最后才能精选出一个较为合理的答案。这份作业本身就包含了一个复习、巩固与系统深化的过程,充分表现出试题的内在张力。

二、加强实践作业

长期以来,由于应试教育的影响,课外作业内容拘泥于课堂知识,拘泥于教材,往往以试卷中出现的形式作为课外作业的模式,完成同步练习,机械、重复的较多。作业陷入机械抄记、单调封闭的误区不能自拔。那些限于室内、拘于书本的静态作业使学生埋头于繁琐重复的书面练习而苦不堪言。作业脱离学生生活实际,围着书本做文章的现状,削弱了学生解决实际问题的能力,泯灭了学生的学习热情,也严重影响了学生的身心健康。美国教育家彼德·克莱恩说:"学习的三大要素是接触、综合分析、实际参与。"实践性作业正好符合上述要素,它是教师根据教材内容和学生的身心特点,结合生活实际,精心设计的以实践性、教育性、创造性的学生主体活动为主要形式,以学生主动参与、独立操作、积极探索为主要特征,以启迪思维、培养能力、促使学生素质全面发展为目的的一种作业形式。

实践性作业可以分为:调查性实践作业、操作性实践作业、探究性实践作业、应用性实践作业。

1. 调查性实践作业

主要是指通过学生进行社会调查并分析调查所得到的资料,从而进一步认识我们周围的世界,设计出解决生活中实际问题的建议方案的作业。

【示例】

请设计一份调查问卷,对目前"大众观看动画片"的相关问题进行调查,并对调查结果进行适当的分析,提出自己的看法。

下面是一个学生在教师的指导下设计的一份问卷调查:

关于动画片的调查问卷

尊敬的叔叔、阿姨:

动画片是大家喜闻乐见的一种影视艺术。但是目前国产动画片不但数量少,而且质量也一般。为了真实地反映大众对于动画片的看法,我们正在组织一次关于动画片的专项调查研究,并拟将调查结果提交给相关部门。本次调查问卷不记名,希望得到您的帮助和支持!

谢谢!

您的概况:年龄_____性别_____职业_____文化程度_____

(1)必答题:

①您最近是否看过动画片?

②在您看过的动画片中,是国产的多还是国外的多?请列举3~5部动画片的名字。

③您比较喜欢哪个国家的动画片?

原因是:A. 人物造型设计 B. 人物语言设计 C. 人物言行 D. 剧情发展

(2)选答题:

如果您看过国产动画片,请回答:

①您喜欢这些国产的动画片吗?

原因是:A. 人物造型设计 B. 人物语言设计 C. 人物言行 D. 剧情发展

如果您看过国外动画片,请回答:

②您比较喜欢看哪一部外国的动画片?

原因是:A. 人物造型设计 B. 人物语言设计 C. 人物言行 D. 剧情发展

③您觉得与中国的动画片相比,外国的动画片有哪些特点特别吸引您?

④您认为中国动画片还有哪些地方不尽如人意?

【简析】

这样的作业形式,显然与传统作业截然不同,学生在具体完成过程中,合作能力、分析能力、口头语言和书面语言的表达能力,均会得到很好的锤炼。

2. 操作性实践作业

主要是指通过学生的实际操作(如试验、测量、制作等),根据学生在实际操作过程中得到的现象、实物、数据等,进行分析、推理、判断或计算,以解决生活中的实际问题的作业。

【示例】

三年级数学作业

1. 调查下面物品的质量,掂一掂、提一提,感受有多重。

物品名称	品牌名称	质量
一袋大米		
一袋盐		
一袋味精		
一袋面粉		

2. 按质量称出下面物品,数一数。

一千克鸡蛋,大约有(   )个。

一千克苹果,大约有(   )个。

一千克土豆,大约有(   )个。

一千克桔子,大约有(   )个。

3. 称一称,抱一抱。

我的质量是(   )千克。

爸爸(妈妈)的质量是(   )千克。

我抱了爸爸(妈妈),感觉(   );爸爸(妈妈)抱了孩子,感觉(   )。

【简析】

这样的作业,简单易行,生动有趣,而且贴近学生的生活实际,在对生活现象的实际观察和操作中,对"质量"这个概念有了直观的感受和体验。

3. 探究性实践作业

主要是指通过学生积极探究和创造性的思维,建设性地提出解决现实问题的方法及策略的作业。

【示例】

一位教师设计的《科学》课程探究性作业

①科学日记:每天观察蝌蚪的变化,直至它发育成青蛙,你能坚持每天写观察日记吗?

②科技活动:每人一个200克左右的苹果,可采用任何方式加以保鲜,看谁保鲜的时间长。

③科学实验:漂浮在浓盐水上的冰溶化后,液面将怎么变呢?

④科学调查:利用假期调查你所在家乡存在哪些污染?污染源在哪里?你有什么好的解决办法?

⑤科学影像:自拍精彩的自然照片或录像(适宜在假期进行),进行展览评比。

⑥科学诗词:"久居疱厕,不闻其臭",蕴涵着怎样的科学道理?"人间四月芳菲尽,山寺桃花始盛开"这句诗中描述了什么自然现象?

⑦科学制作:腊叶标本制作,自行车角镜制作,书签标本制作,自制水火箭。

⑧科学家庭:探究家庭日用品所应用的科学原理。

【简析】

这些《科学》作业形式,无不要求学生动手、动脑,实践操作,实践探究,拓展学生的应用空间,提高动手实践能力,体验科学制作的乐趣和成功,使之了解到科学就在身边,处处研究处处是科学,培养学生坚持不懈的科学研究精神和持之以恒的意志品质。

4. 应用性实践作业

主要是指学生直接运用所学的知识和技能,以及日常生活中积累的经验,灵活合理地去解决实际生活中的问题的作业。

【示例】

一位教师在教学"生活中的用电"之后,布置如下作业:

请找出家里、社区、学校的生活中用电不安全的因素,并提出书面建议。

学生得出各种答案:

现象	建议
三孔插座没接地线	接好地线
在浴室用电吹风机	不要用,因为那里潮湿,容易漏电
用铁丝等代替保险丝	不要用,防止触电时不能自动断电
同时使用大功率的用电器	不要同时使用,容易发生火灾
用湿手接触电器、开关等	不要用湿手接触电器、开关,易触电
在电线上晾衣服	不要在电线上晾衣服,易触电

【简析】

这样的作业,与学生的生活实际紧密相连,充分体现了"学以致用"的思想,有利于学生主动将所学知识与现实生活建立联系,运用所学知识,解决实际问题。

三、拓展书面作业

新课标对学生的发展有了一个新的衡量标准,它包括:运用各种学习策略来提高自己的学习水平和学习效果;能够运用已有的知识来获得新知识、发展新技能,并加深对已有知识的理解;能运用多学科的知识和技能解决问题,完成任务;能考虑各种环境中的不确定因素,产生富有创造性的思想,等等。

显然,我们的教学要达到这样的目的,光靠课堂的学习是不够的。课本知识或教师传授的东西,只不过是知识海洋中的一滴水,大量的知识和各种能力需要学生在课堂之外去学习和培养。因此,我们必须彻底改变原来家庭作业的"抄、背、练"的老三套,在家庭作业方面有所创新,寻找出能在家庭作业中培养学生多方面能力的行之有效的方法。

在新课程改革的理念下,书面作业正由单调走向丰富,作为教师,要积极开动脑筋,拓展书面作业的内容和形式,保持学生旺盛的做作业"兴致"。兹以下面几个例子予以说明:

1. 反思性日记

写日记并非语文学科的"专利",可以在任何学科予以采用。

归根结底,一个人学习能力的强弱,很大程度上来源于学生对自身学习行为、习惯和方法的不断反思、总结和修正。而在公开的课堂上,由于各方面原因的顾忌,学生并不容易敞开心扉与老师和同学交流自己学习中的得与失。而写反思性日记,就给学生提供了一个直抒胸臆、尽显个性的天地。坚持每一天写一写自己学习中的心得体会、收获和教训,能够有效地促进学生的主动思考和自主发展。

当然,写反思性日记,也给教师提供了一个了解学生的平台,教师可以借助这个平台,实施课堂教学所不能达到的"因材施教"、"心灵沟通"的功效。往往教师在学生"日记本"上的一句由衷的表扬、善意的提醒、诚恳的批评,都会触动学生的灵魂,达到出人意料的教育效果。

反思性日记也并非"天马行空",不加约束,教师也可就一些具体反思方向提出要求,使日记的内容更具实效性。

【示例】

一位教师为了促进学生对授课内容的真正掌握,对"反思性日记"提出了以下的书写规范:

"反思性日记"要点

1. 我认为本节课学习的重点是什么?

2. 本节课的内容,我已经熟练掌握的是哪些? 在哪些点上还有所欠缺? 是否还存在似懂非懂的内容?

3. 经过了这个单元的学习,我的感想和打算是什么?

【简析】

这位教师所提出的"反思性日记"的要求虽然看似简单,但学生能够持之以恒地坚持下来并不容易,能够通过日记内容真正达到反思自己的学习,不断完善,不断改进,就更加不容易。这要求教师首先要有股韧劲,加强督促和检查,对学生日记中反映出来的问题,通过个别辅导或"兵教兵"的方式予以弥补,久而久之,学生的自我反思习惯一旦形成,将为他们的学习行为输入无穷的动力。

2. 积累性笔记

也可以称为"摘抄性"笔记,通常在语文学科中最为常见,在其他学科中也可以进行尝试,作为对书面作业形式的一种拓展。

每个学科都有丰富多彩的一面,这是短暂的课堂学习所不能完全涵盖的。积累性笔记,就在于引领学生从周围的实际生活环境中,去发现与之相关的内容,扩展视野,增强对学科的兴趣。这种作业通常分为"有主题"和"无主题"两种:可以是教师根据授课内容,有意识地要求学生去搜集、整理相关的信息,予以积累;也可以是教师不加限制,凭学生的兴趣自由选择摘记的内容。对于积累性笔记教师可定期进行批阅。

【示例】

一个化学教师的寒假作业设计
——编写《生活中的化学》杂志

杂志主题:生活中的化学

目的:

把自己所学的化学知识应用于生活实践,提高自己的生活质量与生活水平,引导学生观察生活、享受生活、享受自然,发现生活中的化学,激发学习化学的兴趣,增加化学知识的实用性,积累生活中关于化学方面的经验,从而学会积累知识与经验的方法,增强学生的各方面的生活能力!

要求:

① 16 开本 20 页,要有封面、封底,对封面封底进行个性化设计;

② 杂志可以分部分、分章节进行编撰;

③ 杂志中的各部分文章均要求根据自己的生活经验与化学课学习知识进行编写;

④ 刊首选择自己写得最好、最得意之作;

⑤ 文字内容根据自己的生活经验与化学知识进行编写,既要有现象的描述与原理分析,也要有相关化学方程式的描述,如果需要用图片描述,图片用 2B 铅笔描绘,所写内容要贴近生活实际,切忌抄袭与空发议论!

样题:

① 胃酸、胃痛、胃胀如何治疗?

② 苏打、小苏打、大苏打。

③ 如何区别海水与蒸馏水?

④ 如何淡化海水?

⑤ 从我做起,保护石洋河水资源。

【简析】

这样的主题式积累,不仅能够调动学生学习化学的积极性,而且能够使学生在积累的过程中,将所学知识与现实生活紧密相连,达到"学以致用"的目的。

3. 综合性手抄报

很多教师都组织学生尝试过编写手抄报,这样的作业,能够开阔学生的视野,丰富学生的学识,培养学生的合作意识,同时,还能锻炼学生搜集、整理和运用信息的能力,陶冶其情操。

教师可以充分发挥学生的创造力,在手抄报的内容、板式设计上不做过多的要求,允许学生尽情释放自己的个性。当然,在栏目设置上,可以多交流,多创造,开设"创意展示"、"学科辅导"、"交流互动"、"课外扩展"等五花八门的内容,为学生打开一道学科的美丽风景。

在这个过程中,教师可以作为读者、作者、出谋划策者、欣赏者等多重身份参与到学生的"办报"活动中去。

【示例】

手抄报作品展示

【简析】

如此丰富多彩的手抄报,为学生提供了展示个人才华的舞台,其效力将直接波及到学习的方方面面。

四、融入口头作业

我们往常认为的"作业",只是把它等同于"书面作业",这个认识是不对的。语言是思维的外壳,二者相互促进,相得益彰。因此,口头作业对锻炼学生的语言表达能力作用很大。可惜的是,由于"口头作业"较之"书面作业"难以检查,因此学生容易忽视。再加上其他课业负担重了,往往第一个被压缩的就是"口头作业"。

其实口头作业也是作业的重要组成部分,不容忽视,它直接影响着学生的口语表达能力的提高。在书面作业之外,经常性地设计一些口头作业,不仅有助于学生对相关的学习内容加深记忆和理解,而且能够锻炼学生的口语交际能力,发展和提高现代公民应该具备的基本素质。

口头作业主要包括"听"和"说"两类。

1."听"的作业

高水平的"听"能够抓住信息要点,及时传输给大脑,帮助大脑作出正确判断。训练"听"的能力,对提高学生课堂效率有很积极的意义。英语学科、语文学科等经常会安排一些听力的内容作为作业,但有时候,这种作业的效果达不到预期的目的。那么怎么办呢?

首先让学生明白听力是怎么一回事,从单一的听到用心去听,来一个转折。听是一种交际行为,无论是有意识的还是无意识的,都是对声音信息的接受和理解,是一种最基本的交际行为。听的目的就是为了获取一定的信息内容,如听讲座、听电话、听天气预报等,它跟说话的方式没多大的关系。听又是一种心理过程,表面上是一种被动消极的心理过程,其实不然,听,它是主动积极的,从外部传来的声音信息,首先要经过听力器官的感知、截取,然后再经过加工、筛选、整理,形成记忆,最后到信息的反馈。它是多种心理活动的过程。

其次要对学生"听"的质量加强监督。可以将"听"的作业以各种形式通知家长,由其负责监督,确保"听"的效果落到实处。对学生"听"的结果,教师也要设计相应的练习、测验、个别询问等方式进行检查,以免"听"的任务流于形式。

【示例】

一位语文教师布置了这样的固定作业:每天晚上七点,准时收看(收听)中央电视台"新闻联播",要求学生从中选择自己最感兴趣的一两条新闻,利用早读时间举行"新闻发布会"。对新闻的要点,相关的要素,要能够准确无误地予以陈述和评点才算合格。如此坚持下去,学生能够逐步养成用心收听、用心筛选、用心记忆、用心评析的习惯。

2."说"的作业

说话在人们日常学习、工作、生活中运用最广泛。因此,教师经常性地布置一些"说"的作业,对学生进行"说"的训练,使他们形成良好的说话能力和说话习惯,不仅是提高学生素质的需要,也是社会发展的需要。

首先要丰富"说"的形式。可以"听说",把听过的内容照说、概说或有创造性地进行复述,例如要求学生把课文的内容介绍给父母;可以"对说",根据学生生活实际设计一些话题,鼓励学生与父母或其他人进行对话,要求能很快理解对方说话内容,马上作出准确回答,思维要敏捷,并要注意语气、语调、语速和礼貌;可以"评说",针对某件事情,和他人谈自己的想法和体会,要求观点鲜明,论据充足;可以"解说",如要求学生在节假日和亲人外出时,充当"导游",做好解说工作,等等。

其次要鼓励学生敢说。学生有话说,也很想说的时候,往往还会有许多顾虑,比如怕说不好,说不明白,怕口齿不清,被人笑话等。因此,教师要善于做好学生的思想工作,让他们知道"说"是一种必不可少的能力,要在课上和课下创设良好氛围,让学生克服心理上的某些障碍,畅所欲言。

【示例】

一位语文教师布置了这样的"说"的作业:要求以"你心目中的好老师"为采访题目,深入家庭、社区、公园等场所,随机采访不少于10个人,要求性别、年龄、行业各异,听取他们对"好教师"的认定标准,并将信息汇总,在课堂上跟同学们进行汇报。这样的作业,既锻炼了学生说话的勇气,也能使他们学会面对不同的人采取不同的说话方式,无形中提高了其口语交际能力。

五、引进在线作业

现代社会中,随着电脑与网络技术的迅猛发展,使之成为人们之间交流的主要工具,学校也为学生开设了信息技术课,主要培养学生使用电脑和上网的能力。在新课程当中提出要以学生为中心,注意培养学生个性的发展,培养学生的创新能力,同时教师还要培养学生与他人团结协作的精神与能力。所以,在网络环境下,无论从课外作业的设计形式和评价方式,都可以有创新性的改变。适当进行在线作业的布置与批改,能非常好地激发学生的学习兴趣,而且省时省力,一举两得。

例如,有的英语教师在学完一篇课文后,布置给学生一些"有声"作业,让每个学生回家用电脑录下所读的课文,然后从网上利用聊天工具如 QQ、MSN 等发给教师。学生为追求最佳的录音效果,反复听说、模仿,使有声作业尽善尽美,并把自己的录音与原声磁带对比,自我鉴别,不断纠正,反复琢磨。这种实践性的英语家庭作业,可以提高学生的口语交际能力,更有利于学生综合素质的发展。

再如,有的教师组织班里的学生建起了 QQ 群,教师要求学生在指定的时间到群里活动,教师同时在线,可以发布一些即时性的作业,可以回答学生的提问,可以进行一些必要的辅导,甚至可以利用网络的优势,布置一些现场竞答或辩论等活动性作业。这种形式,在现代技术较为发达的学校,在学生较长的假期时,具有明显优势。

教师也可以利用网络及时评价学生的作业。目前,网上评价方式用得最多的是 QQ 群、博客、MSN 等工具,教师要对作业内容及时评价,及时指正。当然,教师应该结合学生的个人差异,注重看学生在作业中创新的东西和关注学生完成作业的过程。另外,也要注意布置在线作业时容易出现的一些弊端:学生有可能投机取巧,假借完成作业之名,玩游戏或浏览不良网页,有可能会被网络的不良因素所影响,等等。对这些问题,一要加强正面引导,二要加强监控。这样,"在线作业"才能最大限度地发挥其有利的一面。

六、强调"弹性"作业

"弹性作业",区别于"一刀切"式的整齐划一的作业,是指教师针对不同类型的学生,布置不同难度、不同数量的作业,真正做到因人而异,努力使全体学生都得到不同程度的发展和提高。布置"弹性作业"的目的,就在于更好地体现因材施教的原则,改变目前作业布置方式单一、草率,"学生怕做作业,教师怕批作业"的现状。

作业的"弹性"主要体现在三个方面:

1."作业形式"有弹性

在传统的观念里,似乎只有单调地完成"作业本"上或"练习册"上的习题才能称之为"作业",这直接造成了作业形式的单一化,对学生形成了很大的限制,也容易造成学生对作业的厌倦。

因此,作业的形式要富于变化,才能满足各个层次学生的需要。常见的作业形式有如下几种:

①自选作业。即让学生根据所学的内容,自己选择课本上一定数量的练习题作为家庭作业。

②自编作业。根据学生实际,自编相关的习题,作为课外作业。

③自批作业。将学生某次作业相互交流,让学生当一次小老师批改作业。

除常规的巩固和考查学生知识掌握程度的作业外,也要适当补充一些活动性的"特别作业",以达到满足学生心理需求,锻炼学生社会实践能力,提高学生意志品质,增进学生与父母之间的亲情等目的。

【示例】

一位政治教师给学生布置了这样一份"特殊作业单":

做一次家务。目的:为父母分担家务事,学会打理自己的内务,能让学生在劳动中体会父母的辛劳,激发对父母的爱和感激。

参与一次社会公益活动。目的:鼓励学生多参加社区清洁、义务宣传、路口交通秩序维护等活动,增强社会责任感,提高参与社会活动的能力。

培养一株植物。目的:这是培育爱心、积累生活经验的有效手段,也有助于培养观察能力和持久的耐心。

结交一个好朋友。目的:与益友的交往,既可以带来学识上的提高,也可以给自身品德修养带来好处。

作业形式的多样化,保证了课堂交流活动的丰富多彩,这是一笔宝贵的课堂生成资源,对提高教学效率能起到巨大的推动作用。

2."作业时间"有弹性

在学生作业的要求中,"按时完成"是看起来最没有争议的一条。按照时间要求,将作业收齐,成为判断一个班级作业完成情况良好的标志之一。果真如此吗?面对学生程度不一的实际情况,这种统一化的"及时"上交作业是否也存在一定的不合理的成分?从教学的实践来看,由于学生作业负担相对较重,过于强制性的"按时完成"的要求无形中给学生带来了巨大的心理压力,为了及时完成,不得不牺牲作业的质量,拼命赶时间,赶进度,最终虽然没有超出老师规定的时限,但交上来的往往是一份粗糙的、凌乱的、错误百出的作业。这样的作业效果显然并不理想。

因此,不妨尝试一下在作业的时间上适当放宽,有些弹性。譬如学生的作文,教师可以提前布置作文题目,要求学生在一周内上交即可。这样,不同程度的学生可以根据自己的具体情况来完成这份作业。这主要是考虑到学生的实际差距,把确定作业时间的权利交给学生,可以大大减轻学生对作业的压迫感和畏惧感。当然,教师要配合家长,加强作业完成过程中合理利用时间的指导,使学生能够较高效率地处理自己的作业,而不是要造成学生懒散拖沓的习惯。

第三章

新课程理念下的作业设计类型

重要观点:

◎要高度重视预习作业的后续处理工作,要保证对布置下去的预习作业"穷追不舍"。

◎教师在备课时要事先设计出各种任务,明确学生要解决的问题,要能分辨得出富有启发性、代表性的作业题,认真遴选,合理安排,寻找到有助于学生"达标"的试题来进行当堂测试。

◎很多知识的掌握并非一次单纯的作业就能够达到预期的目的,而是要经过多次的重复,使复习保持一个相应的强度,这样才能真正巩固知识和形成技能。

◎顺应教学改革的潮流,拓展作业空间,设计切实可行的拓展型作业形式,赋予作业以新的生命。

第一节 预则立:准备性作业的设计

"凡事预则立,不预则废。"学习也不例外。

所谓预习,是在老师讲课之前,先自己阅读新课的内容,做到初步了解,并做好学习新知识的准备工作。预习的程度将直接影响听课的效果。

预习是学生独立地由已知向未知进军,长期坚持,可以提高独立思维的能力和阅读能力。虽然教科书有系统的论述,但是通过自己阅读来搞清思路、掌握要点、找出关键和难点,非经过独立思考不可。如,预习英语课文,不是简单地通读一遍了事,其中还有一番揣摩、比较和查对的深功夫。这种功夫下大了,就会产生一种"开窍"感。这种"开窍"感就是个人独立思维能力和阅读能力不断提高的反映。

学习困难的学生存在的问题,主要是基础不牢,已学的知识不巩固,因此,听课中碰到的"拦路虎"比较多,难以跟上老师的思路,愈学愈困难,造成"恶性循环"。解决的有效办法,是争取在老师的指导下,选择一门学得最差的学科进行预习。

我们经常听到有些老师抱怨:让学生预习,他偏偏不预习,这可怎么是好?这里面固然有学生的原因,但通常情况下,和教师的预习任务不明确有关。为了使学生在课前真正做好准备,必须为学生适当设计作业。作业的任务越明确,就越容易唤醒学生已有的知识储备,并与新知识建立起实质性的、而非人为的联系,使学生具备了学习的欲望和必要的基础。这种情况下设计的作业,就称作"预习性作业"。预习性作业的水平高低,直接影响着学生的预习效果。

另外,在课堂教学的起始阶段,如果能够设计适当的练习,往往能够激发学生的学习热情,点燃学生的智慧火花,启迪思维,做好知识上和心理上的准备,使新旧知识形成完美的过渡衔接。这一类的练习,被称作"导入性练习"。

很显然,"预习性作业"和"导入性练习"都是为学生更好地学习新的课程内容服务的,因此,可统称为"准备性作业"。

一、预习性作业的设计

预习,是学生学好新课,取得优良成绩的基础。课前预习作业,能够使学生为上课做好必要的知识准备,提高听课中的目的性和积极性,克服课堂中记录笔记的盲目性,发展学生的自学能力。

预习性作业的设计,应该注意几个关键词:深度、有趣、对症、实效。

深度——保证预习作业的"思考价值"。

教师要深入钻研教材,保证预习作业的思考价值。预习作业质量的根本在于其思考性,有价值的思维活动才能从根本上唤起学习者的思维兴奋。也就是说,老师布置的预习作业要有较高思考价值,为此,教师首先应对教材进行全面、深入的钻研,设计挖掘出具有思考价值的问题。只有这样,才能为学生提供打开未知世界大门的钥匙,引导他们朝着正确的思路和方向,获得正确的新知。千万不能布置像"请同学们回家预习下节课的内容"、"请同学们课余时间预习课本第×页,第几课"之类过于宽泛的预习任务,这样的预习将毫无价值。

【示例】

一份物理预习作业

1. 磁体具有哪些性质?

①磁性:磁铁能吸引_____等物质,磁铁的这种性质叫磁性。

②磁体:具有_____的物体叫磁体。

③磁体上_____的部分叫磁极,一个磁体有_____个磁极。

④磁体有吸铁性,还有_____性,在水平面内能自由转动的条形磁体或磁针静止后总是一个磁极指_____叫_____极(也叫_____极),一个磁极指_____叫_____极(也叫_____极)。

⑤磁极间的相互作用规律:_____,_____。

⑥磁化:_____叫做磁化。钢或铁制的物体都能被磁化。

2. 怎样判断物体是否具有磁性?

①看物体是否能够吸引_____等物质。

②看物体是否具有_____性。即将它用细线悬挂且能在水平面内自由转动,静止时看是否总指向_____。

有趣——保证预习作业的"新颖包装"。

把预习任务用学生喜闻乐见的形式包装起来,是完善预习作业品质的有效方法。常规的预习作业通常采用"读画标注"等形式,学生读书往往是"为读而读",缺乏思考性。同样是读书,如果我们能给学生一个驱动任务,比如解决一个问题,那么预习的效果会更好。这样的问题,必须避免以冷冰冰的老面孔出现,而示之以新鲜的、活泼的面貌,要给学生以喜闻乐见的包装形式,学生便不会觉得索然无味,而会兴味盎然。

【示例】

顾丽芳老师在教学《记金华双龙洞》前布置预习作业:请认真阅读课文,画一张双龙洞的示意图。

第二天,批改学生的预习作业,全班 43 位同学,除了一位同学"不会画"之外,都画了示意图。这些图或简单,或丰富,或粗糙,或细腻,顾老师将这些学生作品进行整理,分为抽象示意型、简洁醒目型、细腻完美型、画不达意型、其他型五类。其中,画抽象示意型作品的学生有 8 位,简洁醒目型 25 位、细腻完美型 2 位、其他型 2 位,画不达意型只有 3 位。90%以上的学生画出了正确的示意图。有两位学生不仅认真读关于双龙洞的主要部分,外洞孔隙和内洞,而且连课文的每一自然段包括路上景色、泉水流向、洞内景物都细细品读,力图表现在图上。

在这里,顾老师用了画示意图的方法,驱动学生认真读课文,积极思考,从总结的情况可以看出,90%以上的学生画出了正确的示意图,这些学生一定认真读了课文,而且对于课文中重要的片段,一定是反复读,反复思考,最后才得出一幅完整的示意图。

可见,将预习任务赋之以"新颖的包装",往往更能激发学生预习的热情,提高预习的实际效果。

对症——保证预习作业的"因材施教"。

一个班级的学生,他们的知识基础与已有的经验水平参差不齐,他们每个人的兴趣爱好、意志品质、个性特点、方法习惯等也不尽相同。如果不考虑这些因素,在布置预习作业时采取"一刀切"、"一锅煮"的方法,"一视同仁",没有任何差别,就很容易出现部分优等生"吃不饱",而部分后进生"吃不了"的情况。因此,布置预习作业时,要充分考虑学生的实际情况,尽量分层设计,特别是对待后进生,要关注他们的实际能力,适当调整预习要求,多增加其力所能及的任务,少布置难度过大、难以胜任的任务,切实使每一个学生在预习中都有事可干,让每一个学生都能通过预习取得一定的收获。

【示例】

七年级数学上册《线段、射线和直线》预习作业单

说明:不同学生按要求完成预习任务,A类学生完成1～5题,B类学生完成1～4题,C类学生完成1～3题。

1. 你能举出一些日常生活中给我们以线段、射线、直线印象的例子吗?

2. "线段、射线、直线"有什么不同的地方?

3. 试试看:画"线段AB"、"射线CD"、"直线EF"。

4. 如果将一根长的细木条固定在墙上,至少需要几个钉子? 你能说明理由吗? 由这个问题,你还能联想到生活中类似的例子吗?

5. 你会做课本P156作业题3(1)的题目吗? 做这类题目要注意什么,有什么好的方法吗?

实效——保证预习作业的"穷追不舍"。

预习任务布置以后,很多老师常常会犯一个毛病:对预习作业不收、不判、不查、不问。这样的做法,常常会让认真完成预习任务的同学感到失落,让忘记完成预习任务的同学感到侥幸和得意。因此,要高度重视预习作业的后续处理工作,要保证对布置下去的预习作业"穷追不舍"。可以是上交预习作业本由教师批阅,可以是由小组长负责查阅,可以是在课上对相关的预习任务进行实实在在的提问、练习等方式的检查。总之,让学生的预习作业真正得到落实,防止学生在预习中就煮了"夹生饭",否则,更容易造成学生以参差不齐的状态进入新内容的学习,这会给教学带来更大的麻烦。

预习作业的形式多种多样,异彩纷呈,教师应根据具体的教学任务、学生的心理特点,灵活加以运用。以下是常用的预习作业形式:

1. 勾画式预习作业

要求学生在预习过程中在课本上勾勾画画,以此达到熟悉学习材料、初步掌握学习内容、发现学习问题的目的。那么,到底该勾画什么? 如何勾画呢? 这些都要教给学生具体的思路和方法。

一般来说,通过预习要在课本上勾画的通常有以下内容:生字、新词;关键性的字词句,

如中心句、过渡句等;需掌握的定理、定义、公式、推理过程;重要的课下注释;自己认为优美、深刻的句子;预习中的疑问或收获,等等。

【示例】

七年级语文第二册第一单元《紫藤萝瀑布》预习作业

(1)阅读课文,勾画出课本中的生字生词,并查阅字典予以解决。

(2)从课下注释勾画作者的简介,并提取重要信息,整理在笔记本上。

(3)勾画出课文中运用比喻、拟人等修辞手法的句子。

(4)勾画出课文中"从眼前的喜悦"过渡到"对往事的回忆"的句子。

(5)勾画出课文中体现主旨的句子。

(6)勾画出你最喜欢的句子,并简要注明原因。

2. 质疑式预习作业

真正对教材内容进行思考,是预习最重要的目的之一。仅限于翻一翻、读一读,却没有问题意识,找不到疑问所在,听课时自然就缺乏着力点,预习也就达不到理想状态。因此,要训练学生的"质疑"精神,在预习过程中,不断思索,不断提问,将困惑和不解写下来。学生的质疑能力不是与生俱来的,要在训练中不断加强。教师要经常教给学生提问的方法,使其"质疑"能力逐步加强,"问题"含金量逐步提高。

一般来说,所要提的问题可归纳成以下四个方面,即认知性问题、分析性问题、评价性问题和创新性问题。我们只有理解和掌握这些常规性提问的特点,才能有针对性地提出有价值的问题。

①认知性问题(即是什么)。如:语文学习中不理解的字、词、句,数学、物理、化学的一些概念,政治、历史的一些术语都可提出认知性的问题。

②分析性问题(即为什么)。如:学习提公因式法进行因式分解时,如果多项式的第一项是负的,一般要提出"-"号,使括号内的第一项的系数是正的。为什么要这么做? 如果不去提取负号会有什么问题呢? 学习《故乡》这篇课文时有学生提出:"'我'和闰土之间为什么'隔了一层可悲的厚障壁了'?"这些问题都是我们在学习过程中,为了不断地探究分析知识的来龙去脉而提出的,属于分析性的提问。

③评价性问题(即怎么样)。在学习《背影》一课时,有学生提出:作者写这么一件微不足道的事情有没有意义啊? 文中四次提到父亲的背影,有没有必要写? 其目的何在? 这些问题都是学生在分析的过程中,结合自己的理解评判而提出的,属评价性问题。它是分析性问题的延伸。

④创造性问题(即怎么办和怎么变)。即学生针对知识点提出自己独特的见解、做法和设想。如数学中的一题多解;对别人的问题或意见提出异议和改进等都属于创造性提问。

由于不同情况下问题的内容、性质各有特点,因而提问的方法和形式也应各有特色,只有恰到好处的提问,才能揭示问题的本质,反之,提问方法不当,不但不能切中问题的要害,反而易使人感到乏味和厌烦。因此,要想提高学生的提问能力,还必须教给学生一些基本的提问方法,使学生善于提问。

①趣问法。把问题趣味化,或通过各种有趣的活动把问题引出,这种提问容易使对方的注意力集中和定向,引人入胜。

②追问法。在某个问题得到肯定或否定的回答之后,顺着其思路对问题紧追不舍,刨根问底继续发问,其表现形式一般直接采用"为什么?"。

③反问法。是根据教材和教师所讲的内容,从相反的方向把问题提出。其表现形式一

般是"难道……?"。

④类比提问法。根据某些相似的概念、定律和性质的相互联系,通过比较和类推把问题提出。

⑤联系实际提问法。结合某个知识点,通过对实际生活中一些现象的观察和分析提出问题。

【示例】

某生预习"比的基本性质"后提出的问题

1. 零为什么要除外?不除外行不行?

2. 比的前项和后项同时乘以或除以不相同的数行不行?

3. 比的前项和后项不同时乘以或除以相同的数行不行?

4. 比值如需扩大或缩小三倍,前项或后项应该怎样?由此,你可以得出哪些规律?比的基本性质应该如何理解?

3. 活动式预习作业

中小学生具有活泼好动的特性,针对这一特点,可以将预习活动化,采用多元化的活动方式,寓教于乐,学生更能全身心投入到预习中去。需要注意的是,活动的安排要细致,要明确负责组织的学生,并有监督的方法和措施,否则,肤浅的活动布置很容易因为学生的懒惰而落空。

【示例】

活动一:剧本。以《愚公移山》一文为例,虽然是文言文,但文字比较浅显,情节生动有趣。教师让学生课前自读课文,根据课文内容自编自演课本剧。学生为了写好剧本并表演成功,需要反复地研读课文来把握人物的思想性格以及表演中的语言、神态、动作。

活动二:辩论。例如在教《范进中举》前,教师先把论题"范进中举疯掉是不是必然"布置给学生,让学生预习课文,整理论据,做好辩论的准备。表演和辩论活动的过程,其实是学生对文章思想内容、人物形象及其形象塑造意义进行艺术性地再创造的过程。在此过程中,因为学生课前已经做了充分的预习,深入研读了课文的内容,认真探究了人物的性格,因而体会到作者的写作意图。

活动三:画图。学习《乡愁》,体会余光中在诗中所表现的对故土的眷恋之情。在学习之前,要求学生根据诗歌的几节内容,构思简笔画,用以体会诗歌的内容和情感。

4. 实验式预习作业

一些以实验为基础的学科,如中学物理、化学、生物、科学等等,让学生在预习中结合实验去分析、学习新课内容,将感性认识上升为理性认识,从而加深对概念、规律的理解。

这类实验性预习作业中所布置的实验,往往对器材要求比较简单,学生在家中就能够自己动手做,而且,实验不具备危险性。通过学生亲自实验、观察、分析,并通过阅读课本,完成配套的其他预习题目,透过现象看本质,提高学生观察的条理性、敏锐性、准确性等。当他们带着自己实验中的认识进入课堂,进一步观察教师的演示实验,听取教师的分析过程,与自己先期取得的经验相对比,不断补充自己的认识,能够大大提高听课的效率。而且,在亲自动手实验的过程中,逐步养成学生科学的学习习惯和研究问题的方法。

【示例】

设计报警电路(选择一个事件,如开关门窗等,设计一个电路,当这个事件发生时能自动报警)

你设计的电路必须有:

用一节或两节1号电池做电源；

有一个开关，能辨别你所选的事件；

当开关闭合时，电灯能发光或电铃能响起。

准备工作：

怎样设计一个开关以辨别事件是否发生？想一想电路中两个导体有哪些连接方式，列出你的各种想法。

帮你设计制作进度：

1. 选择你家里有关"开关"的事件，例如关门等，制作一个开关电路，你可以把一根导线接在门上，另一根导线接到门框上，当门关上时，两导线相接触。还有其他思路，比如：一个落体、一个轻微震动或微风、或一个盛水的容器等。画一个含有一个电源、一只开关和一只灯泡的电路图。

2. 连接一个合适的电路，当开关闭合时会使灯泡变亮，检查电路，当你要检测的事件出现时，确保开关闭合，然后确保开关闭合时电灯发光或电铃响起。

3. 最后为你的展示准备一份说明书和电路图，如果你的线路有些部位看不见，你应该再画一个图说明所有的部件是怎样连接的，描述你设计的开关的可靠性，它多数时间都正常工作吗？每次都正常工作吗？它能正常工作的次数大概是多少？画图，并改进，以延长使用寿命。

5. 观察式作业

在教材中，经常有很多内容与学生的实际生活息息相关，教师可以在上课前，安排学生事先去观察自然或社会环境中的一些相关事物，对其产生更深的一些感性认识和理性认识，可以用观察笔记、观察记录等形式，为学生学习新知识做好铺垫和准备。这种作业，被称作"观察式作业"。

【示例】

小学语文四年级(上)《爬山虎的脚》作业

请同学们在课余时间观察爬山虎的叶子，再找找爬山虎的"脚"，看看它是怎么"爬"上笔直而光滑的墙壁的，把你的发现记录下来，课上进行交流。

6. 搜集式作业

如今是信息化时代，知识更新日新月异。如何在浩如烟海的信息中快速捕捉、收集、处理信息，是现代人不可缺少的能力。对学生学习中那些离学生实际生活圈子较远、学生较为陌生的内容，可以安排学生提前进行相关资料的搜集和查阅，这样一来可以使学生对即将学习的内容提前熟悉，提高上课效率，二来可以培养学生有意识地查找资料、运用资料的能力。需要注意的是，搜集信息的途径不宜过于狭窄，要防止学生将搜集资料简单理解成上网查找，要拓宽信息来源渠道，发挥图书文献的重要作用。对搜集来的信息，一定要有初步的筛选和整理，在课上展示的应该是更加凝练和有用的信息，尽可能地剔除无用信息。

【示例】

八年级物理《噪声的危害与控制》预习作业

请同学们多渠道查阅资料，了解生活中噪音产生危害的现象，以及解决噪音危害的办法，课上进行交流。

7. 模式化预习作业

所谓"模式化预习作业"，就是指针对某学科、某学段以及特定的学情下，教师为学生所制定的相对固定的预习方案。这个方案着眼于对学生预习策略的管理，强调具体的预习方法和预习思路。它立足于解决学生预习过程中任务模糊、茫然无序、预习结果无从评价的弊端。在某种相对固定的训练体系中，按部就班地做好某些任务，久而久之，帮助学生掌握自主学习某学科的方法，提高自学能力。

"模式化预习作业"要充分体现教师对某学科学习规律的把握，抓住该学科的学习重点，作业设计由浅入深、由具体到抽象，照顾到学生的具体水平和层次。同时要考虑内容多少，不造成学生过重的学业负担。

【示例1】

小学语文课文预习指南

凡事预则立，不预则废。希望大家能坚持预习！

1. 通读课文。用"_____"划出疑难的地方，用"～～～～"划出好词句。

2. 读完几遍之后，觉得这篇课文主要写了什么？课题有什么意义？

3. 生字中，哪个字最难记？哪些字以前就会了？这些生字能另外扩词吗？

4. 划出课文中的新词。先联系上下文想一想，再查字典对照，把新词意思写在课本上。能写出它们的反义词或近义词吗？会用这些词语造句吗？

5. 将课文多读几遍，读通顺。

6. 发现了哪些好词句？这些词句好在哪儿？对它作一个简单的批注。

7. 文章按什么顺序写的？可以分几段？把段意写在课本上。

8. 哪一段是重点段？它主要讲什么？作者在这一段中表达了什么？它与其他段有什么联系？给这段写一个简单的评语。

9. 能写出文章的中心思想吗？

10. 文章用到了哪些写作方法？这样写有什么好处？对写作文有什么启发？

11. 通过阅读和自学，已经弄懂了哪几个问题？是怎样弄懂的？

12. 对本课的学习，我希望老师给我们哪些帮助？我有好建议吗？

【示例2】

中学数学课预习指南

1. 读一读

预习时要认真，要逐字逐词逐句地阅读，用笔把重点画出来，重点加以理解。遇到自己解决不了的问题，作出记号，教师讲解时作为听课的重点。

2. 想一想

对预习中感到困难的问题要先思考，如果是基础问题，可以用以前的知识看看能不能弄通。如果是理解上的问题，可以记下来课上认真听讲，通过积极思考去解决。这样有利于提高对知识的理解，养成学习数学的良好思维习惯。

3. 说一说

预习时可能感到认识模糊，可以与父母或同学进行讨论，在同学们的合作交流与探讨中找到正确的答案。这样既增加了学生探求新课的兴趣，又可以弄懂数学知识的实际用法，对知识有个准确的概念。

4. 写一写

写一写在课前预习中也是很有必要的，预习时要适当做学习笔记，主要包括看书时的初步体会和心得，对读明白了的问题的理解，对疑难问题的记录和思考等。

5. 做一做

预习应用题，可以用画线段的方法帮助理解数量间的关系，弄清已知条件和所求问题，找到解题的思路。对于一些有关图形方面的问题，可以在预习中动手操作，剪剪拼拼，增加感性认识。

6. 补一补

数学课新旧知识间往往存在紧密的联系,预习时如发现学习过的要领有不清楚的地方,一定要在预习时弄明白,并对旧的知识加以巩固和记忆,同时为学习新的知识打下坚实的基础。

7. 练一练

往往每课时的例题都是很典型的,预习时应把例题都做一遍,加深领悟的能力。如果做题时出现错误,要想想错在哪,为什么错,怎么改错。如果仍然找不到错误的根源,可在听课时重点听,逐步领会。

二、导入性练习的设计

通过导入性练习作业,能够在课堂导入环节,唤醒学生的学习兴趣,明确学习方向,向学生传达教学的意图,产生学习的期待。同时,为新旧知识之间搭建起"联系"的桥梁,利用学生已经熟知的知识和素材作为"引子",自然过渡到新知识,使新知识在浑然不觉中"植入"旧的知识体系中。

设计导入性练习应该注意突出五个字:精、准、思、巧、导。

精——练习具有高度的概括性。

导入练习是一节课的"序幕",并非课堂的主体,也不是一节课的训练核心点。因此,要特别注意简洁,切中要点,不能繁杂、冗长,花费大量的时间。需要注意的是,导入练习不能简单理解成"复习性检测",不是对上一节课内容的完整温习,而是强调用练习烘托起课堂的气氛,为学生学习新知识做好必要的知识准备和心理准备。一般来说,时间不宜超过五分钟。对练习的结果,通常要以教师订正或学生相互批阅的方式迅速加以了解。

准——练习具有目的性、针对性。

导入练习不能盲目设置,对每一个练习内容都要仔细斟酌,要能够对新课的教授起到激发兴趣、引起"内驱力"、做好铺垫和导引的作用。练习的目的性和针对性要强,不能为了图热闹、图花哨而设置,也不能为练而练。

思——练习具有关联性和启发性。

导入性练习要把新旧知识衔接起来,要做到温故知新,揭示新旧知识之间的联系。要围绕调动学生的思维来设计,要有针对性、启发性、可接受性。练习题目一定要根据教学目标来设计,围绕教学重点、难点设疑求思;要有思考的余地,能引起学生的思考,避免单纯机械记忆的内容;要符合学生的学情,适合学生的接受能力,深浅适度,既不让学生感到高不可攀,也不让学生觉得寡然无味。

巧——练习具有趣味性、艺术性。

导入性练习不可呆板僵化,应力求形式多样,巧妙有趣。教师可以从解题入手设计练习,也可从文中的问题设计练习,引出悬念,顺势导入新课。可以采取猜谜语、智力游戏、动手操作、小实验、闯关挑战等练习,唤起学生的求知欲,激发学习兴趣。

导——练习具有信息的"困惑性"。

在设计导入性练习的过程中,要注意发挥其"导向、导趣、导疑"作用。题目内容要与新课内容紧密联系,在练习中体现一些学生感到陌生、新奇的信息,以激发起学习新知识的欲望,推动他们去探究和思索。此外,要注意强调背景性信息、指引性信息对学生原有知识经验的激活,在新旧知识的契合点上诱发学生的学习兴致。

在中小学课堂中,导入性练习的类型非常丰富。导入性练习往往根据课型的不同、教学

内容的不同而不同,同时,还要考虑学生的兴趣、心理特点、认知水平等。常见的类型有以下几种:

1. 讨论式练习导入

由教师设计一系列的问题,逐一提出,通过课堂讨论的方式,建立新旧知识的联系,自然引入新课。

【示例】

教师:"我国战国时期开始于何时?"

学生:"公元前475年。"

教师:"这时期我国社会性质发生了怎样的变化?"

学生:"是我国封建社会的开始。"

教师又问:"这时期战国七雄指哪些国家?"

学生齐答七国名称后,教师引导学生回忆七国的大致位置,为讲秦灭六国采取远交近攻战略、灭六国的先后顺序及完成统一全国的过程作铺垫。

然后又问:"七国中哪国最强大? 为什么?"

学生回答:"秦国最强大。因为早在秦孝公时就重用商鞅实行最为彻底的改革,加上秦王嬴政的励精图治,所以秦国最强大。"

教师最后指出:"秦国具备了实现全国统一的条件,终于在公元前221年统一中国,建立起我国历史上第一个统一的多民族的中央集权制的封建国家——秦朝。"

由此导入讲秦朝。

2. 生活常识性练习导入

许多学科与日常生活联系密切,如果能用学生熟悉的身边事物作为练习的内容导入新课,一定会起到事半功倍的作用。

【示例】

学习《呼吸道对空气的处理》一节时,教师这样引入:"刚刚出生的婴儿就会啼哭,如果婴儿没哭出来,那医生可要着急了,就会拍婴儿屁股,让她哭出来。你们知道这是为什么吗?"

学生面面相觑,充满疑惑。

教师解惑:"婴儿的第一声啼哭,就表示开始吸气并排出体内所产生的二氧化碳,也就是呼吸。因此,我们从生下来的第一天起,就离不开空气,需要不断地进行呼吸。那人的呼吸是由什么系统来完成的?"

学生回答:"呼吸系统。"

教师:"人的呼吸是由呼吸系统来完成的。那么,呼吸系统是由哪些器官构成? 我们又是如何呼吸的呢? 下面就让我们一起来探讨这些问题。"

3. 温故知新式练习导入

这类练习以旧知识为前提,以旧拓新,温故知新,强调新旧知识之间的联系,用复习旧知识的方式自然而然地过渡到新知识的学习,既能帮助学生巩固旧知识,克服遗忘,又能让学生信心百倍,去学习新知识。

【示例】

有教师在教授《新航路的开辟》一课时这样导入:上课时,教师首先要求学生根据世界地图和地球仪,指出从亚洲通向欧洲的道路,使学生回忆"丝绸之路"和"郑和下西洋"的航路。接着启发学生思考还可找出哪些从西方到东方的航路。这时学生的思维由已知的历史知识转入所学过的地理知识,找出绕过非洲或绕过南美洲到达亚洲的两条航路。还有少数学生找出可以通过苏伊士运河或巴拿马运河到达亚洲。这时,教师又问:"那么西欧绕过非洲或南美洲到达亚洲的两条航路是由什么人、什么时候、怎么开辟的?"由旧知识不露痕迹地转移到新知识上来。

4. 活动式练习导入

心理学家皮亚杰指出:"活动是认识的基础,从动作开始。"在具体的活动中,学生往往能够实现循序渐进的探究过程。因此,教师要能够挖掘教材内容,联系学生的实际生活,创设良好的生活情境,充分调动学生的参与意识,让他们在动手、动脑、动口的过程中完成练习,参与学习活动,活跃思维,获得思考。

【示例】

教师在教授《故宫博物院》一课时这样导入:请同学们自读课文,按照文中的介绍,自己为故宫博物院画一幅平面草图。学生边读课文,边了解故宫博物院的整体布局,在思考的过程中,依据自己的理解将图画好。之后,教师又组织学生进行交流,相互矫正。这样一个练习的设置,不仅使学生兴趣盎然,也使他们迅速进入文本内容,为进一步地深入学习奠定了良好的基础。

5. 悬念式练习导入

巧设悬念式练习,使学生产生思想波澜,引诱揭开"谜"底的强烈愿望。这种导入,可直入主题,又可集中学生的注意力,调动起学生认知的"胃口",从而形成一种寻求"结果"的内驱力。

【示例】

如 The Merchant of Venice（威尼斯商人）是莎翁的名作,大多学生对"a pound of flesh"的故事有所了解。授课时,可以先讲述故事开端,然后设悬念,Shylock 果真从 Antonio 身上割下一磅肉吗?这样就为课文讲述作了铺垫,又增强了学生学习课文的欲望。

6. 解题式练习导入

题目是文章的眼睛。通常折射出文章的内容和中心,是教学中应格外关注的因素。故教学中对一些疑难生词或比喻性、象征性的课文,都宜于咬文嚼字,精雕细刻,由内而外,丝丝入扣,从语言角度对题目提出疑问,在学生尝试解题的过程中,达到导入的目的。

【示例】

如教授《火星——地球的"孪生"兄弟》一课,一位教师这样导入:引导学生查字典理解"孪生兄弟"后,学生马上产生疑问:为什么把火星称作是我们熟悉的地球的"孪生兄弟"?火星上像地球一样有生命吗?在理解课题的基础上,疑问产生了,此时学习新课也就水到渠成了。

7. 游戏式练习导入

游戏是学生喜欢的活动形式,在设计导入练习时,可以完成一些别出心裁的小游戏,让学生在轻松、愉悦的氛围中,积极参与,认真思考,进入到新课的学习中来。

【示例】

师:同学们,今天老师带来了一个神奇的盒子,在这个盒子中装有两种颜色的圆片,谁来猜一猜这里面是哪两种颜色的圆片呢?

生:是红色和蓝色的。

生:是白色和黑色的。

生:是绿色和红色的。

......

师(先拉出第一个圆片是红色的)谁来猜一猜第二个是什么颜色?

生:是绿色。

生:是黑色。

生:是紫色。

……

师:(再拉出第二个圆片是蓝色)猜一猜第三个是什么颜色?

生:是红色。

生:是蓝色

……

师:(又拉出了第三个,是红色)猜一猜第四个是什么色?

生:(异口同声)是蓝色。

师:那么第五个是什么色?

生:是红色。

师:第六个呢?

生:是蓝色。

师:刚才大家一下猜不准,现在为什么一下就猜对了呢?

生:因为我们发现了两张圆片是按一红一蓝这种规律排列的。

师:原来大家发现了它们的什么呀?

生:规律。

师:(板书:规律)。看来规律对于我们解决问题是非常重要的,今天我们继续用找规律的方法来解决生活中的实际问题。

8. 实验式练习导入

在新课伊始,示以直观生动的实验式练习,往往会激发学生浓厚的学习兴趣,产生良好的效果。通过演示实验,可以使抽象空洞的内容变得具体化、形象化,这种练习方式,符合学生的好奇心理,且有助于培养学生的观察动手能力。

【示例】

在教授"汽化"一节的内容时,教师让一名学生上讲台,用手指蘸水在黑板上写下"我会变魔术"几个字,让学生观察字迹的变化。一会儿,几个字神奇地消失了,老师问:"难道是这个同学真的会变魔术吗? 他写下的字到哪里去了呢?"从而引出新课的内容。

第二节　练中学:达成性作业的设计

提高课堂教学的有效性是新课程改革的关键环节和核心问题。课堂教学的开展,不是仅仅局限在课堂上,而是要从每个教学基本环节出发,层层推进,环环紧扣。其中作为课堂教学的重要环节之一——课堂达成性作业的设计与实施,其效果直接关系到教学的质量和人才培养的实际价值。所谓"达成性"作业,即在当堂学习的基础上,用以达到预定教学目标的一定数量的练习。因此,"达成性"作业的设计质量如何,对提高课堂教学的有效性显得尤为重要。

达成性作业是学生掌握知识、形成技能的重要途径,起着形成和发展认知结构的作用。在课堂教学中,教学的成效与练习的成效有很大的关联。练习的设计和练习的组织,这两个方面一定要相辅相成,才能达到理想的练习效果,才能实现课堂达成性作业的有效、高效。

教师在备课时要事先设计出各种任务,明确学生要解决的问题,要能分辨得出富有启发性、代表性的作业题,认真遴选,合理安排,寻找到有助于学生"达标"的试题来进行当堂测试。

教师要根据本班学生的知识水平来安排作业,使"不同的学生在课堂中有不同的发展"。试题要求不能太高,也不能太低,要适应不同层次的学生,既要让差生"吃好",又要让优等生"吃饱",要有基础题,也要有发展题,还要有提高题,以适应不同层次、不同知识水平的学生学习的要求。试题设计要相互衔接,由易到难,循序渐进。除了基础练习外,还必须要有拓展性习题,让学生"跳一跳,才能摘到果子"。这样,学有余力的学生就会在解题过程中表现出强烈的挑战欲望,产生浓厚的学习兴趣。条件不完备、问题不完备、答案不惟一的练习,具有发散性、探究性、发展性和创新性的特点,有利于促进学生积极思考,激活思路,能从不同方向去寻求最佳解题策略。通过这样的练习,学生的思维越来越灵活,应变能力越来越强,而不被模式化的定势所束缚。

按照达成性作业的不同特点,可以分为"巩固性作业"、"活动性作业"和"验收性作业"三类。

一、巩固性作业的设计

巩固性作业是指课堂教学中在学完某一部分知识点之后,为了促进学生对这部分知识点的深入认识、理解和掌握而设计的作业。它是对一节课所学知识进行巩固的有目的、有计划、有步骤、有指导的训练活动。目的是为了促进学生对所学知识掌握得更为牢固,更为透彻,为进一步培养能力奠定基础,为后续的学习新知识创造条件。

孔子曾提出著名的说法,"温故而知新","学而时习之"。俄国乌申斯基也认为复习是学习之母。他形象地把学习中不注意巩固知识的现象比喻为醉汉拉货车,边拉车,边丢货,到家时只剩下一辆空车。这些说法无不说明,课堂巩固性作业在教学中具有积极意义。在课堂巩固性作业的设计上,应该注意这样几点:

设计要有明确的目标指向。

作业设计之前,一要深入钻研课标,确定本节教材的重点和难点;二要深入研究学生学习的实际情况。要根据教学内容和目的要求,按照循序渐进的原则确定作业内容,并对作业进行科学的设计。如教学概念、公式、法则、定理后,首先要安排以识记、理解为主的巩固性练习,以加深对知识的熟练程度,沟通新知与其他知识的纵横联系,促进知识网络的形成,培养学生运用知识的能力。

设计应与教材习题紧密结合。

新课程倡导教师"用教材教",而不是简单地"教教材"。教师要把学生作为教学的基本出发点,关注学生,创造性地使用教材。我们要知道教材只是教师教学的一个凭借,需要教师根据学生的具体情况对教材进行合理的加工、改造,哪些是教学空白需要补充?哪些内容要渗透学科思想方法?教材中所呈现的教学顺序是否需要重新调整?哪些是教学重、难点等等,充分有效地利用教材中的例题和练习,从而提高课堂巩固性作业的有效性。对教材的二度开发是很有意义的,而且是必需的。

习题选择要典型、新颖、有层次。

习题要典型,有助于巩固和掌握基础知识和基本技能,有助于提高解题的能力,难度要适当。选题难度太大,超出大部分学生的思维承受能力,将影响课堂教学的进行。题目设计要注意形式新颖,从班级学生实际出发,符合学生的认识规律,设计不同层次、不同要求的习题,以中等学生为着眼点,面向全体学生,配备好"必做"题和自选练习题,力求使好、中、差学生都有所获。

要合理安排作业的份量和作业时间。

作业的数量要根据教学内容的要求和难易程度而定,要能保证基础知识得以巩固和基本技能得以形成,又要减轻学生的负担,特别要避免机械重复式的练习,降低学生的学习兴趣。作业设计要注意学生的心理,创设情境,提高学习的兴趣。如富有创意、形式新颖、内容联系实际并有一定趣味的作业题目,一定能让学生乐此不疲,促进学生积极思考,从而体验到寻觅真知和增长才干的成功乐趣。

题目要有针对性和灵活性。

课堂作业要讲究技巧,盲目的练是低效的,练习要有针对性,练习得巧可以达到事半功倍的效果。对于那些易混淆的内容,要引导学生加以辨析。针对教学中易出错、易混淆的概念,教师要善于引导学生用对比的练习方法来认识知识间的联系与区别,在对比练习中,让学生发现知识间同中有异、异中有同之处,加深学生对相关知识的区别和理解。作业的设计要能针对不同基础的学生,既要面向全体学生,又要加强分类指导,无论是习题的份量、难度的大小及作业时间的长短,教师都应根据学生的实际,既要照顾大多数学生,又要兼顾不同学生的需要。所以作业设计要能体现出一定的针对性与灵活性。

常见的巩固性作业有以下类型:

1. 重复记忆型

在课堂教学中,经常有一些最基本的知识,要求学生熟练记忆。依据艾宾浩斯的遗忘规律,遗忘速度是"先快后慢",因此,在课堂教学过程中,要随时插入重复记忆型的巩固性作业,用极短的时间,引导学生快速记忆,达到当堂熟记的目的。这类题目,难度较小,但要求速度和准度。

【示例】

《陈涉世家》课堂作业

一、文学常识

1. 司马迁:_____(朝代)著名_____家,_____家,_____家。

2. 本文出自_____。它是我国第一部_____体_____史。共_____篇,五大部

分:_____、_____、_____、_____、_____。

二、语音

涉_____　　夏_____　　佣_____　　辍_____　　鹄_____　　闬_____

将_____　　谏_____　　间_____　　篝_____　　恚_____　　答_____

三、通假字

发闾左適戍渔阳_____

为天下唱_____

将军身被坚执锐_____

卜者知其指意_____

固以怪之矣_____

四、理解性默写

1. 起义的直接原因:_____

2. 起义的根本原因:_____

3. 为起义所作舆论准备:_____

4. 陈胜、吴广起义的策略是:_____

5. 陈胜为起义做了哪些舆论准备(宣传工作)？ _____ ；

6. 表明陈涉从小有远大理想的一句是：_____

7. 陈涉揭竿起义，各地百姓纷纷响应的原因是：_____

8. 起义的导火线是：_____

2. 积累强化型

这类作业强调的是对知识体系的梳理和掌握，注重知识的厚度和广度，以及知识的系统化。它可以以练习题的方式出现，也可以以整理笔记、建立知识网络图等方式进行。

【示例】

地理学习顺口溜

1. 地图辨方向

地图方向辨，摆正放眼前；上北下为南，左西右东边。

标图易分辨，经纬网较难；纬线指南北，东西经线圈。

极地投影图，定向较特殊；对于北半球，心北四周南；

北纬圈东西，自转反时走。对于南半球，心南北四周；

南纬圈东西，自转顺时走。

2. 大洲和大洋

地球表面积，总共五亿一；水陆百分比，海洋占七一。

陆地六大块，含岛分七洲；亚非南北美，南极大洋欧。

水域四大洋，太平最深广；大西"S"样，印度北冰洋。

板块构造学，六块来拼合；块内较稳定，交界地震多。

3. 地形变化

地形变化，内外力加。沧海桑田，内部力大；

板块运动，拉伸挤压，断层褶皱，出现高注；

火山地震，板块缘发。外部力量，不可轻它；

风浪水冰，侵蚀变化，天长日久，削高填注。

4. 地球气压带

高气压带四，低气压带三：南北五度间，高温气上翻，

赤道低气压，降水造方便；南北三十度，气流下偏转，

副热高气压，少雨常干旱；极地气压低，靠近两极点；

南北六十度，副极低压然。

3. 模仿借鉴型

模仿借鉴型作业主要是对所学知识进行简单的模仿，通过练习，以达到对知识的理解和掌握。这类作业要完全依照教学的重点、难点来设计，其知识结构与新知识结构相同，题型基本一致，解题思路也完全可以"照搬"例题的解题思路。

【示例】

"能被2、5、3整除数的特征"课堂巩固型作业

1. 能被2整除数的特征是：_____。

2. 能被5整除数的特征是：_____。

3. 能被3整除数的特征是：_____。

4. 在130、36、54、240、72、225、75这些数中：

①能同时被2、5整除的数是：_____，特征是：

_____。

②能同时被 2、3 整除的数是：_____，特征是：_____。

③能同时被 3、5 整除的数是：_____，特征是：_____。

5. 能同时被 2、3、5 整除的最小三位数是_____，最大两位数是_____

_____。

6. 用 5、2、7 三个数字排成一个三位数，使它能被 2 整除，有几种排法，再排成一个三位数，使它是 5 的倍数，有几种排法？

4. 拓展延伸型

拓展延伸型作业是相对于模仿借鉴型而言。这种练习方式灵活多样，既能体现习题的层次与坡度，又能满足不同层次学生的需要。它可以有多种形式，比如比较型作业、变式型作业、拓广型作业、实践型作业等。这类作业经常把引导学生积极参与实践、动手动脑，培养学生搜集资料的能力、分析判断的能力和想象的能力作为重要出发点。

【示例】

苏教版七年级上册《夏》作业设计

正如作者所说，"历代文人不知写了多少春花秋月，却极少有夏的影子"，"有闲情逸致的人"不喜欢夏天"紧张的旋律"。阅读下面这首诗，说说与课文表达的思想感情有什么不同。

山亭夏日

[唐]高　骈

绿树阴浓夏日长，楼台倒影入池塘。

水晶帘动微风起，满架蔷薇一院香。

5. 学科融合型

把所教学科知识与其他学科知识相结合，淡化学科界限，淡化知识分割，尽可能地拓展学生的视野，让学生在完成作业的过程中尽可能地综合运用所学知识，以此促进全面素质的协调发展。

【示例】

在文言文中，"四则运算"具有自身的独特性，与现代汉语差异较大。请指出下列各句中所含的四则运算类型（加、减、乘、除），在括号内标出来。

①奉命于危难之间，尔来二十有一年矣。（　　　）

②与吾居十二年者，今其室十无四五焉。（　　　）

③盖余所至，比好游者尚不能十一。（　　　）

④谨公回头看时，乃是一个女子，年约二八。（　　　）

6. 迁移运用型

知识的"活用"是学习的重要目标之一。设计迁移型的作业，才能使学生能够在不同的情境中合理运用所学知识，达到教学的目的。以语文学科为例，包括复述、朗读、缩写、仿写、改写、扩写在内的多种练习形式，意在增强学生的语文运用能力和培养学生良好的学习习惯，都可以视为迁移运用型作业。

【示例】

苏教版八年级下册《石榴》作业设计

为下列事物（也可自己选定一些事物），写一段咏物寓理的话。

例：壁灯：位置算什么，重要的是发光。

浪花_____

信鸽 _____

松柏 _____

螺丝钉 _____

二、活动性作业的设计

所谓"活动性作业",主要是针对课程的具体内容,在老师的指导下由学生操作完成的作业。这种作业旨在把理性化的、学科性的知识转化为学生感性化的、活动性的知识探究,让学生亲身经历求知的整个过程。活动性作业的价值主要体现在三个方面:一是贴近生活。通过活动性作业,将书本知识与生活实践巧妙衔接;二是亲历创造。亲历验证和使用知识的过程对实现课程的意义至关重要;三是合作精神。活动性作业通常是由小组合作的方式进行,非常有利于培养学生的合作意识和合作精神。

活动性作业力求体现四个关键词:趣味、自主、探究、合作。

趣味——实践证明:"兴趣是最好的老师"。没有兴趣的强制性学习,只能扼杀学生探求真理的欲望。因此,设计活动性作业,必须以"让学生感兴趣"为宗旨,在活动作业的素材选择与组织、内容的安排与呈现、题目的形象与语言、活动设计与表现等几个方面,都力求符合学生的心理特点、认知水平,以增强学习的趣味,让学生愿意投身于学习活动之中。有趣的活动性作业,有助于学生的求知兴趣持续发展,从而让学生学习知识的过程成为学生主动、活泼的探求的过程。

自主——学生是学习的主体,他们的"主人"角色,要求设计活动性作业时,要充分考虑学生,给学生提供尽可能多的自主参与探索和运用知识的机会,可以选择自己喜欢的方式完成作业,可以根据自己的需要选择活动的内容,甚至还可以自己设计作业,自我解答作业,让学生真正成为学习活动中的主动者、探索者和成功者。活动性作业不能过分拘泥于课本,方式不能僵化,要创造灵活多样的方式,敦促学生参与到活动性作业中来。

探究——"在人的心灵深处,都有一种根深蒂固的需要,就是渴望自己是一个研究者。"(苏霍姆林斯基)学生也不例外,他们渴望能够在自己的亲自实践、主动探索中获得相应的认识,而不喜欢单纯的被动学习,接受教师的"讲授"。新课程标准指出:有效的学习活动不能单纯地依赖模仿与记忆,动手实践、自主探索与合作交流是学生学习的重要方式。因此,活动性作业的设计一定要突出探究的特点,立足于让学生归纳、推理事物的规律,培养学生发现问题、解决问题的能力,从而挖掘其创造潜能。

合作——新课程倡导自主、合作、探究的学习精神,培养学生的合作意识,发展学生与人合作的能力是新时期教育教学的重要任务。传统的作业过分强调了学生的"独立完成",显然与时代的观念有所冲突。合作既有助于培养学生的合作精神、团队意识,也有助于培养学生的竞争意识和竞争能力。在活动性作业的设计中,一定要注重融入"合作"的内容,让学生在共同学习、共同探索、彼此交流、彼此修正的过程中,达到共同发展的目标。

很多老师已经认识到在课堂中完成活动性作业的重要性,于是,课堂活动出现了"一窝蜂"的局面。需要注意的是,活动的目的是什么,在安排活动之前要考虑清楚,如果只为了图热闹、图兴趣,但对提高学生的知识水平和实践能力没有益处,则这样的活动是无效的。教师应该依照教学目标的要求来设计活动性作业,一步步引导学生走向教学目标。按照活动的形式来划分,课堂活动性作业大致可分为动口型、游戏型、操作型、合作型几种。

1. 动口型

心理学研究表明,口头表达能力的强弱,是人思维品质优劣的重要标志。它在一定程度上反映出人思维的流畅性、灵活性和深刻性。口头表达能力要从小加以培养,而动口型活动作业恰恰是训练这一能力的重要途径。它主要包括：读背型、复述型、对话型、演讲型、讲解型等，一定量的口头练习，不仅能增强学生对学习内容的理解，帮助记忆，还能提高学生的思维能力。如语文学科中的名家名篇，只有多吟诵才能加深感悟和体验；数学的问题也需将解题方法用清晰的口头语言加以表述，从而起到树立和优化思路的作用。至于朗读、背诵、对话在外语学习中的重要作用更是显而易见。由此可见，忽视口头作业，将其视为额外负担的想法是不正确的，它既不利于学生表达能力的培养，也是对作业的一种曲解。

【示例】

口头作文作业示例

例一：扩展描述练习。让学生针对某一内容进行充实加以描述。教师给这样一句话："集市上，人很多，菜很多，又好看，又热闹。"要求学生把此项内容具体化加以描述。学生根据这一要求口头表达说："当我高兴地走向市场，映入眼帘的是人挤人，人碰人，熙熙攘攘，闹闹哄哄；叫卖声，讨价还价声不绝于耳。摊床上，绿油油，红橙橙，五彩缤纷。有鲜红的柿子，紫色的茄子，嫩绿的辣椒，油亮亮的说不出是什么菜，真是老鼻子了……"。

例二：故事接续补充。教师口述一篇文章的中心思想和开头的部分以及某一篇文章的结尾，让学生补充叙述。这种练习不需要学生审题，只要学生具体的选择，组织语言材料就行。例如，教师可以口述这样一个开头："王刚和小明是最要好的同学，有一天王刚到小明家去玩，王刚走后小明发现自己丢失一件珍贵的玩具，于是……"然后让学生接下去口述这件事的完整过程或一个场面。

2. 游戏型

教学中的游戏一般是把教学内容，尤其是教学重点、难点与儿童喜闻乐见的游戏形式有机地结合在一起，并把它适当安排在教学过程中。游戏能为学生动手、动口、动脑，多种感官参与学习活动创设最佳情境，激发学生的学习兴趣，调动学生积极性，最大限度地发挥学生身心潜能，省时高效地完成学习任务，同时，渗透思想品德教育，培养良好的学习习惯和心理素质，使智力和非智力品质协调发展。设计游戏的目的要引导学生在"玩"中学，"趣"中练，"乐"中长才干，"赛"中增勇气。

游戏的形式是为教学内容服务的，设计游戏应该根据学生的实际因材施教，要有助于突出重点，突破难点，启发学生思维的积极性，学会思维方法，提高教学质量。我们不能只为让学生放松、玩乐才安排游戏，归根结底，游戏是为教学服务的。在游戏以前，我们必须指定相应的规则，没有规则，游戏过程就会很"乱"，有规则才能"活而有序"。当学生的"玩性"到五、六成的时候，我们的游戏就该结束了。因为如果游戏结束太早，学生才刚进入游戏状态、熟悉游戏规则，结束游戏，一来扫兴，二来游戏的"运用语言"的目的也没达到。如果游戏结束得太晚，学生会越来越无聊，下次再玩这类游戏就没有了热情。

【示例】

在华师大版七年级上册《3.1 列代数式 1.用字母表示数》一课教学中，老师没有直接用教材中用字母表示数的例子，而是一开始让学生进行猜数游戏：(1)每人心中想好一个数；(2)把想好的数乘以 5 再加上 10；(3)把所得的和除以 5；(4)将所得的商加上所想的数与 8 的和；(5)将所得的和的一半再加 5。然后请一位学生报出得数，教师总是能立即猜出学生心中所想的数。连猜数人，每猜必中，学生惊叹不已，急于想了解其中的奥妙。此时，教师引导学生将上述普通语言的指令翻译成数学符号语言：设心中想的数为 x，则(2)～(5)的指令依次为：(2) $5x+10$，(3) $(5x+10)\div 5 = x+2$，(4) $x+2+x+8 = 2x+10$，(5) $(2x+10)\div 2+5 = x+10$。因此，教师只要将学生报出的答数减去 10，即得到每位学生心中所想之数。学生看了符号语言之后,恍然大悟,同时体验到了用字母表示数具有简缩思维、提高思维效率的作用,从而激发了学习的兴趣。

3. 操作型

苏霍姆林斯基说:"在人的内心深处都有一种根深蒂固的需要,这就是希望感到自己是一个发现者、实践者、探索者,而在儿童的精神世界上,这种需要特别强烈。"针对这种心理,在课堂上适当设置操作型作业,有助于学生通过动手实践,寻找解决问题的方法和途径,以此培养学生分析问题、解决问题的能力。

操作型作业强调教师根据教材内容和学生的身心特点,结合生活实际,以学生主动参与、积极探索为特征,以启迪思维、培养能力、促使学生素质的全面发展为目的。在教材中,很多内容都呈现出充满生活情趣的画面,或者体现探究意趣的活动过程。如果教师能够抓住这些,将其演化成为可以由学生动手尝试,从而达到在思考过程中实现知识内化的操作型作业,则教学效果往往格外出色。

【示例】

在教学"圆的面积计算公式的推导"时,教师首先要求学生把同样大小的 3 个圆平均分成 4 等份、8 等份、16 等份后拼成一个平行四边形或长方形,再让学生设想如果将这个圆平均分成 32 等份、64 等份、128 等份……,那么拼成的图形会怎样?最后引导学生找出长方形的长和宽同圆的半径的关系,让学生自己推导出圆的面积计算公式。学生在操作中,"手使脑得到发展,使它更明智,脑又使手得到发展,使它变成创造的工具。"同时,学生又实现了自我创新,体验到了发现的乐趣和成功的喜悦。

4. 表演型

在教学中,让学生即兴表演课文中的相关内容,是促进学生对读物(课文)进行全身心感受的有效手段。在初步理解课文的基础上,让学生表演,把抽象的语言文字符号转化为形象的表情身姿运动,"情动于中而形于外",提高的不仅仅是对课文的深入理解程度,而是整体的素质。因为它兼顾了教学目标中认知领域、情意领域和身体运动领域三个方面,有很强的综合性,因此,它可以说是推进素质教育,强化学生主体活动,培养创造能力的重要教学形式。

在课堂中布置表演型作业应该遵循几个原则:一是有用的原则,表演的内容对理解教材、提高学生能力有积极的意义,不能只图热闹,甚至成了追求形式主义的"作假";二是可行的原则,表演安排必须简单可行,必要时可在课前让学生有所准备,如果过于复杂,或花费太多的时间,往往对教学不利;三是多样性原则,表演形式应该多样化,可以单人表演、小组表演、集体表演,必要时教师也要参与表演,要提倡师生共同参与设计、欣赏和评议。

【示例】

小学语文《小稻秧脱险记》课堂教学片段

……

师:哪些同学愿意来演小稻秧?把这部分内容来表演一下?

(学生顿时活跃起来,许多学生自告奋勇,要当小稻秧。教师请他们走上讲台)

师:大家说说这时候的小稻秧应该是什么样的呢?

生:可怜的小稻秧被突如其来的场面吓坏了,一时竟不知所措。

生:小稻秧应该蜷缩成一团,哆哆嗦嗦地讲话。

生:他们会讲:"这可怎么办呢?这可怎么办呢?"

师:大家说得真好,我们在表演过程中要体现课文中这些词句的描写。

（学生尝试表演，由同学们点评）

……

5. 合作型

新课程下提倡合作学习，很多教师都有意识地将学生划分成学习小组，也可以允许学生自由结对，在完成学习任务的过程中，可以寻求同伴的帮助。有着这样一个学习方式作为前提，教师可以有意识地布置一些合作型的课堂活动作业，将那些学生不容易独立完成的学习内容，以合作活动的方式加以理解和掌握。

由于学生都具有争强好胜的心理，他们都渴望在课堂的比赛、探究、实验等活动中"出人头地"，得到同学和老师的赞赏，因此往往在合作式的讨论、争辩、分工合作中态度积极，热情高涨，从而达到良好的教学效果。当然，对合作活动要组织好，尤其要防止合作小组中优等生"一言堂"局面的出现，要在活动安排和评价上，强调集体智慧和集体力量的发挥，"逼迫"那些基础较为薄弱、学习态度不够积极的学生参与到活动中来，从而打开思维的闸门。

【示例】

某地理老师在课上呈现了如下材料：

在北京市郊区的杨镇有一片面积近20公顷的湿地。一家开发商看中该地区，准备在此开发建设"京东大芦荡休闲旅游度假村"。该消息传出后，当地村民十分高兴，积极配合开发商的征地工作，希望将来能到度假村工作。但是，环保志愿者得知该消息后，却纷纷为这片湿地的命运担忧。环保志愿者多次赴现场进行考察，四处奔走，先后在多家媒体发表文章，呼吁政府采取行动保护这片湿地。当地政府是采纳环保志愿者的建议还是采纳开发商的建议？

呈现案例后，教师把学生分成两个小组进行思考：在这一事件中，我们清楚地看到，事件中不同的角色所持观点各不相同，所采取的行动亦各不相同。那么，他们为什么要持那样的观点，采取那样的行动，又为什么会产生矛盾冲突呢？然后由各组选出代表进行辩论。

三、验收性作业的设计

验收性作业通常指一节课结束前为学生达标情况自我验收而布置的作业。这种作业强调反馈的及时性，旨在进一步巩固当堂学习的内容，全面了解学生在整堂课的学习状况，发现教学中的缺陷和不足，以求及时补救。

验收性作业通常具有这样几个特点：

内容：强调"对应目标"。验收作业的命题必须与当堂需要完成的教学目标相对应，甚至可以简化为当堂教学内容的简单重复，以"学什么，练什么"为基本原则，防止"学"与"练"的脱节，造成学生自信心的下降。

过程：强调"测验强度"。要以测试的方式处理验收性作业，首先要强调作业完成的时间，一般需要5～10分钟。要求学生注意力高度集中，保持"测试"的强度。

方式：强调"独立完成"。验收性作业是对个人学习状况的验收，一般不适宜学生之间的"合作"和"互助"，要强调完成作业过程中的纪律，避免学生之间的抄袭现象，防止验收结果的"欺骗性"。

反馈：强调"及时明确"。验收性作业完成后，教师要及时以订正答案、个别批改、学生互批等形式，让学生迅速了解自己解答中的问题所在，以求用最快速度进行"补差"。不宜拖拖拉拉，将问题带入下一堂课。

验收性作业是一节课的最后一关，其效果好坏，对学生的学习心理、学习热情将产生很大影响，对教师改进教学也有深远的意义。验收性作业一般包括以下设计形式：

1.“小卷”检测式

即以试卷的形式,涵盖一节课的教学重点,要求学生在规定的时间内完成。可以用书面试卷的形式,也可以采用多媒体展示的方式。这种方式,简单易行,不仅能够检查学生知识的掌握程度,而且也能提高学生答题的速度。

【示例】

《机械能》验收性作业

一、选择题

1. 用跟斜面平行、大小为 F 的拉力,把质量为 m 的物体沿着倾角为 θ 的光滑斜面匀速拉上 l 距离,这时物体升高 h。这个过程中拉力对物体做的功等于(   )

(A)$Fl\cos\theta$　　　(B)Fl　　　　(C)$mgl\sin\theta$　　　(D)mgh

2. 如图所示,一个木箱放在粗糙的水平地面上,现在用大小相等、方向不同的外力 F 作用于木箱上,第一次为水平拉力,第二次是与水平面成 θ 角斜向下的推力,第三次是与水平面成 θ 角斜向上的拉力,三次都使木箱移动了相同的距离,则(   )

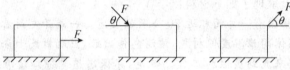

(A)三次外力 F 对木箱做的功都相等;

(B)第一次外力 F 对木箱做的功最大;

(C)三次木箱克服摩擦力做的功相等;

(D)第二次木箱克服摩擦力做的功最多。

3. 质量为 m 的物体,由静止竖直向下匀加速运动通过的路程为 h,由于阻力作用,向下运动的加速度为 $g/2$。下列有关功和能的说法,正确的是:(   )

(A)物体的动能增加了 $mgh/2$　　　(B)物体的重力势能减少了 $mgh/2$

(C)物体克服阻力做功 $mgh/2$　　　(D)物体的机械能减少了 $mgh/2$

4. 一物体以初速度 v_0 沿长为 L 的光滑固定斜面向上冲,刚好能从底端滑到顶端。该物体滑到斜面中点时的速度等于:(   )

(A)$v_0/2$　　　(B)$v_0/4$　　　(C)$\sqrt{2}v_0/2$　　　(D)$\sqrt{2}v_0/4$

5. 有 n 个质量均为 m,且大小完全相同的小球 $1,2,3,\cdots,n$,在光滑水平面上排成一条直线,如图所示。它们的速度分别为 $v_1,v_2,v_3,\cdots,v_n$,且 $v_1 > v_2 > \cdots > v_n$。各小球发生碰撞时,机械能没有损失,则下列叙述中正确的是(   )

(A)所有的碰撞完成后,各小球中编号为 1 的小球动量最小

(B)碰撞过程中,所有小球的总动量始终为 $m(v_1 + v_2 + v_3 + \cdots + v_n)$

(C)碰撞过程中,所有小球的总动量始终为 $\frac{1}{2}m(v_{12} + v_{22} + v_{32} + \cdots + v_{n2})$

(D)所有碰撞完成后,编号为 n 的小球的动能为 $\frac{1}{2}m v_{12}$

二、填空题

6. 一个边长为 $0.2m$ 的正方体木块,浮在水面时,有一半体积露出。现在对木块施加一竖直向下的变力压木块,使它缓慢地没入水中,直至上表面与水面相平为止,在这过程中,变

力对木块做的功等于_____。

7. 如图所示,用一个沿斜面的外力 F 拉一个物体,已知拉力 $F=$ 80N,物体质量为 10 kg,斜面倾角37°,物体与斜面之间的动摩擦因数为0.2,物体沿斜面向上移动4m的过程中,拉力 F 做的功等于____,摩擦力对物体做的功等于_____,重力做的功等于_____,支持力做的功等于_____。

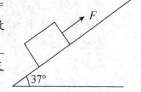

8. 起重机以 $5×10^3$W 的恒定功率从地面提升质量为 250 kg 的物体,上升 5m 时,物体恰做匀速运动,此时物体的速度为_____,起重机已工作_____s。(g 取 10m/s²)

9. 如图所示,A、B 两个滑块叠放在水平桌面上,已知它们的质量分别为 m_A 和 m_B,它们之间的动摩擦因数为 μ,今在 B 上沿水平方向施加一个拉力 F,使 A 和 B 一起匀速前进一段距离 s,在这个过程中,物体 B 对物体 A 做的功为_____。

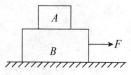

三、计算题

10. 已知火车质量 $M=5.0×10^5$ kg,在一段平直轨道上以额定功率 P 行驶,在300s内位移为 $2.85×10^3$ m,同时速度由8m/s增加到火车在此轨道上行驶的最大速度17m/s,设火车阻力 f 大小恒定,求:(1)火车运动中所受阻力 f 的大小;(2)火车的额定功率 P 的大小。

11. 一根长细绳绕过光滑的定滑轮,两端分别系住质量为 M 和 m 的物块,且 $M>m$。开始时用手握住 M,使系统处于右图所示状态。求:

(1)M 由静止释放下落 h 高时的速度(h 远小于1/2绳长,绳与滑轮质量不计)。

(2)如果 M 下降 h 刚好触地,那么 m 上升的总高度是多少?

2.“小结”畅谈式

即以口头表述的形式,由学生对本节课的学习内容进行小结。可以是对学习内容的归纳,可以是谈自己学习的感受和心得体会。在学生的口头表述中,了解其对学习目标的掌握程度,及时发现问题,及时修补矫正。小结“畅谈”式作业操作起来比较简单,既能实现对学生水平的检查,也能锻炼学生的口头表达能力。完成此类作业需要注意学生发言的“面”,不能过于狭隘,要优、中、差三类学生兼顾,以实现检查效果的客观准确。小结的方式也不宜过于死板,教师可以有创见地运用一些小结的形式,关键在于发挥学生的主动性。

【示例】

一位老师上《认识人民币》这节课,在新授结束阶段所作的尝试,却改变了人们对课堂小结一贯的认识——

师:现在,我们来看课本“想想做做”中的第4题。(投影动画)小明写了一封信,需要付8角钱买邮票,他有哪几种付法呢?请小朋友们用算式表示出来。

学生自由思考、交流。

师:小明在信中想向表哥汇报一下本节课的学习收获,如果你是小明,你想写些什么内容呢?

生:亲爱的表哥,你好!

师:哟,多懂礼貌的孩子!

生:表哥,人民币分为纸币和硬币,还有新版和旧版的呢!

生:表哥,1元=10角,1角=10分。

生:表哥,我们要爱护人民币,拾到人民币要交给老师。

师：小明到底写了什么内容呢，让我们一起来看看。

投影显示信中的内容：

亲爱的表哥：

你好！

今天我学习了"人民币的认识"，知道了人民币的单位有元、角、分，还知道了 1 元＝10 角，1 角＝10 分。表哥，通过本节课的学习，我懂得了从小要爱护人民币，要勤俭节约。哎，表哥，我还要出道题考考你呢，你能想办法使 1＞2，2＞5 吗？如果想出来了，别忘了回信告诉我。

你的表弟：小明

2005 年 4 月 15 日

师：小明的信中还给表哥出了一道题，你能运用这节课学习的内容帮帮表哥吗？

生：能！1 元＞2 角，2 角＞5 分

师：真棒！还有其他答案吗？

生：还可以这样想，1 元＞2 分，2 元＞5 分

生：2 元＞5 角。

......

从以上教学片断中我们不难发现，该课堂小结以寄信、猜信和"考考表哥"的形式把内化、小结与拓展几个环节串成一串，既快捷简练，又省时高效。更为可贵的是，在力求上述简约性和高效性的同时，这一课堂小结还着力体现了数学教育的人文性。小结一改过去学生机械应答、被动回忆的状况，从引导学生猜测小明写给表哥信中的内容入手，学生的主角意识被充分唤醒，他们想小明所想、思小明所思。课堂上，他们充分表达着既富有数学内涵，又颇具个性色彩的学习成果，在优化和梳理认知结构的同时，思维的拓展性、开放性以及浓浓的人文情怀都得到了很好的体现。

3."回馈"目标式

即以重新回顾教学目标、回忆学习过程的方式，来总结和归纳一节课的具体达标情况。整个过程要紧紧围绕"目标"进行，回顾的内容要细致，要条分缕析地逐一重温。在这一过程中，要随时发现学生存在的不清楚、不扎实的"点"，及时予以纠正。

"回馈"目标式的验收作业，要求要具体，千万不能变成单纯地对教学目标的机械记忆，要能够反映出目标落实的过程，以及授课中所强调的重难点、易错点，只有学生能够主动地将这些内容说出来或写出来，"验收"的作用才能得以实现。

【示例】

教师在《五柳先生传》课堂教授结束之后，布置"回馈目标式"验收性作业：

请同学们结合本节课的学习目标，重温本节课的内容重点和学习过程，同学之间进行交流。

学生讨论指出：这篇文章主要有三个学习目标，第一个目标是学习五柳先生的性格志趣和精神风貌。这篇课文字数不多，但寥寥数语却把五柳先生的形象刻画得非常鲜明。全文共两段，前一段以记叙为主，重在表现五柳先生的性格、生活、志趣；后一段以议论为主，重在对五柳先生的品德进行歌颂和赞扬。阅读这篇课文，要学习文中五柳先生"不慕荣利"、"忘怀得失"的优秀品格，做一个道德高尚的人。第二个目标是体会本文朴素洗练的语言风格。本文以叙述为主要表达方式，围绕五柳先生的性格特点，记叙了他"好读书"、"性嗜酒"、"常

著文章自娱"这三个爱好,这样的爱好正体现了其淡泊名利,"不汲汲于富贵"。文中也运用了描写的表达方式,"环堵萧然,不蔽风日"描写了他的住宿的简陋,"短褐穿结,箪瓢屡空"描写了他在吃穿方面的简陋。文章把记叙与描写有机地结合起来,形象地刻画了人物。第三个目标是学习并掌握文中的文言词汇。这项内容通过做笔记、反复记忆和重点检测,已经全部掌握。

4."质疑"深化式

新课改以来提倡这样一句话:"学生提不出问题,就说明教师有问题。"很多看似顺畅、深刻的授课过程,其实由于缺乏学生的质疑,而遗留下很多问题。因此,在教学过程中,教师要学会把学生质疑纳入课堂的环节之中去,甚至将其作为一种验收性的作业来对待:质疑不是学生想不想的事情,而是学生必须完成的任务。

也许很多教师主观认为学生提不出有价值的问题,这一点确实不可否认,由于学生水平参差不齐,提出来的问题也会五花八门,差异很大。但这并不能否认学生所具有的质疑权利,教师必须培养学生的问题意识,教给他们质疑的角度、质疑的方法,这样才能为发展学生创新能力奠定基础。

需要注意的是,质疑深化式作业,是一种特殊的验收形式,通过学生提出的疑问的情况,能够判定学生对一堂课所学习的内容掌握得究竟如何,从而找到矫正补救的思路。它不同于课堂学习过程中的一般质疑,而强调的是针对一节课学习重点、学习目标的质疑,这样的质疑才能达到对整节课教学效果进行验收的目的。此外,质疑不能是走过场,要留出充足的时间,并想方设法调动所有的学生。

【示例】

《圆、扇形、弓形的面积》质疑深化式作业

同学们,今天我们学习了"圆、扇形、弓形的面积",掌握了扇形面积公式的推导过程,初步运用扇形面积公式进行了一些有关计算;通过扇形面积公式的推导,锻炼了大家抽象、理解、概括、归纳能力和迁移能力;从扇形面积公式的推导和例题教学过程中,我们要体会"从特殊到一般,再由一般到特殊"的辩证思想。大家还有一些什么疑问?请同桌相互交流,一会儿当堂提出来。

第三节 温故知新:复习性作业的设计

作业的重要功能之一就是巩固复习。根据许多心理学家的研究,人们在记忆的最初阶段伴随着产生的遗忘现象,不仅遗忘速度快而且数量多。因此当学生学习新知识之后,为了加强记忆,避免遗忘,需要就所学新知识或关键部分进行有针对性的强化练习。学生完成作业,很重要的一点就是为了及时复习,巩固所学的知识。作业的内容通常与新学习的知识紧密相连,学生为了能够正确地解答作业内容,就必须翻阅课本,重新熟悉课本上的习题解答过程,或者翻看自己上课时整理的笔记的重点,这样就达到了及时消化、及时复习、及时巩固的作用。

因此,教师总是要合理设置以复习为目的的作业,强调学生通过课后的及时重复和训练,熟记所学内容,形成自动化的掌握知识的行为习惯。需要强调的是,很多知识的掌握并非一次单纯的作业就能够达到预期的目的,而是要经过多次的重复,使复习保持一个相应的强度,这样才能真正巩固知识和形成技能。例如语文和英语学科的背诵课文、抄写词语、默写听写等。

当然,强调复习性作业,并不是说要任意加大"作业量",搞单纯的"题海训练"。教师要通过精心选择、用心布置、细心批阅,使每一次复习性作业的效能发挥到最高。

复习性作业可以分为及时复习性作业、系统复习性作业和开放复习性作业三类:

一、及时复习性作业的设计

所谓"及时复习性作业",是指课堂教学任务结束之后,教师为了帮助学生及时巩固当堂所学知识和技能而布置的作业。这种作业紧扣学习重点和难点,教师通过批阅学生作业完成的情况,发现教学中存在的缺点和疏漏,并在后续的教学工作中及时调整。

及时复习性作业不仅能有效防止遗忘,对促使学生保持学习的积极态度、提高学生的独立性、责任心、条理性、管理时间的能力等,均有一定意义。

但是,社会上对学生作业争议最大的往往就在于"及时复习性作业"。报刊杂志上经常会见到抨击学生作业的文章,在很多的学生问卷调查中,也反馈出学生群体对"作业布置"的强烈不满。这就要求教师要克服作业布置的随意性、粗糙性,加强对及时复习性作业的设计。一般来说,设计及时复习性作业应符合下列要求:

及时性——在新课学习的当天,必须及时布置相关的复习性作业,并且要求学生当天完成,这样才能实现其"及时复习"的价值。而且,这样的及时布置,也有利于提高学生的学习兴趣,防止他们因为相关知识已经遗忘,作业难度无形中加大,而造成"烦躁感"。

针对性——作业内容必须紧紧围绕当天的学习内容,抓住重点和难点,即"学了什么"就"练什么",防止教师随心所欲,布置一大堆与当天内容无关的作业,缺乏针对性,复习性作业的价值就大打折扣。

适量性——学生学习的科目很多,如果每一科都布置比较多的作业,无形中学生的课业负担就会大大加重,造成学生的"应对"、"抄袭"或"反感"。因此,教师设计作业时要能够准确把握作业的数量和难度,切忌对手头的练习册之类用"从××页到××页"的方式要求完成,教师要提前试做,大胆取舍,选择最为精当的习题作为学生的作业内容,确保学生在一个适当的时间段内独立完成。

具体到作业的布置,可以采用以下的设计方法:

1.精选,突出典型化

听某些教师的讲课,常常能得到一种精神享受,其教学设计非常巧妙,教学活动安排妥帖,主体活动充分有效,但很多时候却留下遗憾:在课堂教学结束时所布置的课外作业,常常游离于本课的教学主题之外,与所设定的教学目标或教学内容本身并无直接的联系,有些作业貌似与主题相关但实际要求偏高,学生无法通过运用本节课所学的内容完成任务,所以往往流于形式,造成"貌合神离"的局面,达不到预期的教学效果。

因此,复习性作业的布置必须要精选,突出题目的经典化。多质量保证,少数量追求,虽然不是"题海战术",但每一个题目都紧紧契合当堂课的重点内容,每一个练习的点都能达到巩固当堂所学知识的作用。这就要求教师在设计作业时绝不能盲目草率,而应该反复斟酌、考虑,根据每课时的重、难点和各班学生的实际情况,研究学生的薄弱点,研究易错点、易混点,设计重组练习,力求每个题型、每组练习都经过深思熟虑,既要让学有余力的学生得到充分发展,又要考虑到个别困难学生的"承受能力"。力争有针对性地设计复习作业,做到对症下药。

【示例】

《约分 最大公因数》第一课时课后作业设计

一、填空:

①15 的因数有(   ),23 的因数有(   ),

20 的因数有(　　　　　),36 的因数有(　　　　　)。

②18 的因数有(　　　　　),24 的因数有(　　　　　),

18 和 24 的公因数有(　　　　　),它们的最大公因数是(　　　　　)。

③30 的因数有(　　　　　),45 的因数有(　　　　　),30 和 45 的公因数有(　　　　　),它们的最大公因数是(　　　　　)。

④21 的因数有(　　　　　),49 的因数有(　　　　　),

21 和 49 的公因数有(　　　　　),它们的最大公因数是(　　　　　)。

⑤在括号里填写每组数的最大公因数。

6 和 18(　　　)　　　14 和 21(　　　)　　　15 和 25(　　　)

12 和 8(　　　)　　　16 和 24(　　　)　　　18 和 27(　　　)

9 和 10(　　　)　　　17 和 18(　　　)　　　24 和 25(　　　)

二、甲灯每 3 分钟亮一次,乙灯每 5 分钟亮一次,丙灯每 6 分钟亮一次,什么时候三个灯会一起亮? 请完成下面的时间记录表,并回答问题:

次数 灯别	1	2	3	4	5	6	7	8	9	10
甲灯	3	6								
乙灯	5	10								
丙灯	6	12								

①甲、乙、丙三个灯在(　　　)分时会第一次一起发亮,这时甲灯是第 10 次发亮,乙灯是第(　　　)次发亮,丙灯是第(　　　)次发亮。

②第二次三个灯一起亮的时候是在(　　　)分的时候。

三、幼儿园有糖 115 颗、饼干 138 块,平均分给大班小朋友,没有剩余,这个大班的小朋友最多有几个人?

四、把 45 厘米、30 厘米的两根彩带剪成长度一样的短彩带且没有剩余,每根短彩带最长是多少厘米?

2. 限量,突出科学化

教育部曾经出台过《学校课程管理指南》,在这个文件中明确指出:"作业管理要立足于减轻学生的课业负担,避免重复劳动。各学段都要严格控制作业量,原则上小学一年级不留书面家庭作业,二、三年级家庭作业总量每天不超过 30 分钟,四年级不超过 45 分钟,五、六年级不超过 1 小时,初中不超过 1.5 小时。"这个要求旨在促进学生的课外作业量控制在一个适当的范围之内。

2010 年的四川新闻网刊登了一条消息,题目是《孩子写作业到凌晨 3 点,愤怒家长撕卷子》,其中部分内容如下:

星期二凌晨 3 点 38 分,本报新闻报料热线突然接到了一位愤怒父亲的来电。他愤怒的原因只有一个——这时候,他的孩子应该在床上安睡了,而不是在书桌前熬夜赶作业。

这位父亲告诉记者,女儿小李(化名)在石室联中(西区)读书。进入初三后,他们发现女儿的家庭作业明显多了起来,"基本上每天都做到凌晨一点半!"他告诉记者,在全班 38 名学生中,女儿的成绩大概排在 12～13 名左右,最近滑到 18 名,成绩还算不错。考虑到女儿正面临着升学压力,作业有时多点也可以理解。家长思前想后,也没有找老师询问。

星期一晚上,和往常一样,女儿7点半左右回到家,一吃完晚饭,8点钟左右马上就开始做作业。但直到凌晨三点过了,娃娃已经呵欠连天,可手中的笔一点都没有停下的意思。

"她妈妈忍无可忍,叫她别写了,赶快睡觉,第二天早上6点半还要起床上学!"但家长没想到,女儿坚持要做完再去睡觉,"她妈妈就冲上去把她的卷子撕了,不准她再写。"李先生告诉记者,撕掉的是数学卷子,有5页之多,A3纸大小,双面都印有试题。

当天的英语作业也特别多。"娃娃一直闹,说交不出作业咋办!她妈连夜写了封信,叫她带给班主任。我记得其中一句是:'请你们不要再透支娃娃的生命!'"

其实,类似的新闻报道频频出现,这的确说明,在布置作业时,数量不适当、不科学的现象比比皆是,教育部的规定从某种意义上讲也成了"一纸空文"。追根溯源,不外乎教师头脑中的三种错误认识:一是"练得多,成绩就好"。作业量的大小与成绩高低成正比,因此,不太注意研究课堂效率的提高,课堂上经常做"夹生饭",没有掌握好的内容,就被完全压到课下,期望以大量的重复性作业促使学生掌握应该掌握的知识和技能;二是"哪个学科作业多,哪个学科就受重视"。各学科之间存在着竞争,谁留的作业多,学生就会把更多的时间和精力投入到自己这个学科的学习中来,如果不留作业或作业太少,学生就根本不重视;三是"我的作业量并不大,二三十分钟多吗?"这种想法,完全是因为缺乏学科之间的协调和沟通。试想,一个学生面临七八门学科,如果每个学科都这么想,加起来学生的作业又有多少?所以,要加强教师之间的配合,最好由班主任对各个学科的作业量进行汇总,适当作出沟通、协调,以确保作业总量保持在合理范围之内。

特别要注意的是,作业不能作为惩罚的手段。如果动辄让学生几十遍、几百遍地抄写单词、抄写课文,或者一套试卷因为错了一两个题而罚抄整套试卷,除了能够打击和泯灭学生的学习热情外,没有丝毫的意义。

3. 有用,突出生活化

实践表明,学生对所学知识的兴趣高低,很大程度上受到这类知识与生活联系的紧密程度的影响。作业同样如此,贴近生活的作业,强调动用学生的生活经验,强调学生的动手实践,往往比单纯地、虚化地用课本知识设计的作业更受到学生的欢迎。

因此,作业设计中还要体现"有用"的原则,突出作业的"生活化"。这也在《课程标准》的要求中有明显体现。《语文课程标准》提出:"加强语文课程与其他课程以及生活的联系,促进学生语文素养的整体推进和协调发展。"《数学课程标准》则强调:"数学课程应当从学生已有的生活经验出发,让学生亲身经历将实际问题抽象成数学模型并进行解释与应用的过程。"由此可见,在及时复习性作业中强调"生活化",有利于学生在与现实生活的碰撞中掌握知识、发展能力、养成良好的学习习惯和态度,是作业改革的一种必然的趋势。

【示例】

2008年12月26日《文汇报》曾刊载了一篇题为《作业效应=教师"巧设迷宫"学生"妙趣横生"》的文章,其中有一个片段,写到"生活化"作业布置的案例,或许能给大家以启迪:

我在考虑作业时,常设计一些既贴近生活、符合学生兴趣和需求的新内容,又结合教学需要、具有创新意义的作业练习形式,例如:在教学《观潮》这篇课文之后,我便让学生制作一份以"天下奇观"为题的小报,学生们兴趣盎然,完成相当认真,他们上图书室找杂志、上网查资料,回家里翻相册。没几天,一份份精美的小报便交到了我的手中,其中有神秘雄伟的埃及金字塔,有起伏蜿蜒、雄伟壮丽的中国长城,有秀美的印度泰姬陵,还有意大利罗马的斗兽场,土耳其的索菲亚大教堂等,我将这些作品展示在教室中,各种异国风光立刻深深地吸引了学生,几位作品的主人还当起了义务导游,为参观的同学介绍起了这些奇观。就这样,学生们在审美、找美、体会美的过程中真正感受到了美,既巩固了课文知识,又开拓了学生的视野,扩大了知识面,而且学生综合性能力也因此得到了培养。

4.激趣,突出多样化

"兴趣是最好的老师。"让学生有兴趣地学习,才能取得教学效果的最优化。所以在作业的布置上,也要注意兴趣的培养。

从实践经验看,那些题型呆板、内容单调、要求僵化的作业最容易招来学生的"反感"。这种没有兴趣的强制性学习,很容易扼杀学生探求真理的愿望。想唤起学生写作业的兴趣,就必须在作业的题型改革上下功夫,做到"活泼"、"新颖"、"奇特"。教师要善于开动脑筋,通过更多的渠道,把丰富的知识、创造性的训练寓于形式多样的作业中,以新鲜有趣的作业内容取代重复呆板枯燥的机械练习,以激发学生的学习兴趣,挖掘其学习的内部需求。

【示例】

一位教师在教学《莫高窟》一课后,设计了这样一份作业:

请根据自己的兴趣任选两题或三题,完成作业:

1.在中国地图上找到甘肃省和敦煌市,说说从我们这儿坐火车到敦煌,需要经过哪些城市?

2.社会调查:我市有哪些文物?有哪些文物保护单位?

3.你认为文中哪些语句描写生动?仔细品读这些句子,并根据文中的描写,画一幅你喜欢的飞天图或用橡皮泥捏一尊你最喜欢的彩塑。

4.读你最感兴趣的一类书或有关文章:(1)有关清朝的;(2)有关文物的;(3)有关敦煌艺术的。把读书所得的感受介绍给别的同学。

这位教师设计的作业题目活泼,丰富多彩,很具有开放性的特点。既达到复习巩固的作用,又能使学生们按照自己的意愿愉快地完成学习任务,保证了教学按照预定的设定走向成功。《语文新课程标准》告诉我们"语文课程应该是开放而富有创新活力的⋯⋯"所以,语文教学必须开放,才能适应时代的发展要求;语文教学必须开放,才能满足学生的学习需求;语文教学必须开放,才能为教学提供取之不尽,用之不竭的"源泉活水",才能使语文教学永葆旺盛的生命力。

二、系统复习性作业的设计

在学生学习完一定阶段的学习任务后,都要针对这一阶段的学习内容,从知识的体系结构上,系统全面地进行总复习。复习的目的,就在于更好地帮助学生把这一段学习的知识系统化、规律化,进行分析综合,从而得到深化和提高。

系统复习的意义不言而喻。有人就复习问题打过一个比喻,非常形象:一台机器是由许多部件组成的,而这些部件又是由许多零件组成的。但是一大堆零散的彼此独立的零件,不把它们组装起来,则永远只是零件,除了占据一定的空间,没有任何的用途。我们学习的过程就是制造零件的过程,而学完每一章后的复习就是"组装部件"的过程。通过复习,使每一节的内容之间就建立起了联系,把"零件"装配成"部件",使知识成为一个整体,就不易忘记了。一门课程学完了,要进行总复习,这是一个"总装配"的过程。例如,给你一台"奔驰"汽车的发动机,你能开着在高速公路上跑吗?不行。只有把发动机装在汽车底盘上,并与其他部件一起,才能组成汽车,发动机也才能起到它特殊的作用。通过课程的总复习,使各章、节的内容之间连成一体,相互间建立起有机的联系,才能使你对这门课程的整体轮廓以及各部分细节得以全面的把握。

可见,提高系统复习的效率对提高学习成绩有多么重要的意义。但是,在系统复习过程中,我们经常发现,很多老师非常注意对复习内容的研究,却忽略了承载着重要功能的"系统复习性作业"的设计,致使复习效果打了折扣。

设计系统复习性作业的意义,就在于帮助学生深入学习、理解各学科教材,了解各学科知识的系统、结构、规律、联系,建构知识网络,从记忆平台上升为应用平台,在掌握基础知识的基础上,能够分析和解决相关的问题,提高运用知识的综合能力。如果不加分析、不加选择地布置作业,显然是不能完成这项功能的。

从系统复习的具体实施看,通常采取专题复习和综合复习两种形式。与此相对应的,系统复习性作业的设计也便分为两大类:专题性复习作业和综合性复习作业。

1. 专题性复习作业

系统性复习的成功与否很大程度上取决于"专题复习"的效率高低。所谓"专题复习",就是打破章节界限,将某一专题的内容糅合在一起进行复习,体现一个知识点综合、巩固、完善、提高的过程。复习的主要任务及目标是:完成各部分知识的条理、归纳、糅合,使各部分知识成为一个有机的整体,力求实现基础知识重点化,重点知识网络化,网络知识题型化,题型设计生活化。比如语文的字词、修辞、文学常识等各项内容,可以从所有的章节中抽取出来,重新编排在一起,进行复习。这样非常有利于解决某一类的重点问题。

而对应着专题复习,要做好专题性复习作业的设计,这类作业,目的就在于在相对集中的时间内,使学生对某类问题得到巩固和强化。

设计专题性复习作业,应注意这样几点:一是"点清",即设计到这类问题,都有哪些训练点,哪些测试点,要心中有数,非常清楚,在作业设计过程中,防止出现遗漏;二是"形全",即在这个知识点上通常会出现的测试形式都有哪些,要尽可能地予以呈现,以训练学生在掌握基本题型的基础上,熟悉试题的各种变式,以提高完成练习的能力。

【示例】

"物理与生活"专题性复习作业

(一)选择题

1. 发生地震时,小明被困在建筑废墟中,他处变不惊,通过敲击就近的铁制管道,被救援人员发现而获救,小明这种做法主要是利用铁管能够(　　)。

A. 传声　　　　　B. 传热　　　　　C. 导电　　　　　D. 通风　　　　(容易题)

2. 如图所示,老林用钓鱼杆钓到一条鱼。鱼还在水中时,感觉鱼很轻,刚把鱼从水中拉离水面就感觉鱼变"重"了。下列关于钓鱼过程的几种解释,正确的是(　　)。

A. 鱼在水中时没有受到重力

B. 鱼在水中时钓鱼竿是省力杠杆

C. 把鱼拉离水面的过程中,鱼受到的浮力减小

D. 把鱼拉离水面的过程中,鱼受到的重力增大　　　(中档题)

(二)填空、作图题

1. 在2008年初罕见的冰冻雪灾中,公路上的冰是水＿＿＿＿＿产生的(填物态变化名称),为了防止车轮在结冰的公路上打滑,司机用铁链缠车轮,这样可以＿＿＿＿＿摩擦力(填"增大"或"减小")。　　(容易题)

2. 大嵛岛有个世界上最大的军事广播喇叭(如图所示),工作时功率可达3 kW,那么广播30 min需要消耗电能＿＿＿＿＿kW·h。郭工程

师在喇叭电台里每根电子管的两端安装一个小风扇,这是为了解决机器工作时部分电能转化为_____能而带来的问题。 （中档题）

3. 下图中甲是一个在空中运动的足球,请做出足球所受重力的示意图。 （容易题）

甲　　　　乙

（三）实验、探究题

1. 晓松在参观一个容积为 $5×10^3 m^3$ 粮仓时,想知道这粮仓能装多少质量的稻谷。于是他取一小包稻谷作样品,进行了以下实验:

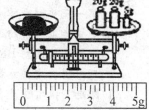

(1)调节天平平衡时,发现天平的指针偏向分度标尺的右侧。此时,应将平衡螺母向_____调(选填"左"或"右"),直至天平平衡。

(2)取适量稻谷倒入左盘,在右盘中加减砝码,并移动称量标尺上的_____,使天平重新平衡。所用的砝码和游码的位置如图所示,则稻谷质量为_____g。将这些稻谷倒入量筒中压实,测出它的体积为 $40cm^3$。

(3)稻谷的密度为_____ g/cm^3,这个粮仓大约能装_____kg的稻谷。 （容易题）

2. 某兴趣小组的甲、乙、丙三位同学合作估测常温下声音在空气中的传播速度:

(1)他们选择了鼓(含鼓槌)做实验,除了这种器材外,至少还需要的实验器材是和_____;

(2)如图所示,甲负责敲鼓、乙负责计时、丙负责听声。实验步骤如下,请你将实验操作步骤D补充完整。

A. 量出200m的直线距离 s 并做记录;

B. 甲同学用力敲一下鼓,乙同学看到敲鼓的同时开始计时;

C. 当负责听声的丙同学听到鼓声时立即喊"停";

D. 乙同学_____;

E. 将测得的时间 t 记录下来;

F. 重复上述实验两次,计算出三次测量声音速度 v 的大小并求出平均值 $\bar{v}$。

(3)请你为他们设计一个测量声音速度的实验记录表格,设计的表格应体现上述实验要求。

(4)请写出造成本实验误差的原因之一:_____。 （中档题）

3. 在探究大气压是否存在的实验时,教师常用一次性纸杯装满水,用硬纸板盖住杯口,倒置过来,如图所示。发现硬纸板不掉,水也不从杯中流出。教师解释硬纸板不掉是因为大气压强的作用。可是有部分学生认为,纸板不掉是因为水粘住了纸板的缘故。你能否在此实验的基础上,进一步实验(可补充辅助工具)来消除这种疑问?请简述实验过程。

答_____。 （稍难题）

（四）计算题

1. 矗立在福州闽江公园国际雕塑园中的水平大理石基座上正面印文为"北京奥运"的巨石印，重约 $3.3×10^5$ N，底面积约 $4m^2$，如图所示。求：

(1) 该巨石印的质量是多大？（g 取 10 N/kg）

(2) 它对基座的压强有多大？

(3) 在搬运过程中，起重机将该巨石印匀速抬高 2m 做了多少功？（容易题）

2. 厦门快速公交系统（BRT）建成后，运行速度约为 42 km/h，从第一码头到大学城只需 40 min。如图，假如质量为 50 kg 的小鹭要乘坐 BRT 公交车时，先用 30 s 走上高 5 m 的人行天桥，再用 15 s 从天桥乘坐自动扶梯到达 BRT 站台，站台比天桥高 4 m。试求：

(1) 第一码头到大学城的大约路程；

(2) 小鹭走上天桥的过程中克服重力所做的功；

(3) 小鹭从地面到 BRT 站台过程中克服重力做功的平均功率。　　　（中档题）

3. 有一海尔电热水器铭牌如下表：

(1) 防电墙技术就是在电热水器内部形成永久性电阻，从而降低异常情况下经过人体的电流值。经过防电墙处理后，人体承受的电压不高于 12V，如图所示，这就保证了人体安全。人体的最大电阻约为 $20MΩ$，求防电墙的电阻大约是多少？

(2) 如果该电热水器在 10min 内产生的热量为 $7.8×10^5$ J，求电热水器的实际功率和电路的实际电压？　　　（稍难题）

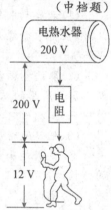

海尔电热水器 FCD—JTHC50
额定电压：220V
额定加热功率：1500W
容积：50L
商品特征：安全防电墙
防水、防尘、防潮

2. 综合性复习作业

学习能力的提高有赖于综合性的系统化的知识的运用。在通常的学习中，知识常常是以孤立的形式出现的，但在现实中运用知识解决问题时却没有那么简单，往往是一个问题就涉及学生所学的很多知识点。只有能够多方面多层次地掌握知识，才能真正具备较强的解决问题的能力。譬如，语文学科的阅读试题，常常将若干个知识点糅在一个阅读材料中；数学学科的一些综合性试题，也整合了不同的知识要素。近年来，考试命题的改革也不断呈现出综合性的趋势。因此，设计好综合性复习作业就成了教师的一项重要任务。

设计综合性复习作业要注意两点：一是"精要"，选择典型的内容和题型。市面上五花八门的教辅材料，形成了巨大的"题海"，如果不加选择和区分，学生势必陷入无尽无休的练习之中，但训练效果却未必很好。因此，教师要精心选择那些能够考查到更多的知识点和能力点的试题，选择那些最容易发现学生缺陷和疏漏的试题，争取用较小的作业量取得较好的复习效果；二是"面广"，要从课程标准的要求出发，多方面多角度选择试题，注重知识的系统性，作业题目应该努力涵盖各学段的学习要求，这样的作业训练下来才能全方位地反馈学生的情况。

【示例】

阅读下面的文章,完成后面的题目:

超越极限

电视台正在播放一档新节目,名为《超越极限》。参赛者被选中后,须在规定时间内吃掉一盘让人毛骨悚然的食物——活的蚯蚓、蜘蛛……场面刺激,直接挑战人的嘴、胃和心理承受能力。

那期节目从头到尾,尝试者不乏其人,但几番努力,终于还是败下阵来,到最后竟无一人从容过关。

妻说:"换了我,我也无论如何吃不下去,真恶心呢。"在女人中,妻算勇敢的了,一次在车上遭遇小偷,人人明哲保身,视而不见,惟妻挺身而出,坤包甩过去,将小偷的刀打落在地。

"那要是给你很多钱呢?"我故意问,"比如说两万,你敢不敢吃下去?"妻毫不犹豫地摇头。

"两万太少,要是两千万呢? 一辈子锦衣玉食,你吃不吃?"我接着寻找可能的条件。

妻想了一会儿,仍摇头:"确实诱人。但要真吃下那盘东西,我想我下半辈子再也吃不下任何东西了。生无乐趣,要那些钱有什么用?"

我说:"如果发生灾难,不幸被压在石堆下等待求援,无食无水,只有这些东西可以维生,我想那时候任何人都吃得下去了。"

妻说:"也许那时我会吃吧,饿得晕头转向,求生的本能会战胜一切恐惧和恶心。"

"所以说想要超越极限,必须将人置于死地,否则人的潜能就不会发挥到极致。"我得意地做总结。

妻沉思着。

良久,她开口,一字一顿:"只有在一种条件下,我一定会将它整盘吃下去,毫不勉强,心甘情愿。"

我问:"什么?"

妻说:"如果能让父亲回来。"

妻的父亲在去年因肝癌去世,妻在病榻前陪伴数月,用尽所有办法,却终于无力回天,眼睁睁看着老人怀着对人世无比的留恋而离去。那一段刻骨铭心的记忆遂成妻心口永远的痛,时至今日,每每午夜梦回,泪湿枕中,常说又见到父亲笑容依旧,宛如生时。

"如果能让父亲回来,那算得了什么呢?"妻的眼圈红了,面容却透着坚定。

我听着妻的话,一颗心不由得被深深震撼了。

1. 在"我"向妻子提出问题的过程中,妻子的态度发生了怎样的变化?

2. 文中有两处插叙,请指出来并说明其作用。

3. 文中画线句是什么描写? 有什么表达作用?

4. 结合你对文章的理解,用议论的表达方式为本文续写一个结尾。

5. 也许每个人都是一样:失去后才懂得珍惜。读了本文后,你有什么感触呢? 请把你最想对父母说的话写下来。(不超过 30 个字)

三、开放复习性作业的设计

所谓"开放复习性作业",是指让学生在较宽泛的条件和环境中自主完成的非统一性和标准性的作业,作业内容贴近自然、社会和生活实际,是在教师引导之下,自主发现、分析、解决问题,积极探究基本规律,认识科学文化知识在实现人与自然和谐相处,促进人类在社会可持续发展中的地位和作用,从而培养学生合作意识、创新精神和实践能力的系统活动。

开放复习性作业,同时具备"开放性"和"复习性"两个特征。"开放性"就要求这类作业不能是对课堂教学内容的简单重复和机械模仿,而是注重学生在已学基础上的自主再学习,作业往往具备生动活泼、富有生活气息、富有挑战意味、学生兴趣浓厚等特点,它摆脱了以往封闭、僵化的作业模式,有利于学生的进步,适合学生不同的年龄层次、个性特点、认知规律;"复习性"就要求内容必须与教学重点息息相关,不能背离学生的学习目标,要能够起到及时应用和巩固课本知识的作用。

开放复习性作业的设计应遵循以下原则:

第一,以新课标为依据,从新课标出发,了解新课标对各学段或年级的要求。也就是说,开放性作业的设计应具有实际的意义,而不是单纯的形式操练。

第二,开放性作业的设计内容应联系课本,从课标要求出发设计出有价值的作业,其内容可联系校园内外、生活实际,涉及的知识面广而不偏,符合学生的认知规律,适合学生年龄层次、个性发展特点等因素。

第三,作业要求应规范、具体,最好有实例(或作品),有助于引导学生达到训练目的和预期目标。

第四,作业实施手段多元化,作业形式多样化。

最后,评价方式以激发学生的学习兴趣,树立他们的自信心,发展学生个性,促进学生学习为目的,以形成性评价为主,评价的手段也应是多种多样的。

开放复习性作业要求教师注重将学生的学习由课本引向课外,从教室走向家庭、自然和社会,实现作业时间的开放、题型的开放、目标的开放、内容的开放、解题思路的开放、评价标准的开放。对作业进行精心设计,让学生在自主性学习、多元化思考、自由的表达以及开放的学习生活中,萌发创新的激情,发现的潜质,焕发其学习的个性色彩与活力,充分享受开放型作业带来的乐趣。

1. 做到时间上开放

摒弃那些繁琐、重复的机械练习,让学生有足够的自由支配时间,接触信息,发展兴趣。学生完成作业的时间跨度可以大一些,不必强求学生今天布置作业明天上缴,要给学生一个不断完善、充实、提高的机会。

2. 做到题型上开放

曾看到某杂志上有篇文章,说一个孩子总不愿吃饭,做家长的束手无策,异常苦恼。后来,这位家长把一个椰壳锯开,用椰壳盛饭给孩子吃,孩子吃得津津有味。"椰壳效应"告诉我们:当我们用"新瓶"装"旧酒"时,学生会感到刺激、新鲜,进而产生兴趣。这种兴趣可能激活学生的思维,使他们产生创造的欲望,从而获得成功的喜悦。于是,我们在教学实践中要尝试作业题型不断求变,题型设计不仅与教材配套,同步开放,而且更要注重情趣,注重体现鲜明的时代特色,让学生做作业的过程变成极富情趣的文化之旅、智慧之旅、快乐之旅。

【示例】

一位数学教师在教学"时间"后,根据教学的内容,设计以下课外作业:

A. 你平时在家锻炼身体吗?请你选择一项活动,具体做一做,记录一分钟内的次数(拍球、跳绳、跑步)。

B. 了解你们家庭成员在一分钟内能做多少事情。

C. 调查自己小组的同学每天睡多长时间。

时间	不到 10 小时	达到 10 小时
人数	（　　　）人	（　　　）人

在这些调查式的实践作业中,学生经过自己的调查研究、计算比较、分析概括,既学到知识,又锻炼了能力,而且富有生活的时代气息。同时,让学生在生活中进行数学调查,可以培养学生的探究能力和增强学生的数感。题型新颖有趣,极大地激发了学生的作业热情。

3. 做到目标开放

课外作业是巩固课堂知识的重要手段,但知识的巩固并非靠重复训练来实现。学生是学习的主人,教学应激发学生的学习兴趣,注重培养学生自主学习的意识和习惯,为学生创设良好的自主学习的情境,尊重学生的个性差异,鼓励学生选择适合自己的学习方式。因此,我们的课外作业要注重面向全体,正视学生个体差异性的客观存在,布置作业能够满足不同层次学生的要求,让学生根据自己的实际情况选择,从而使学生快乐地完成作业,享受成功的喜悦。

【示例】

一位英语教师在教学过程中,总会设置一些内容有弹性,可供选择的作业。例如 JEFC 教材初二(下)册第 67 课的语法内容中讲解了含有 if 引导的条件状语从句的复合句。该句型的时态用法较为重要,也是学生学习的难点。为了巩固该句型的用法,使学生达到熟能生巧的程度,该教师设计了两类作业供学生选择:一个半命题作文:If I have _____ , I will _____ 。一个是"if 接龙",要求学生用"if"造句,要求前后意思连贯、逻辑性强,要造出 6 个以上的句子。学生们兴趣浓厚,纷纷动笔、动脑选择适合自己的作业。有一个学生选择了第二个作业,造出了这样的句子:

If I have lots of money, I will go to Africa. If I go to Africa, I will find there are many poor children. If I know they are so poor, I'll be very sad. If I feel sad, I'll try my best to help them, such as playing with them, giving them many books. If they have books to read, they'll be very happy. If they are happy, I'll feel happy, too ...,

虽然学生的作业内容还有些幼稚,语言的运用也不够完美,但这个学生显然是在运用所学的句型练习自己的语言能力。作业完成后,班级没有出现一篇意思完全相同的接龙文章。学生们写出了很多生动有趣的故事情节。这个案例说明,同学们思维活跃,他们的想象力、创造力是无穷的。只要教师精心创设情境、用心设置作业,就能拓展学生的想象空间,激发他们的创作热情。

4. 做到向生活开放

就复习性作业而言,在过去很长一段时间里,由于学生作业的材料局限于课本、学习材料上所提供的一些例题、习题,而且条件和结论基本上是封闭的,导致学生的思维无法得到有效的训练;很多作业题目远离学生的生活实际,使学生感到枯燥乏味,无法激起对知识的探索欲望。当今时代是科学技术迅猛发展的时代,报刊、形形色色的广告、电视、互联网等在人们生活中占据着越来越重要的位置,它们无时无刻不以语言的形式包围着孩子。在作业设计时,要注意考虑作业与生活的联系,体现作业的应用特性,从而调动学生主动作业的情趣。比如,有的语文教师在布置作业时,尝试让学生留心身边的广告、标语,体会其中的语言技巧,写几句环保警示语,通过作业,把学生学习的触角伸向生活的每一个角落,打开一扇又一扇学生认知世界的窗口。复习性作业向生活开放,与生活紧密相连,能使作业内容从狭隘走向开阔,扩大学生的视野,使知识的内涵与外延大大增加。

一位语文教师布置了如下的复习性作业：

1. 在传统节日端午节来临之际，让学生去了解端午节的来历，查阅资料了解屈原的生平，搜集、摘抄屈原的诗词进行赏析，了解端午节各地有哪些风俗，并亲自动手包粽子、做香囊，以表达对爱国志士屈原的崇敬和怀念之情。

2. 春天到来的时候，布置学生到大自然中去寻找春天的足迹，可以到春风中去放风筝；可以搜集赞美春天的诗歌、散文，举行"春之声"诵读会；可以写和春天有关的任何题材的习作；可以和家长一起拍摄一组反映春景、春趣的照片……

3. 在学了《只有一个地球》后，为了让学生对地球知识、环保知识了解得更深刻，组织学生去调查家乡环保的现状，观察分析家乡涟水河下游污染的情况，查找污染源，访问在环保局工作的家长，了解环保措施实施情况。在调查研究中，学生被一个个令人惊愕的数字震惊，写出了一份份加强环境保护的倡议书，设计出一幅幅情真意切的环保标语和宣传画——"保护地球，保护我们的家园"，"还我蓝天碧水"，"愿青山常绿，绿水常清"。

"语文学习的外延等于生活的外延"。语文学习的天地很广阔，要把语文作业设计与社会生活相联系，使学生在社会实践、家庭生活中巩固语文知识，发展语文能力。像以上作业的设计，充分体现了向生活开放的原则，学生在完成作业时，需要通过努力，观察生活、搜集资料、撰写文章，或者设计出解决生活中的实际问题的建议方案，它需要学生灵活地运用所学到的多方面知识，达到复习的目的。

5. 做到解题思路开放

教师要根据新课改的精神，认真研究教材，研究相关的例题、习题，灵活多样地设计多样的开放性复习试题。要特别重视对学生学习方法和解题思路的训练，鼓励学生创造性地理解和解决问题。

要加强"一题多解"的训练。通过布置"一题多解"的练习，训练学生在分析和解决问题的过程中，善于运用缜密的思维考虑问题，将各种解题方法进行比对，找到最佳解决方案。

还要多布置答案开放的题目。试题答案的不惟一性是新课程改革中的一种重要思维，它有利于学生积极思考，既促进了知识的再现，又能在类比和联想过程中充分发表自己富有个性的解决问题的方案。该类型复习作业题对学生的知识再现能力和知识组合能力要求很高，是训练学生熟练掌握知识并在解题中培养类比和联想能力的重要手段。

【示例】

例如：用 50 元钱买奖品，可以怎么买？

文具盒	铅笔	钢笔	圆珠笔
6元	1元	3元	2元

这道题学生根据自己的思考，设计出了多种答案：

1. 只买铅笔。$1×50＝50$（元）

2. 只买圆珠笔。$2×25＝50$（元）

3. 买钢笔和圆珠笔。$3×10＋2×10＝50$（元）

4. 买文具盒和圆珠笔。$6×5＋2×10＝50$（元）

5. 每种奖品都买。$6×3＋1×7＋3×5＋2×5＝50$（元）……

像这类开放性作业，内容形式新颖，问题解决具有发散性，为学生提供了广阔的思维空间，学生可以运用所学的知识与方法，从自己对问题的理解和处理问题的方法，得到自己认为满意的答案,较好地激发了学生探索、发现的创造意识。另外,作业的起点低、层次多、答案不惟一、策略多样化,学生容易找到适合自己的切入点,进行思考,体验成功。

6. 做到评价开放

开放的作业评价不只是作业结果的评价,更要注重作业过程的评价;不只是教师单方面对学生作业作出评价,更重要的是让学生作为主体参与评价;有时还需要家长参与评价。我们可以多让学生相互交流、评价,让学生提出同伴作业的优点、不足,尊重学生的独特体验,在相互讨论、欣赏中达成共识,从而完成对自我的教育、理解、激励和超越。对于那些离题较远的答案,我们切不可"以对错论英雄",在关注学生思维结果的同时,更要关注其思维的过程,只要学生能自圆其说,都要加以赞赏。至于教师对学生作业的评价,首先应当考虑针对不同学生的智能情况实施不同的评价方式,尽可能多地站在儿童的角度看问题,做到人文评价、个性评价。当然,更多的是写几句饱含真情的批语。这样的评价方式尊重学生天性,激发学生灵性,调动学生悟性,可以有效地开发每个学生的潜智、潜能、潜质,必将让学生的心智之花灿烂开放。

【示例】

一位数学教师在教学"长方形周长"的知识后,设计了三个层次的练习题让学生们选择。

1. 基础训练(在你动笔之际,成功已掌握在你的手中!)

长	20米		80分米	35米	90厘米
宽	8米	4厘米	40分米		80厘米
周长		28厘米	120米		

2. 能力拔高(你爱动笔吗? 送上几题试试你的身手。)

(1)一口鱼塘,长30米,正好是宽的5倍,它的周长是多少米?

(2)一根铁丝围出一个长12厘米、宽8厘米的长方形后,还剩4厘米。这根铁丝原来长多少厘米?

3. 创新园地(走出课堂,拓宽你的视野!)

将一张长20厘米,宽6厘米的长方形纸片,依次剪下两个最大的正方形,剩下的纸片的周长是多少厘米?(先画图,再计算)

苏霍姆林斯基认为,教师应给每个学生挑选适合于他的问题,不催促学生,不追求解题数量,让每个学生经过努力都能成功。所以,设计这种"自助餐"式作业正好符合了苏霍姆林斯基的教育思想,极大地减轻了学生的负担,保证了全体学生都在不同的目标下练有所得,使他们乐学而不厌学,树立了"我能行"的信心。相对应的,针对不同类学生的完成情况给予相应的评价,就避免了因为学生层次不同而出现的过大的评价的差异,更有益于保护学生的自尊心和学习热情。

第四节　全面提升:延伸拓展性作业

课外作业是老师的"教"与学生的"学"之间的信息通道。审视我们的教学现状,学生对课外作业的完成情况不容乐观。他们或把预习新课的任务置之度外,或敷衍了事地应付老师布置的书面作业,或不假思索地抄袭他人作业与现成参考答案,或甘愿接受老师批评而拖欠作业。学生对待作业为何如此"冷漠"呢?究其原因,固然与学业负担重、个别学生学习态度与习惯差等因素有关,但更与课外作业的设计本身的"顽症"相联。其一,形式老套,缺乏引力。山珍海味，天天吃也会"倒胃口"。试想，面对多年来一成不变的"老面孔"，学生能不厌烦吗？其二，题海战术，丧失兴趣。受应试教育思想的影响，面对教学质量评估"分数惟上"与升学考试"一分值千金"的现实，为了督促学生记忆，强化学生技能，提高应试本领，通常采用的方法是进行连续、大量、纯粹的专项训练，且大多是机械的练习，其结果往往是事与愿违：学生成了做题的机器，其思维定势，兴味索然。其三，脱离生活，缺失情感。教学的终极目标是要丰富学生的精神世界，提高学生运用知识于生活、服务于社会的能力，可惜的是，我们的不少作业是纯粹的知识和技能训练，缺少生活气息，缺失应有情感，表现出可憎的面目和嘴脸，又如何让学生喜欢呢？

结合教学内容设置拓展性作业是新课改提倡的学习方式之一，也是对教学过程的延伸和拓展，是教学与生活结合的重要途径。《基础教育课程发展纲要》要求"改变课程实施过于强调接受学习，死记硬背，机械训练等现状，倡导学生主动参与，乐于探究，勤于动手的学习方式。"传统教学中，教师、学生、家长为了分数，以书为本，围绕教科书转。课堂内外经常出现重复、机械、大量的习题操练，学生强化记忆多，应用实践少，造成思维定势，无形之中扼杀了孩子们的学习兴趣。学生想象思维的发展犹如鸟儿折断了双翼，创新意识和能力更如灿烂的星空可望而不可及。鉴于此，我们不能仅满足和停留于传统的作业类型，而应顺应教学改革的潮流，拓展作业空间，设计切实可行的拓展型作业形式，赋予作业以新的生命，以期适应学生发展的需求，放飞学生的思维，引导学生在课内外进行有创造性的学习活动，让学生在完成作业的过程中体验幸福和快乐、苦恼和辛劳，使作业成为学生成长的一种自觉的生活需要、人生需要、学习需要，成为重建与提升课程意义及学生人生意义的重要内容。

一、创新性的作业设计

心理学研究表明，新异、变化的刺激物能提高大脑皮层的兴奋性，容易引起人的注意。巴班斯基认为："教学劳动的一个典型特点是它不允许有千篇一律的现象。"中小学生正处于思维活跃期，喜欢新鲜，不好呆板、枯燥，教师要善于结合教学实际，设计既紧扣教学实际，又满足学生心理需要的灵活多样、富有趣味性的创新性作业，让学生面对作业跃跃欲试，先做为快，不做不快。

《寿光日报》2008年第124期刊载了题为《创新型作业17例》的小文章，作者张玉波为读者提供了一个创新性的寒假作业单：

1. 给自家大门题一副对联。

2. 给家里每个房间起名。

3. 对着地图说自己的旅游见闻，写一份旅游区解说词。

4. 评选去年全家十大新闻。

5. 概述今天你看过的小说的主要内容。

6. 编写各类产品及公益广告。

7. 给家里的任何一件物品写诗。

8. 组建班级足球队、篮球队等，谱写队歌，撰写比赛最新报道。

9. 到唐诗宋词里找自己的名字。

10. 每人起一个笔名。

11. 四人一个小组，办一份语文报纸。

12. 假定筹建一处文化景观，写出设计思路。

13. 写出我市街道名的分类，为新区拟出漂亮而实用的街道名。

14. 写出与十二生肖各种动物有关的成语、歇后语、古诗句等。

15.在自家门前统计车流量,撰写城市交通疏导方案。

16.每人编写一本新版语文教材。

17.给最想见的十个人各写一封信。

这份作业单完全打破了人们对作业的传统认识,新颖活泼,贴近实际,生动有趣,呈现出崭新的面貌,寓知识的学习和技能的训练于趣味性的练习之中,不失为一份极富创新性的作业。

创新性作业通常具备以下特点:

完整性——由于教学大纲的广泛性和教学任务的复杂性,学生不可能在规定的课堂教学时间内掌握一切,因而需要一定的课外作业作补充,为此,课外作业担负着与课堂教学密切配合的补充教学不足的责任,它体现教学过程的连贯性。与此同时,学生在完成作业过程中,完成着知识能力、学习态度,以及责任心等方面的完整的学习,实现着对学生素质的全面培养。

适应性——每个学生都有自己的学习方式和技巧,作业应有自己的弹性,要适应个别差异。作业量应处于能负担的范围,保证学生有自由活动的娱乐时间。

启发性——作业的设计能引起学生的兴趣与注意,调动学生积极思考,让学生亲自去搜集资料,培养学生新奇的想象力,激发学生独立完成的热情,尽可能挖掘学生的创造思维潜能。

挑战性——创新性作业的设计,要有一定的竞争性,富有一定的挑战性。让学生在作业中互相"攀比"、互相学习、共同前进。

灵活性——创新作业,应因人而异,可把学生按智商分类,按基础分类,按兴趣分类,灵活机动地布置适合不同类型学生的作业。创新作业,还要因时间而异。同一教学内容的练习,根据环境的变化,形势的变化,学生的变化而相应地变化。倘若今年是这个练习,明年还是这个练习,则说明老师停止了思考,变成机械操作的教书匠了。

多向性——传统作业指向单一,功效单一。而创新性作业往往通过做一个练习,而引发许多新的问题,有了许多新的发现。

实践性——实践是检验真理的惟一标准。惟书是从,惟师是从,是对真理的歪曲。因为书上的知识也会出现错误,老师也有许多不足之处。要通过创新性作业,鼓励学生不惟师,不惟书,不惟上。

新颖性——人的心理都有求新求异的特点。尤其是充满活力与幻想的中小学生。实践证明,缺少新颖性的作业,学生总是马虎了事;而设计新颖的练习,学生往往积极投入。

能动性——传统作业,学生是被动的接受者,是老师要我做的。心理学告诉我们,每个学生都有极强的创作欲和表现欲。一项设计新颖、别开生面的作业,能激发学生的创作欲和表现欲,调动学生的积极性,发挥学生的自主能动作用。

苏霍姆林斯基认为:"所有智力方面的工作大都依赖于兴趣。"如何设计创新性的作业呢?应抓住以下几点:

1. 换张"新面孔",让学生有新鲜感

学生怕做作业、作业拖拉大都是因为不喜欢千篇一律的练习形式。如果常换常新,学生必然处于一种新鲜的状态中,以高度的参与欲来完成作业。比如,学期结束前,语文教师为了让学生掌握词语,一遍遍地要求学生抄写,可抄了又忘,忘了再抄,效果并不理想,那是因为学生带着一种不满情绪在抄,没有全身心地投入。如果换一种方式,效果就完全不一样了。分类抄写:或按写人、写事、写物的来抄;或按动词、形容词等来抄;或按褒义词、贬义词、中性词来抄。当然,也可以按照学生自己的分类标准整理抄写。这样,不仅大大地提高了学生做作业的兴趣,也提高了学生词语辨别能力、分类能力以及鉴赏能力。又如学完《云雀的心愿》一文,为了让学生更进一步地增强保护动物、保护环境意识,让学生查阅资料后,写一写保护动物和环境的公益广告词,学生兴趣昂然,一条条精彩的广告就诞生了。语言简练幽默,又不失广告的特点,多角度的变换训练中促进和发展了学生的能力。

【示例】

一位英语教师的作业"新面孔"

1. 找一找——克服英语作业的封闭性,让学生主动从生活中学习英语。在信息时代的今天,学生接触、学习英语的途径很多,应该在适当的时候鼓励学生收看电视、广播或上网去汲取丰富的课外资源,用生活中的英语来丰富自己的词汇。

2. 查一查——引导学生关注社会实践。布置一些与学生生活或实践紧密结合的作业,让学生体会"学有所用"的乐趣。如让学生留心街上的店名、路名、广告语等,从中找出错误的拼写、病句,然后在班上开展一个"比一比,谁的本领高"的竞赛,让学生用解答、互考等方式展示所学知识。

3. 画一画——注重学科间横向联系,让作业成为充分展示学生才艺、张扬个性的舞台。学了 atom,molecule,hydrogen 等单词后,可组织学生用化学分子结构的形式来画一画这些单词,比比谁能既快又准地用化学方程式掌握英语。同时也可以让学生运用所学的英语来谈谈自己化学方面的知识,借此锻炼口头表达能力。

4. 编一编——发挥学生的创新思维能力,增强学生的语言表达能力。如学了 Ask the way 后,学生自编在公园、车站、学校等场景的对话,并想象可能遇到的情况,然后用简洁、地道的英语表达出来。

2. 套餐式作业,让学生自主选择

我们的教育是面向全体学生的教育,要让不同的人都得到不同的发展是教育的重要目标。教师面对的是一个个基础不同、能力不同、性格不同、习惯不同、兴趣不同的个体,所以,要考虑每个层面的学生,进行分层练习。为此,在设计作业时,不能"一刀切",应该从学生实际出发,针对学生的个体差异设计有层次的作业,开列一个菜单,让学生自主选择,这样既能体现学生的自主性,又能照顾到个体差异,使不同发展水平的学生都能较好地参与作业,都能尝试到成功的快乐。例如,一位教师在教完《生命的壮歌》后,设计了以下作业:(1)写出你所了解的 5 种以上的稀有动物;(2)你最了解哪些动物,请你把它的简介写下来,向同学介绍;(3)请你出一期以"介绍一种稀有动物"为主题的小报。每个学生都根据自己的特点和能力,选做了作业,自主性得到了充分的发挥。学生对鳄鱼、藏羚羊等特别感兴趣,查阅了大量资料,介绍时全面丰富,富有个性。在这个作业完成的过程中,学生搜集、处理信息的能力、评价能力都得到了大大的提高,对学生的情操也进行了一次陶冶。

【示例】

七年级英语(下)Unit2 作业

A 生:爱写作的你——按照图写出一篇文章,不得少于 10 句话。

B 生:爱表演的你——按照图编出一个对话来。

C 生:爱造句的你——按照图造两个句子。

通过确定不同的要求或难度差异,让学生决定自己通过何种活动来完成,使不同水平的学生都能参与。给爱写的学生准备了施展自己本领的空间,又为爱表演的学生提供了进一步锻炼自己的机会,也为能力稍差的学生创造发挥的天地。一项作业能使所有学生各尽所长,享受到成功的喜悦,学生的创新思维也将得到很大程度的发挥。

3. 角色转换法,让学生主动参与

学生们不喜欢做作业,还有一个原因是,那是老师给他的,他在完成别人的任务,自己没有真正地参与进去。如果让学生转换一下角色,把作业中的主人公换成"我",学生就会有主人翁意识了。如学完《三打白骨精》一文后,告诉学生因为这件事悟空失业在家,假如你现在就是"悟空",请写一份求职书给老板以谋得一份职业。学生一下子来劲了,那是因为这个作业新鲜有趣,而且事关"自己"能否找到工作。学生们进一步深入阅读课文,有的还去阅读原著,充分地挖掘出"悟空"这一人物的优点,并结合现在时代对人才的要求,选择了合适的岗位,理由充分,言辞恳切,不得不感动老板。这样的作业不仅加深了对文中人物形象的了解,又拓展了学生的阅读空间;不仅提高了写作交流能力,更是激发了写作的热情,因为学生真正体会到了写作的现实需要。

【示例】

七年级英语(下)Unit1 作业

同学们,明天咱们班的××同学过生日,我想为他开个生日聚会,今晚你为他准备一个英文节目,好吗?

这个作业是根据教材中相关内容安排的,既可以使学生复习和强化所学的知识,变机械抄写为有意义的参与,又突出了作业的实用性。更重要的是,学生变换角色,由完成作业的被动者变为主动者,在积极的参与中,他们快乐地完成作业,在作业中取得的成就感又反作用于课堂学习,使学生形成学习的积极情感态度。实践证明,这样的作业能够引起学生的共鸣和兴趣,发展学生的学习激情,培养学生的学习能力和语言综合能力。

4. 自编式作业,让学生自主设计

教师布置作业,学生完成作业,那是天经地义的事,教师习惯了,学生也习惯了。既然学生是学习的主体,是主人,何不让学生自己做主——自己设计作业?充分放开作业设计与布置的权利,充分释放学生的主动性与创造性,让学生根据教材,根据自己的知识水平和生活体验,自己设计作业,以促进个体学习目标达成。

【示例】

如学习《葡萄沟》一课后,学生们都深深地喜欢上了"葡萄沟"这个地方,于是教师就布置了这样的作业:读懂了这篇课文,老师想让大家为美丽的葡萄沟设计一项作业,你们有兴趣吗?

生1:选择自己喜欢的句段背下来。

生2:用手中的画笔描绘出葡萄沟的美丽景色。

生3:收集葡萄沟的相关图片并配以简要解说。

生4:夸一夸,为葡萄沟设计广告语。

生5:写一写葡萄干的制作过程。

学生作业交上来了,不仅形式多样,而且完成的质量较高。这些五花八门的作业,说明学生在参与设计时兴趣浓厚、敢于尝试,作业已不再成为负担了。在创编作业的过程中,学生的个性得到了张扬,优点得到了展示,真正享受到了作业带来的乐趣。

二、探究性的作业设计

作业是教学过程中必不可少的重要环节,是课堂教学的延续和拓展,是学生把学到的新知识运用于实际的主战场,是反映学生学习态度和意志品质的尺码,也是教师调整后续教学的切入点。在大力倡导"自主、合作、探究式学习"的今天,作业设计更应注重拓展延伸,自主

探究,满足学生的心理需求。

探究式作业与传统的作业相比有探究性、开放性、整合性的特点。探究性作业下的学生的学习目标有很大的改变,学生不必死记硬背那么多结论性知识,而是更多富于生活信息,富有挑战意味,能激起儿童潜在的好奇心和好胜心,引导学生懂得搜集、处理信息,在获得知识的过程中获得体验。另外,其灵活、开放的特色有利于开拓学生视野,培养学生的应用意识和能力,激励学生自主进行探究,进行学习。

设计探究式作业要把握好五个要求:

内容:坚持以"教材"为中心。

探究性作业的设计必须紧紧围绕课程标准、教材、教师用书、学生等。教师只有以此为准则,对此了然于心,才能在设计作业时,以学生的发展为目的,把握方向,突出检查、巩固、拓展的功能,使学生在作业中能通过各种有效的途径,完成作业,得到能力的培养。

方式:坚持"多角度"进行。

"多角度"就是要求设计作业时从不同方面进行,如,可以从调查型、实验探究型、操作型、趣味型作业等角度进行设计,也可以设计具有时代意义的、社会热点问题等类型,防止学生作业机械模仿,随便应付,而要着眼于提高学生的学习质量,拓宽学生的视野,培养学生探究能力。

难度:坚持"梯度"合理。

"梯度"就是要求作业设计不能过难,也不能太容易。这就要求我们在设计作业时充分考虑学生的已有知识储备和能力水平,使作业内容让大部分学生"跳一跳,就能摘到",从而不断促进学生思维、智力、兴趣等方面的健康成长。要强调的是,探究性作业只是学习的一种形式,对课外探究性作业特别要注意不能随意拔高成科研,不能脱离学生的知识基础、现有能力。而且要给学生足够的时间去思考、实验、查阅资料等。否则,学生会从失败中失去信心,失去完成作业的动力。

过程:坚持以"学生"为主。

探究性作业与平时的作业不同之处在于老师的参与。但是老师的角色及责任是不断设计出有挑战性的作业主题,并非越俎代庖,要让学生独立完成或与其他同学合作完成。做课堂探究性作业时,给以心理支持,创造良好的学习气氛。教师在讨论和辩论时往往有意持不同意见,以引导和促进学生去创造发现。而在课外的探究性作业中,教师要以一个咨询者、服务者和提问者的身份出现。在选题阶段,教师要激发学生的积极性,鼓动学生提出自己的设想。在收集资料的阶段,教师要提供收集资料相应的途径和方法。总之,教师要参与学生探究的每个阶段,但是只是积极地旁观,不干涉学生的探究活动。

评价:坚持以"激励"为主。

在作业的评判上,应重视过程性和激励性。在传统的课程与教学中,作业的评判是结论性和鉴别性的,作业一定是由教师批改,批改后的作业也一定有一个分数或等级,这种作业的评改往往会对部分同学造成伤害。在探究性学习环境下,探究性作业的评判应是过程性和激励性的,其基本出发点是如何更有利于学生的进一步发展。在作业评判的过程上,教师是主体,学生也应是主体,应提供机会让学生参与到作业评判的过程中来。学生参与作业的批改,一是给学生提供更深入的学习机会,二是可以创造一种民主的教学氛围。在作业的评判结果上,要尽量使用一些鼓励性的语言进行表述,既指出不足,又保护学生的自尊心和进一步学习的积极性。

常见的探究性作业有以下类型:

1. 观察作业

眼睛是心灵的窗口，人获得的知识大部分都是靠眼睛观察而得到的。人从外界所接受的信息，90％以上是通过观察获得的。没有敏锐的观察力，就不会有灵敏的思维力、丰富的想象力和良好的记忆力，当然也不会有完整的再现能力。观察是获得知识的最基本途径，也是最基本的环节，更是思维的基础。俄国著名的科学家门捷列夫曾经说过："科学的原理起源于实验的世界和观察的领域，观察是第一步，没有观察就不会有接踵而来的前进"。"观察、观察、再观察"曾作为巴甫洛夫的座右铭而被写在实验室的墙壁上。可见，适当布置观察性作业，可以帮助学生发现问题，发现事物的规律和本质，更有利于培养学生良好的观察意识和掌握有效的观察方法。

【示例】

观察实践作业题目：将几盘大蒜种在一个盆里或者一个碗里，每天观察它生长的变化，将它生长的情况和你劳动中的感受及心情真实地记录下来。题目可以是《种大蒜一》《种大蒜二》《种大蒜三》……《种大蒜五》《种大蒜六》……

2. 调查作业

给学生布置课外调查作业，既可以让学生获取相应的知识，也可以培养学生的探究能力。调查的方式多种多样，可以是社会调查，现场参观，也可以到书店、图书馆中查询相关书籍，还可以上网查资料。

调查型作业要求学生写好调查报告。调查报告的基本格式如下：

标题：

调查过程：

调查方法：

调查对象：

分析论证：

进行交流（向各职能部门提出建议）：

班级：_____ 姓名：_____ 日期：_____

例如，一位数学教师在第十二册活动课"节约用水"教学后，让学生调查或实验：一个滴水的龙头一天会浪费多少升水？按照这样的滴水速度，一个滴水的龙头一年浪费多少升水？如果学校里的每个水龙头都按照这样的速度滴水，计算一下，学校每年要浪费多少水费？再根据调查的结果，写一份合理用水的建议书。这样的作业，让学生着眼于从现实生活中发现问题，对培养其观察的意识和观察的方法都能起到很好的训练作用。

【示例】

最近，全球很多国家爆发了猪流感，目前全球已有几万例猪流感患者，死亡人数也令人堪忧。猪流感到底是怎么回事呢？这么可怕的流感，为什么不早就爆发了呢？好像是变异了以后才传播的？请你展开调查，写一份调查报告，为学校宣传栏提供材料。

3. 实验作业

探究实验能促进学生综合能力和综合素质的提高，以及个性和特长的发展。科学探究要求学生在探究过程中不拘泥书本，不迷信权威，不墨守成规。学生在科学探究活动中能在老师给予的适时适度的指导和帮助下，充分发挥自己的主观能动性，独立思考，大胆探索，标新立异，积极提出自己的新观点、新思路和新方法。

布置实验作业，让学生亲自动手进行实验、操作，可以帮助学生深入理解知识和发展能力力。例如，学习了"比例的应用"后，让学生用所学的知识设计实验方案，测量一棵大树的高度;学习了求圆柱的体积后,让学生用实验测量出一只鸡蛋的体积等。

【示例】

家庭小实验作业

1.加热一根铜丝,观察并记录实验现象。

2.把鸡蛋放入一个装有白醋的玻璃杯里,观察并记录实验现象。

3.模仿镁的性质探究实验,找一段铝片研究铝有哪些性质。

猜想:

(1)_____

(2)_____

(3)_____

4.小课题探究作业

以培养学生创新精神和实践能力为核心的新课程改革,要求我们的教学内容应当是"现实的、有趣的、富有挑战性的",在教学中,可以从学生已有的知识经验出发,指导学生开展小课题研究,给学生布置"长任务"。在活动中指导学生模仿科学家的研究方法进行研究,有所发现,并在活动后写出科研小论文,通过一系列活动,真正理解和掌握相关的基础知识,初步形成科学研究的思想和方法,获得广泛的科学经验。

布置小课题探究作业,让学生运用所学的知识和经验进行探究,不仅能深入理解学科知识,体验乐趣,而且能自主建构知识。如学习"比例尺"一节后,数学教师要求学生给自己家里的客厅制作一个平面图,并思考:你认为这个客厅的设计和摆设合理吗?你有什么改进的措施?为什么?请你写一篇探究报告。在这个过程中,学生不仅要合理运用所学的数学知识,而且会在探究的过程中,对科学研究的过程有一定感性的认识。

【示例】

请围绕"施肥对草坪的影响"这一主题展开研究,了解氮、磷、钾等几种主要肥料对草坪生长的影响,从而对学校施肥情况进行评价。

要求:

1.通过文献搜集,了解施肥、浇水等草坪护理的正确方法。

2.采取实验法、文献研究法、调查法等实验方法。

3.形成实验报告,对学校草坪施肥情况提出合理化建议。

4.时间为一个月。

三、实践性的作业设计

一位教育家说过:"儿童的智慧就在他的手指尖上。"让学生动手操作,多种感官协同活动,能使学生对所学知识理解得更深刻,正如古诗所言:"纸上得来终觉浅,绝知此事要躬行。"因此,教师要学会布置实践性的作业。所谓"实践性"作业,主要是指让学生通过操作、探究等实践活动获得能力和素养的一种练习类型。比如教师比较注重的让学生进行采集编创、现场演说、调查访问、实验操作等,都属于实践性作业。

设计实践性作业,需强调以下几点:

必须有明确的指向性,坚持正确价值观的导向。

作业是为教学目标服务的,为帮助学生更好实现三维目标的要求而设计的,实践性作业的设计必须以教学内容为指导,紧扣教学目标,体现教材的思想内涵,选择具有实践意义与价值的内容进行设计。

必须立足于学生实际,促进学生自主发展。

实践性作业要尊重、关注、反映中小学生的现实生活,符合学生特点。新课程告诉我们,作业是重建与提升过程意义及人生意义的重要内容。因此,实践性作业要以学生为本,遵循学生身心发展规律,尊重学生生命成长的需要,充分调动学生的主动参与性,引导学生在活动中体验、探究、感悟,积极引导学生自主发展。在设计作业时,要对教材进行整合和二次开发,对学生日常行为进行分析、判断,帮助学生处理生活中的各种关系,解决冲突与矛盾,引导其形成健全人格。

必须关注社会生活,倡导教学内容回归生活的理念。

人类的文化知识来源于社会实践,而这些知识又反馈于生活实践,用以分析和解决生活中的实际问题。"学以致用"是教学的重要原则。实践性作业关注社会生活,能吸引学生的兴趣,激发热情,促使其积极主动地参加实践活动,还能鲜活教学内容,使之生动易懂,易于学生接受。实践性作业的设计必须善于发掘社会生活本身的价值,使之与课本上的知识巧妙地建立联系,促使学生活学活用,深化所学的知识。

必须重视学生的合作学习,引导学生合作探究。

《基础教育课程改革纲要(施行)》明确指出,学生的合作精神与能力是重要的培养目标之一。新课程的生成性、建构性,要求学生必须加强合作;作业的探究性,需要学生密切合作;课程的开放性,需要学生与社区、家庭以及他人协同合作;主题探究活动,更需要学生小组协作来完成探究任务。可以说,合作精神与能力已成为学生作业的重要理念。因此,实践性作业的设计,必须凸显合作学习的理念,要求学生在完成作业的过程中,全身心地投入和真诚合作,各抒己见,集思广益,取长补短,共同解决新问题,掌握新知识,促进学业的发展。

必须注意评价的导向性、差异性,保护学生的自尊。

实践性作业的评价,应该注意引导学生参与活动的积极性和兴趣,参与活动的自主性、合作性和探究性,参与活动的计划性、操作性、监控性和参与活动的创造性。引导学生通过实践性作业,使自己获得具体的进步和发展。还要注意学生之间存在的客观的差异性。只有用不同的要求去评价不同的学生,才能发现学生的进步与变化,才能更好地激励每个学生积极主动地完成实践性作业。应以肯定鼓励为主,以保护学生的自尊心和自信心。

实践性作业,可以划分为以下几种类型:

1. 操作创新型

设计操作创新型作业,目的是为了让学生在做中学,学中做,在活动中思考,在思考中动手创新,让学生真正地动起来。

实践证明,操作可以调动学生多种感官参与活动,把学生推向思维活动的前沿,使学生得到自主探索、主动发展的机会。教师应尽可能创造操作实践的机会,让学生在操作活动的过程中去思维、去探索、去学习。

【示例】

一位教师在学生学习了"长方体和正方体的表面积计算"后,设计了"包装磁带盒"的实践题:给每个学习小组提供4个磁带盒,让学生解决包装问题:4盒磁带可以怎样包装?怎样包装更省包装纸?让学生通过现场操作,加深对长方体、正方体表面积的认识和理解。

2. 观察感悟型

"如果说复习是学习之母,那么观察就是思考和识记之母。""观察是智慧的最重要的能源。"(苏霍姆林斯基语)。结合教材内容,找准课堂教学与生活的结合点,引导学生观察生活,有助于学生养成主动观察、勤于积累的习惯。

一位语文教师布置如下的观察作业:

观察校园生活:观察课间跳绳、踢毽子、跳皮筋等课间活动,观察运动会等体育比赛活动,观察文娱比赛、游艺会、班队主题活动等学校常规性集体活动,观察同学之间、师生之间交往等。

观察家庭生活:在课文中学到一些观察方法后,布置学生观察家庭的环境,家人的个性,家庭成员的生活情趣等。如,教学课文《早》(苏教版第十二册)以后,学生领悟了描写"三味书屋"内部陈设的方法以后,让学生观察自己的家,可以是家的客厅,也可以是自己的房间,并写下来。

观察社会生活:街头巷尾的凡人小事;约定俗成的风土人情;邻里乡亲的好人好事;地方或国家的重大事件等。

3. 演说交际型

口语交际能力是现代公民必备的基本素养。语言交际能力惟有在交际实践中才能形成、提高。因此,有必要设计演说交际型的实践性作业,通过大量的实践训练,将学生的口头表达内化为能力。

【示例】

一位思想品德课教师布置的实践性作业:

在《网络上的人际交往》一节教学中,教师设计辩题:有人说,"网络一半是'天使',一半是'恶魔'"。网络具有两面性,有利也有弊。正方:网络交往利大于弊;反方:网络交往弊大于利。先组织学生分组讨论后,再分正反两方进行辩论。在辩论中,很多同学大胆阐明自己的观点:正方是引用许多数据和身边的实例,证明网络交往的好处;反方是列举大量的信息,说明网络交往的危害。在辩论中,双方有理有据,思维活跃。在激烈的争论中,培养了学生的思辨能力和语言表达能力。

4. 阅读积累型

丰富的课外阅读可以引起学生浓厚的学习兴趣和探求知识的强烈欲望,从而达到丰富知识、开阔视野的目的。设计阅读积累型作业,目的就是为了把课外阅读做细做实,尽量扩大学生的知识储备量。

【示例】

一位语文教师布置的作业:

学了课文《狱中联欢》,可以推荐《红岩》;学了《美猴王》,可以推荐《西游记》;学了《景阳冈》,引导看《水浒传》;学了《少年闰土》,推荐《故乡》;学了《赤壁之战》,引导学生看《三国演义》……通过广泛的阅读,引导学生学会沟通课内、课外知识的内在联系,使学生阅读能力得到提高,思想得到升华。

5. 过程参与型

美国学者巴特勒认为:"教学过程只有让学生参与连续的反应才是有效的。"学生所学的知识必须在日常生活的真实环境中去感受、体验,才能得到巩固、深化,内化为自己的知识。设计过程参与型实践作业,目的是根据课程内容适时安排课外实践调查活动,使教学向学生的生活领域拓展、延伸,让学生在现实生活的特定环境中进行探索、推理、判断、选择,独立解决自己遇到的各种实际问题。

【示例】

在教学《学会拒绝不良诱惑》时,教师设计了《未成年人身边不良诱惑的现象分析与对策思考》这一作业。学生小组合作,有的调查未成年人身边的不良诱惑,有的分析其产生原因,有的分析其危害,最后汇成小报告、小论文。这提高了学生的观察能力,增强了学生的合作意识,促使学生对社会现象进行分析与思考,最终提出了解决不良诱惑的对策与方法。

6. 搜集整理型

现代社会的信息传递非常迅速,而且更新很快。在有限的课堂教学中,学生学习的知识和信息是有限的,是远远不够的。因此教师通过作业让学生在课外时间里搜集信息、整理资料显得非常重要。信息的搜集同样可以结合学习内容进行。

【示例】

在学习了磁悬浮之后,一位物理教师让学生通过网络、报刊等资料寻找有关磁悬浮的信息资料,在小组内交流,并形成一个科学小品文,在班内交流。

7. 调查统计型

调查统计型作业以学生的直接经验为基础,密切联系学生自身生活和社会生活,体现了对知识的综合运用。布置这类作业时,应该注意变个别性作业为合作性作业,让学生在彼此合作中完成作业。

【示例】

一位语文教师教授《只有一个地球》后,结合当地化工厂办得较多,化学污染较严重的实际情况,设计了以下一组作业:

①采访本村居民,了解我们周边环境污染的现状(小组合作,写采访稿)。

②实地查看,访问环保部门(调查访问,小组汇报)。

③设计一条环保宣传语(广告策划,上街展示)。

这些作业,既有内容的结合,又有能力的综合,层层递进,环环紧扣。整个活动,引导学生走进现实世界,考察、调查、访问,培养了学生发现问题、分析问题、解决问题的能力,引起了他们对生活、对社会的关注。同时,采访家庭、宣传广告、汇报交流,都以小组为单位进行,在作业过程中,学生体验到了与他人合作的乐趣。

8. 动手制作型

可以根据教材的内容,鼓励学生开展一些小制作活动,要求学生利用身边的材料或废旧物品进行,引导学生用相同的材料制作不同的东西,引领着学生理解科学与技术的密切联系,使学生在动手操作中学会使用恰当的工具进行创新,并培养学生的动手操作能力。

【示例】

一位《科学》课教师的实践性作业:

利用教师提供的材料和自己需要的材料制造一艘可以运载货物的小船;通过小组合作设计小车,用身边的材料制作一辆像"火箭一样快"的小车;用最少的材料做一个"鸡蛋保护器",等等。

第四章

新课程理念下的作业评阅

重要观点：

◎作业批阅，应将"充分关注学生的个体差异，发挥其导向、调控、激励等功能，促进学生全面、持续、和谐的发展"作为最重要的目标。

◎让作业评价焕发出人文的魅力，激励学生认真完成作业，及时订正作业，充分享受作业成功的乐趣。

◎主持评价活动的主角可以由多人组成，改变过去单独由教师评价学生的状态，提倡多主体参与评价，鼓励学生本人、同学、家长等参与到评价中，建立以教师、学生、家长共同参与的评价制度。

◎对学生作业的评阅也应该围绕基础知识、基本技能的掌握情况、完成作业的思维过程和完成作业的态度、习惯等进行，实施"三维"立体式的评阅。

第一节　作业评阅要立足于学生发展

2009年10月9日的《潮州日报》曾经刊载了许美娟所写的一篇小文章，题为《作业批改谈》，读来颇有味道：

三十年前，常常感到最"惊心动魄"的一幕，是老师把批改后的作业本发到我手上，翻开来的一刹那：看到满纸鲜红的"√"，那种愉悦的心情真是难以言表；要是其中有的给打了"×"，常常会羞愧得很长时间抬不起头来。同时根据学生作业对错的具体情况，老师的批改符号又有细微的变化。答案基本正确，但尚有欠缺、不够完整的，"√"的尾巴上会加一个点；如果其中问题不止一处，教师如法炮制，会在"√"的尾巴上再加上相应的数个点，其结果是叫人越看越糊涂。作业做错了，而且错误"性质"相当严重，或者其字迹潦草，极不认真，"×"会划得很大，甚至可以占据作业本的整整一面；有时老师下笔力度重些，则"×"还会同时划破好几页纸，真是"力透纸背"，还要加上龙飞凤舞的"重做"，可见老师是动了真怒。

二十年前，对错之间已发生了微妙的变化。先是老师被要求不能在批改作业时使用"×"。学生做对了仍可打"√"，而做错不能简单地打上"×"了事，而要在作业本上指出来，改过来，不必另加符号。同时，在可能的情况下，提倡教师对学生作业面批面改，对作业中值得肯定的、需要注意的地方一一指出，温言细语，周到备至，令学生心悦诚服。

十年前，素质教育被正式提出和实施。作为教育改革的内容之一，等级分和激励性评语等做法也陆续被推广。老师在给学生评分时不必精确到小数点，而以"优秀、良好"等代之，其用意是把学生引出分数的泥潭，把精力放在追求真知、培养能力上。作业批改的激励性评语也被大量使用。

三年前，随着"可爱老师"与"可爱作业"的热潮，老师在作业上和学生交流，学生还可以在本子上"回复信息"，师生之间情谊融融。甚至出现了可以根据不同程度学生而设立的"作业市场"，通过班级博客、QQ空间、E—mail等方式进行交互电子作业。

教师作业批改符号的变迁，折射出教育改革的一段历程，让人从中体味到教育思想的转变，更是一个国家文化教育的深层变革与进步，历史铭记着过去那段沧桑岁月……

的确，像文中所写到的，教师对作业的批阅变化，显示着教育思想的转变，教育理念的提升。新课程提倡评价目标的多元化，评价内容的多维度和评价方法的多样化。作业评价是实施学生发展性评价的重要组成部分，其目的是为了促进学生全面发展。长期以来，批改作业、评定成绩几乎由教师包办，呈现的评价方式，是填写单一的"优、良、中、差"等级，这样单一的等级评定，已成为广大学生的"家常便饭"，而学生对教师大量时间批改后的作业，只看成绩，并不加反思。这主要是因为学生错误地认为，作业是自己的事，对错与否是老师的事，与自己不相干，没有形成积极的情感、态度、价值观，同时也没有形成评价与反思意识。因此，作业批阅，应将"充分关注学生的个体差异，发挥其导向、调控、激励等功能，促进学生全面、持续、和谐的发展"作为最重要的目标。具体而言，应突出以下几点：

第一，作业批阅要立足于学生知识水平的提高。作业最重要的功能之一是巩固知识。作业就是学生对所学新知识或关键的内容进行有针对性的强化训练。因此，通过教师对作业的及时批改，及时反馈，及时矫正，有助于学生迅速发现学习中的不足，不断修正和提高。

第二，作业批阅要立足于学生良好习惯的养成。批阅作业不能仅仅满足于正确率，对学生完成作业是否及时，是否独立完成，作业的书写是否整齐，解题格式是否规范，对作业中的错误持何种态度，是否重视非书面作业，甚至作业本的保管是否到位等，都要予以关注，对不良的学习习惯，应该通过作业的批阅及时调整、改变，以保证学生学习的后续动力。

第三，作业批阅要立足于学生主体意识的树立。"全收全改"是长期以来被广大教师普遍采用的方法，这有助于全面了解学生对已讲授知识的掌握情况，进而有针对性地安排后续章节的教学，知己知彼，备好下面的课，但要花费教师大量的课余时间，也很难做到精批细改。可以尝试让学生"自批自改"，让学生成为批改作业的主体。这种方式的变换，有利于调动学生学习的积极性，促进学生的个性发展，树立学生学习中的主体意识。

第四，作业批阅要立足于学生非智力因素的发展。习惯性地用"√"、"×"来评判作业正误，评价学习思维、学习成绩，往往影响师生之间思想、情感的交流，不妨改一改，如字词错误在下面划"—"、作业做错时在旁边打个"？"、作业认真但没全对的给他画一个笑脸，表示老师对他的作业态度的认可、做得认真并无错误的加"☆"等一系列符号。把那讨厌的"×"永远驱除在作业本之外。这样做，有助于师生情感的交流，保持学生的学习兴趣和热情，增强其自信。

总之，作业批改作为常规教学的重要环节，既是课堂的补充和延伸，是使学生对所学知识消化、吸收及进一步升华所必需的手段，也是教学信息反馈的重要途径。教师通过作业的对错批改，一方面可以从学生那里得到有关信息，把握学生知识掌握和能力发展的程度，及时调整教学方案，修正教学行为，确保后续教学的实效性、有效性和针对性，另一方面，学生是学习的主体，在学习过程中，学生输出信息后，从来自教师的反馈信息中得到肯定或否定的评价，可以使自己刚产生的认识得到确定，从而促进知识的接收和强化，或及时矫正自己的认知偏差，变换思维方式和理解角度，改进自身的学习策略。教师批阅学生的作业要讲人文关怀，在作业批改时要及时地评价学生的劳动成果，给学生以关怀，让学生心情舒畅地运用知识，发展能力，养成良好的作业习惯和对学科的热爱。这种批改方式有助于师生双方了解和分析教学成败的原因，以便于调整教学目标、进度和方法，无疑会促进教学质量的提高。

第二节　新课程理念下作业评阅方式

教师在评改作业的时候,需研究性地批阅学生的作业。不能单单判断学生作业对与错、好与差,还要善于发现学生作业中的优点和思维的亮点,改变以往的单一的教师独评独改的作业评改方法,鼓励学生参与作业的评改,形成教师评改、学生互评互改、小组集中评改、师徒结对子评改等多种评改方式。

一、杜绝"一棒子打死"

新课程理念下,作业评价的功能重在帮助学生发现与发展潜能,认识自我,展现自我,促进学生生命整体的发展,充分体现了人文性。但在实际教学中,我们很多教师作业评阅的方式过于刻板,过于尖锐,往往"一棒子打死",对学生造成严重的伤害。

2009年12月26日的《深圳晚报》曾有一篇题为《教师批改作业评语脏话连篇》的报道,内容如下:

在学生作业的老师评语中,如果充斥着"没脑子"、"恶心"、"真牛B"等污言秽语,你会怎么想?学生家长能放心把孩子交给这样的老师吗?

12月13日,网友"小雪"在东林论坛发帖《老师,让我如何尊重你》。帖子称,这是无锡某重点学校老师的批改评语,简直让人无语。如此劲爆的帖子,瞬间激起网友的热情,多数网友跟帖称"太侮辱人了,我都不敢相信自己的眼睛。""这样的老师就应该清理出教师队伍,为人师表,哪能这样?"不过,也有网友认为,"这位老师比较率真,能在评语中抒发自己的情绪,不拘一格,很幽默,应该是位好老师。"这种提法遭到很多网友的炮轰。网友"sqy"说,"在学生作业上玩潇洒是绝不应该的"。

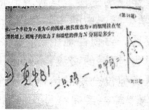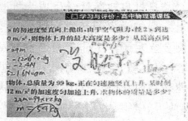

这虽然看似是一个"个例",但是不是也真切地反映了在我们平时的作业评阅中的确存在着很多类似的问题呢?

有的老师在评价学生的作业时,不管学生原来的基础如何,采用的是一把尺子量所有的人,作业评价局限于甄别功能,忽视了评价的激励作用。这种做法导致有些成绩不好的学生知道自己很难得到好的评价,害怕面对作业本上的那个生硬的"×",作业发下来以后,他们连看也不看一眼就往桌屉里一扔,丧失了学习的兴趣和信心,致使成绩越来越差。

有的老师在作业评价时,对优生的作业批改得仔细,而对一些后进生的作业,却往往不屑一顾。他们作业中做错的地方,老师打下的"×"是大号的,特别是做错了作业而书写又不认真的时候,老师就会在作业的后面重重地写道:"重做",有的老师甚至撕下该页作业;有的在作业规范的要求上时松时紧,在作业规范的标准上时高时低,不能持之以恒,效果得不到巩固,力气虽然不少花,但实际效果很差。

新的教学理念为我们提供了明确的思路,就是要让作业评价焕发出人文的魅力,激励学生认真完成作业,及时订正作业,充分享受作业成功的乐趣。所以,在作业评价中应该努力做到以下几点:

多一些温情,少一些冷漠。一个"√"不能向学生传递多少温情,但一个"×"却可以带给学生不少冷漠,看到红色的"×",就让人不自觉地想到古代审囚犯时,对死刑犯,主审官就是用红笔在囚犯的名单上打"×",表示杀头。学生拿到作业本,看到处处是"×",处处皆"枪毙",学生可能就会感到无路可走了。倘若用"?"代替"×",则"?"如一位循循善诱的老师,学生看到它,就不会因为做错了题而丧失学习的信念。相反,学生从老师的做法中体会到老师的良苦用心,就一定会自觉地思考,开启探究科学文化的大门。这种带激励性的评价有效地呵护了学生的自信心,增强了师生间的信任度,融洽了师生关系,学生一般都比较容易接受。每个学生都希望得到赞扬和鼓励,都希望获得成功,所以,几乎每个学生拿到作业本,就会翻开教师的评价。如果学生每次体验到的都是失败,他们就会觉得心灰意冷。怎样才能让每个后进生都体验到成功的喜悦呢?对学生的作业进行多次评价,即学生第一次交上来的作业,教师根据其正确程度与书写情况不急于打等级,而是将作业发下去,让学生修改,修改以后,教师再给等级评价。苏霍姆林斯基说:"教师在评价学生作业时,任何时候都不要急于给学生打不及格的分数,请记住:成功的欢乐是一种巨大的情绪力量。"这样"二合一"地评价一次作业,既有利于学生养成主动改错的习惯,又能让学生体验成功的乐趣。

多一些尺度,少一些统一。过去一般的作法,不管是优秀的学生还是后进生,都按一个绝对的标准和要求去评价,结果是:优等生觉得标准和要求偏低,容易达到,满足不了他们的求知需求;对于后进生而言,标准和要求偏高,一时难以达到,即使付出了努力,也得不到相应的评价,学习积极性受到挫伤。许多优等生是教师正确评价的结果,同样道理,许多后进生是教师不正确评价的产物。用不同的尺子量不同的学生,前提是对学生要有充分的了解,不仅了解学生的学习基础,而且还要了解学生的性格特点。

多一些内涵,少一些单一。作业评阅中,教师的评价语言往往过于单一化,要么都是表扬:"优,继续发扬",要么一声否定:"太潦草!重做!"严重地挫伤了学生的积极性。为此,可从两方面对学生作业进行评价,首先对学生的表现作肯定(哪怕只有一点儿进步)。其次,根据学生的表现,用"假如……"的指导性的语言,指出学生表现中可提高之处,或是指出不足之处。这样就避免了诸如"重做!不认真!"等刺激性语言的出现。具体可采取如下措施:寓贬于褒——如学生的作业答题正确率较高,只是书写很潦草,可以这样写批语:你的作业正确率较高,假如你能把字写端正、工整些,那就更棒了;"功夫在诗外"——对学生作业中的不足之处,不是直白而简单地点出,而是通过委婉地抑此来扬彼,如某学生平时作业做得很整洁,可惜错题较多,可以这样写批语:你态度认真,作业整洁,假如再注意审清题意,你一定做得更好;希冀憧憬——只要是一点点进步,教师都要抓住时机给予鼓励。这样能激起学生做好作业、改好作业的欲望,教师省时省力,学生也乐于接受。

著名特级教师于永正在《教海漫记》中曾写过这样一段话:

一位老师翻开于永正老师所教学生的作文簿,不解地问:"于老师,为什么有些写得很不错的文章,你才打了90多分,而有些写得不怎么样的文章,你却给了满分呢?"于老师回答说:"手指有长短,能力有大小,成功的标准自然也不一样。譬如举重,有100斤力气的,举起100斤才算成功;有50斤力气的,举起50斤就是胜利。硬让举50斤的人去举100斤,他只有累趴下的份儿。"

这应该能够引发我们的反思:我们是否在批阅作业时总是不看名字,直接翻开作业本开始批阅,标准统一,是非分明,甚至还为自己的"一视同仁"而自得?用一把尺子量学生,忽视了因材施教,最容易导致对学生的"一棒子打死"。如此的作业批阅,费心费力,却完全背离了教学的初衷,不能不说是一种遗憾!

二、家长、学生参加评阅，实现评阅主体多元化

作业评价的改革，首先要从评价主体的改革开始。学生的作业谁来评价？这个问题问得似乎有些多余，教师评阅学生的作业不是天经地义的吗？其实，按照现代教学理念来看，这种传统的认识未免偏颇。

学生是学习的主体，学习过程是由教师、家长和学生共同参与的过程。充分发挥三者的合力，学生的发展才能更合理，更富有动力。在作业评阅的问题上也不例外。教师要转变在学生作业评价中的裁判员角色，要成为学生学习的促进者、合作者，作业评价的指导者，学习潜能的开发者。要实现作业评阅主体的多元化。具体而言，是指主持评价活动的主角可以由多人组成，改变过去单独由教师评价学生的状态，提倡多主体参与评价，鼓励学生本人、同学、家长等参与到评价中，建立以教师、学生、家长共同参与的评价制度。建立主体多元化的评价体系，可以充分调动学生参与评价的积极性，促进学生的个性发展和潜能挖掘。

1. 学生自评、互评

可以组织学生自评，再同桌互评。一些基础性练习，可以放手让学生先自我评价，要求学生做完作业后，自己检查，学生的每次作业后，加上自评。例如，做对几道就涂几面红旗，每做对一道题不要忘了给一颗星星涂上漂亮的颜色，让它分享你的快乐。目的在于培养学生养成自检自查的学习习惯。在此基础上，再进行同桌互评。这样，通过内省与反思，有利于调动学生的内部动力，养成练习后能自我反思的好习惯；同桌互评，有利于学生与学生之间的交流，在交流中悟出真理。还可以在作业评阅上成立小组批阅制。家庭作业的数量比较多，教师可以成立合作小组，教师批阅组长的作业，组长批阅组员的作业。然后根据实际情况，教师分层次抽查学生的作业，根据学生作业的实际情况，全班讲评，提高家庭作业的质量，真正减轻教师的负担。

泰戈尔说过："不是槌的打击，而是水的载歌载舞，才使鹅卵石趋于完美的。"每一个学生都是一个珍贵的生命，每一个学生都是一幅生动的画卷。鼓励学生本人参与到作业评阅中，不能简单理解成教师的"偷懒"和"不负责任"，恰恰相反，若运用得当，则可以使学生在参与中学会方法，加深对所学知识的理解，让学生变得自信。

当然，由学生参与批阅不是淡化教师的批阅，更不是由学生胡乱地批阅。教师要注意教会学生批改作业的方法，让学生知道批改的要求，掌握批改技能，在此基础上再允许其参与批改作业，教师也要特别注意学生作业批阅之后的检查核定。

2. 让家长成为作业评价的参与者

家长非常关心孩子的学习情况，因此可充分调动家长的积极性，架起一座学校与家庭的桥梁，了解学生学习的习惯。可以采用表格等形式，例如：

项目	学生表现情况		
孩子是否主动学习（写作业、读书）	主动（ ）	一般（ ）	不主动（ ）
孩子写作业的速度	快（ ）	一般（ ）	慢（ ）
孩子写作业的质量（正确率）	高（ ）	一般（ ）	低（ ）
孩子的课本、作业是否整洁	整洁（ ）	一般（ ）	不整洁（ ）
孩子是否与家长探讨学习问题	经常（ ）	很少（ ）	不探讨（ ）
孩子是否读课外书	书名《 》《 》		
家长建议或意见：			

说明：请把孩子的表现在（ ）里打"√"。

针对低年级学生,要重视学生的养成教育的培养,要培养学生良好的学习习惯。因此,通过调查表使家长也能关注自己孩子的学习习惯,使他们能较好地配合教师帮助自己的孩子学好。通过调查使老师们了解到学生各方面的情况,并根据每个学生的不同情况,或提醒学生注意学习习惯;或向学生推荐课外读物等。

评价主体的多元化,改变了教师一人唱独角戏的局面,学生在自我评价和同学间相互评价中,学会正确认识自己和同伴的学习过程和结果。同时,由于家长在作业评阅中也积极参与,使得评阅的有效性得以大大提高。

三、运用"三维"立体评阅,实现评阅内容多维度

对学生的作业,究竟从哪些层面进行评阅呢?是否满足于对学生练习题目的准确性进行评判就达到目的了呢?新的课程标准,将学生的学习目标定位于知识与技能、过程与方法、情感态度与价值观三个层面,因此,对学生作业的评阅也应该围绕基础知识、基本技能的掌握情况、完成作业的思维过程和完成作业的态度、习惯等进行,实施"三维"立体式的评阅,这种综合运用多种手法进行评阅的方式,能够更为科学地对学生作业情况作出评判,以达到反馈教学效果、促进学生认知、思维、情感全面发展的目的。

1. 第一个"纬度":对基础知识和基本技能掌握情况的评阅

基础知识和基本技能是学生综合素质得以发展的前提,因此在作业评阅中丝毫不能马虎。我们经常有些老师在批阅作业的过程中态度不够认真,只图批阅速度,不求批阅质量,造成学生作业中明显的知识性错误得不到纠正,写错的生字、默错的英语单词、书写出问题的公式、定理、定律、单位符号等,就硬生生地摆在学生的作业本上,埋藏在教师大大的"对钩"下。这样的作业批阅显然出了问题。

不论批阅的主体是谁,老师、学生、家长,都要把批阅的准确性放在第一位,不该放过的错误一定要准确地标示出来。同时,要强调学生正确对待作业中的错误,对这些错误的及时修正,使错误本身成为有效的课程资源。为此,就要求学生在作业评阅之后不能"一扔了之",而应自觉反思,采取积极的应对措施,使评阅发挥最大效益。

2. 第二个"纬度":对学生作业的思考过程、解题策略的评阅

作业的评阅不能只满足于答案的正确,而很少评判学生在应用知识解决问题时是否理解了隐含在作业中的解题技能,更很少评价在作业过程中的思路和解题策略。尤其在选择题、判断题等客观性题型的批阅中,就更容易陷入这个误区:学生的"ABCD"写对就可以,至于是怎么得到的,是真正明白了还是"蒙对"的,不得而知。在学生互批中,这个问题就更严重。很多题目学生只看最终的结果,"结果"对,则判为正确,至于解题过程是否准确、严密,是否有疏漏和错误,则置之不理。这样的作业评阅,也存在着一些隐患。

新课程强调,对学生作业的评价,不仅限于考查学生解题技能的正确度,还要考查学生对不同知识的理解和解题策略的运用等。因此,批阅作业时,不能仅满足于对答案的评判,也要想方设法挖掘学生作业过程中的思路,对其解题策略、思维能力予以适当的评判。例如,有的老师提出:用"△"、"☆"来反映学生解题思维的灵活性、创新性。"△"表示思维有创意,但没有完全做对,或表示方法正确但不简便。"☆"表示思维方法独特、有创意。这样的评阅,显然比单纯反映作业正确与否更容易受到学生的欢迎。

3. 第三个"维度":对学生作业态度的评价

态度决定一切。很多学生作业质量不高,学业成绩不佳,往往是因为态度不认真造成的。有的学生字迹潦草,作业不规范;有的学生贪玩,作业拖拖拉拉;有的学生偷懒,疲于应付,作业丢三落四,等等。这些也应该成为作业评阅中的一项重要内容而加以重视。例如,

可以用"笑脸"或"苦脸"的图标表示学生作业的认真程度,画在学生本子上,既诙谐幽默,又容易被学生接受。

四、突出提示符号和批语,实现评阅方式灵活化

一位教育家曾说过,教师的工作不在于传授,而在于激励、唤醒和鼓舞。批改学生的作业同样如此。长期以来,我们的老师习惯于用"√"、"×"两种符号来批改作业,其实这是远远不够的。这两种符号在评价学生学习成绩、判断解题正误、比较学习差异方面虽有一定的作用,但枯燥乏味、缺乏激励性,评价结果带有一定的片面性,不能全面评价一个学生的基本素质和学习潜力。

教师批改学生作业的过程不是一个简单机械性的重复劳动的过程,而是一种复杂的、具有创意的过程,需要教师凭着对教育事业的执著追求,凭着对学生高度负责的精神,才能够把学生的作业批透,获得教学信息反馈的第一手资料,为课堂教学打下基础。因此在批改作业时使用的符号也不能单一。

给错误作业打上一个鲜红的"×",好像是一把锃亮的钢刀插入学生的心田。学生一见到这个"×",就感觉到"啊呀,这道题被枪毙了!"心理承受力到了极限,尽管旁边注有"订正"的字样,学生还是不情愿的。这种状况,教师是高高在上的"师道尊严"——你必须听我的,改正!师生之间的距离非常"遥远"。而若稍稍加以改变,给错误作业打上"～～"和"〇",提醒学生引起注意,告之其"这里错了",应订正。这样,教师给学生留有了一定的空间,学生心里也易于接受。

有个外国教育家说过:教师应该蹲下来看孩子。给错误作业打"?",不仅是教师提醒学生这儿有错,更重要的是让学生引起思考:为什么错?错在哪里?如何订正?这种状况是教师相信学生有改正错误的能力,相信学生有潜力能找到错误的根源。这种做法,就是对"蹲下来看学生"的最好的阐释。

甚至连惯常采用的"√"也可以做出灵活的改变,如有的教师将"√"与学生喜闻乐见的"?"符号结合,俏皮幽默中深入学生的心灵;有的教师将"√"还分出大、小两种,分别表示不同的肯定程度。这些做法,都深受学生欢迎。

批阅符号看似简单,却深刻反映出不同的教育理念。巧妙突出和利用神奇的批改符号,让学生感到学习的温暖、快乐,不断获得成功感,学习信心渐增,作业批阅的效果就会越来越好。

五、关注作业完成过程,实现评阅过程动态化

对作业的评价,实际上包括作业结果和作业过程两个部分。结果只显示了学生完成作业的正确率,过程却显示了学生完成作业时的思考方式和思维历程。显然,判定学生的作业过程是否正确远比判定作业结果是否正确更有价值。可惜的是,我们很多教师在评阅作业时,往往只关注学生作业的结果,结果正确,"皆大欢喜",结果错误,"全盘否定"。其实,从我们的经验来看,结果正确,未必过程无误,而结果错误,过程也未必没有可取之处。因此,在作业评阅中,一定要关注作业的完成过程,实现评阅过程的动态化。可以采取二次评阅、暂缓评价、协商评价等策略,使评价过程处于动态发展之中,从多个角度,以公正的、发展的眼光来评阅学生的作业。

1. 二次评阅

打破作业评阅中一次性"盖棺定论"的做法,谨慎对待学生的作业,即使出现了问题,也本着鼓励学生积极性的原则进行评阅。通常是以波浪线或"?"的形式标示出作业中的错误

点或不足点所在,或者以批语形式进行提示,譬如"这个地方是不是有些问题?""想想怎么改一改就更完美了?"让学生能够在教师的评阅中发现自身作业的问题。同时,建立二次批阅的制度,要求学生按要求对作业进行修订,然后继续找老师进行批阅。按"二次批阅"的结果记入学生的作业情况记录。这样就能有效地保证学生完成作业的积极性,而且不断完善作业的过程,弥补自身不足,提高作业的等级。

2. 暂缓评价

学生的知识基础、智力水平和学习状态是不均衡的,有时候受到周围环境或即时心态的影响,即使优等生也会出现一些不太应该出现的错误。当学生作业中错误过多,或通过教师的观察,学生所出现的是偶然性的错误时,为了避免评阅给学生带来过大的心理压力,不使学生产生消极心态,有的时候可以采取暂缓评价的方式。先把作业发还学生,要求学生自行检查、修订作业中出现的错误,等重新做完以后,再交上来进行评判。暂缓评价不是不评价,而是杜绝"打击性"的评价,不给学生造成心理压力,保护学生的学习热情。

3. 协商评价

学生作业中经常会有一些情况让教师困惑不解。譬如学生的解题结果正确,但过程过于简略,几乎无法认定正确的结果是否来自于正确的过程;再如练习的答案过于精准,与标准答案一字不差,是否为抄袭的结果? 出现类似问题的时候,教师不宜简单地作出判断,否则容易出现偏差,甚至会伤害到学生的自尊心。这时可以将学生叫过来,当面了解情况。过程过于简略的,可以由其阐述详细的思维过程;答案过于精准的,也可以由其当面予以口头解答。没有问题的,特意提出表扬;有问题的,立即指出不当之处,规范其作业行为。

六、立足学生发展,实现评阅标准生本化

作业评价对培养学生的兴趣起着至关重要的作用。科学的评价体系是实现课程目标的重要保障,教师应该根据自己学生的年龄、个性心理特点和学习风格的差异,对学生作业施行"生本化"的评阅标准,因材施评,区别对待,通过作业评阅促进每一名学生的发展。

1. 杜绝"一把尺子"的评价标准

以往的等级评价,优秀学生永远得 A,稍差学生就永远得 B。当作业本发到学生的手里,学生早已经知道自己的等级,困难的学生便会认为得个 A 是遥不可及的。即使原本有一丝的期待,但久而久之,也便无所谓自己的等级了。如此的恶性循环更导致了学生对待作业态度的不端正,马马虎虎订正。因此,教师对待困难学生更应寻找他们的闪光点,及时肯定他们的进步。教师可以对学生作业的某行某字进行评价,写上他们盼望已久的 A,让他们充分认识自我、树立信心,从而调动他们学习的积极性,而优秀的学生也要跟自己的作业进行比较,如果比自己本身的作业差也要给他一个 B,让他们提高警惕,不要认为自己永远都是最棒的。这种"多把尺子"评价的方式,使每个学生都有机会展示自己的闪光点,得到成功的体验。

2. 杜绝"内容惟一"的评价方式

作业评阅中,教师不能只盯着学生的作业内容,不能将"内容"是否正确作为评价学生作业的惟一标准。要从知识与能力、过程与方法、情感态度与价值观等几方面全方位地进行评价。除作业内容之外,学生作业的态度、作业的兴趣等,也应该纳入评价范围。例如,学生写作业时字总是歪歪扭扭的,只要他认真写了,即使内容还有缺欠,也应该给予积极评价。要注重通过评价引导学生保持对作业的兴趣。教师在作业本上的积极评语,作用非常大。如果教师注意运用激励性、建议性的语言进行评价,对学生的作业以鼓励表扬为主,保护学生的自尊心,同时,对作业的不足之处进行恰当地引导,使其愉快地接受,取得进步,那么,久而久之,就会获得良好的效果。

第三节　新课程理念下批阅作业的原则和方法

要克服作业批阅中的随意性,必须加强批阅作业的研究和探索。在新课程理念下,批阅作业应遵循以下原则和方法:

一、教师批阅作业的原则

1. 及时性原则

我们都有这样的体验:当刚刚做完一件事的时候,就十分迫切地想知道它的结果。不管是差生还是优等生,作业或测验之后都急切地想了解自己的答案是否正确。这种现象心理学称之为"即时确认"。根据学生这一心理,在学生完成作业后最短的时间里,教师应及时对作业做出评定。因为当学生及时得到学习结果的反馈信息时,他们就能在印象鲜明、记忆犹新的情景中,对自己的学习活动做出调整和矫正。曾有心理学家做过分组解题实验:A 组每日告知做题结果;B 组每周告知做题结果;C 组不告知结果。一段时间后分别进行测查,发现 A、B、C 三个组的成绩呈现由高到低的规律。测查后再调换告知与不告知的做法,又经过一段时间后,新的测查结果表明,原来成绩提高的组下降,而原来不理想的组成绩很快提高。由此可见,每日及时评改作业可以提高练习效果。

2. 思路性原则

发展学生的思维能力是教学的潜在目的,所以教师在作业批改的过程中,不要把重点放在判断答案是否正确上,而要把注意力放在分析学生的解题思路上。结果错误,但思路中有合理部分,应该肯定其合理的部分,指出不足之处;结果正确,但思路不清,应让学生重视起来并认真思考。因为解题的策略、过程既反映着学生知识掌握的情况,同时又反映着学生的思维水平。教师批改作业时,必须高度重视那些深层次探索研究的学生的解题思路,有针对性地给出恰如其分的评析,这样可促使学生作业时思考最优解法,有利于培养学生解题的合理性和独创性,有助于培养学生思维的灵活性和深刻性。

3. 启发性原则

扭转作业批改中"重批轻改"的倾向,倡导作业批改中的启发性。当学生作业中出现问题时,教师不能只作简单的判断,而应该注意运用多种手段启发学生,引导学生自己发现错误并纠正错误,让他们有所发现和收获。这一原则要求教师在批改作业时,尽量不打"×"号,而打"?"或画波浪线,提醒学生注意出现问题的地方,同时适当加上启发性的批语。如:"想想有无更合理的方法?","先看书上例题,找出错误原因","请验算,再找出错误所在","这样可以吗? 想想为什么?","你还有没有更好的例子?","这里能否换一个词试试?"等等。有时,教师还可以顺着学生错误的思路提问下去,将错就错,直至让学生自己发现所出现的问题。

4. 激励性原则

教师批改作业的目的是提高学生学习成绩,这就要求教师带着一颗爱心,公正对待每一个学生。要尽可能使用鼓励性手段,肯定为主,否定为辅。对学困生不打击,对优秀学生的评价也要恰如其分。重视学困生出现的错误,始终以解决问题为首要目的,想方设法地处理学困生的疑难问题。可以考虑多给学困生做描述性的解释、提示,多给他们做尽量具体的指导。另外,给学生作业写评语,也要充分融进教师的情感,两种学生的评语要有区别,给优秀学生的评语,要做些表扬,加以鼓励;给学困生的评语,要指明方向,给予激励或鞭策,充分体现教师对他们的信任。针对学生作业的具体情况可分别给出"方法巧妙合理,真棒!"、"大有进步,望保持!"、"聪明的解答,OK!"、"太好了,完全正确!"等激动人心的批语来激发学生学习的积极性。

二、教师批阅作业的方法

1. 学生当堂自我批改

长期以来,旧的教育模式给我们以"一成不变"的印象:批改作业纯粹是老师的事。其实,这种认识存在极大片面性。因为作业的批改若离开了学生,充其量也就是检查与被检查的形式。而作业的真正目的并不在于教师检查学生的学习,而在于学生对自我学习状况的判定和修正。学生对作业所进行的当堂自我批改,恰恰克服了形式主义的弊端,直接进入作业判断、作业修正的有效学习状态,以强刺激方式使学生对学习中的不足和知识的缺陷以及公式、法则、定理、定义等相关知识点加深理解和巩固,以达到作业批改的真正目的。一般做法是,对于基本练习和基础训练作业,学生完成后,指定优生讲解答案,其他学生自行批改。同时在鼓励实事求是的气氛中,了解学生完成作业的情况,对某些知识障碍适时展开讨论,最后由学生自己解决问题,课后还要统计检查作业的情况。

2. 教师当堂巡回批改

一般来说,教师批改作业大都是在课后进行的,由于每个教师同时教授几个班级,而这几个班级相同课时的作业也是相同的,所以课后批改具有很大的随意性,不利于及时发现不同班级各自不同的共性问题,延伸了错误的强化过程甚至直接影响错误的纠正。因此,教师当堂巡回批改显得异常重要。在学生课堂作业期间,教师巡视了解作业的大体情况,做游动式无规律批改,对一些进行顺利、没有错误的题目作肯定性批改,对一些只有书写粗心和格式错误的题目作指导性批改,而留下存在知识性错误和思路错误的题目不作批改,提醒启发学生立即订正,并让学生做上记号,以便在复习时引起重视,课后再作较小量的集中批改。这种批改形式,不仅可以减轻课后批改的负担,及时了解学生作业的真实情况,而且对先完成作业的优先批改以及较高的正确率,都可以培养学生作业的信心,调动学生作业的积极性。这远比一律将作业放在课后批改,造成部分学生作业错误重重,效果要好得多。

3. 教师重点当面批改

由于学生与学生之间存在基本素质和智力水平的差异,因此无论在课堂学习还是在完成作业过程中,都会有部分学生遇到障碍。对待作业错误率较高的学生,采用当面批改方式会收到很好的效果。这要求教师对学生的基本状况极为熟悉,对每次教授的内容心中有底,对学困生可能出现的作业问题作出预见性的准备。教师当面批改作业可以在课内课外同时进行,课内进行是帮助差生及时解决问题,加强对所学知识的巩固,课外进行则是有侧重点有针对性的补差。为了保护学困生的自尊心,提倡教师定时到班里面批,也可以以个人、团体形式面批,只是注意的范围要相对集中。教师一边批改一边讲解、纠错,使学困生明确知道错在何处、错误原因及正确解法,并要注意发现学困生的思维火花和作业中的点滴进步,给予充分肯定和鼓励,激发他们的学习兴趣。

4. 学生当堂互相批改

课堂作业后,学生通常处于一种等待评判的被动状态,不利于对作业进行深层次的理解巩固。而学生当堂互批则可使全体学生都介入到作业批改过程中,极大地调动他们对作业批改的热情和关注。通过互批,学生既可了解自己作业中的问题,又能从其他同学的作业中学习到新颖的思路和方法,锻炼提高其改错和辨析能力。教师可把答案公布在黑板上,让同桌或前后左右的学生组成批改学习小组,交换作业互相批改。批改可在学生随时切磋研究中进行,提倡集体讨论,通过小声交谈、询问、征求意见等提高批改质量。批改完成后,由作业的主人去审查,提出异议再进行讨论,这样可以充分发挥群体效应,使信息多方位流动,有助于达到鼓励学生积极思考和奋发努力的目的。

5. 重点批改和部分批改

重点批改就是把全部作业收上来后,只批改一部分列为重点的学生的作业,其他学生的不批。至于什么样的学生被列为重点,要根据实际情形来确定。比较简单的作业,较差生可列为重点;准备讲评的作业,好、中、差学生皆要选择批改到;在选拔比赛前,好学生可列为重点。重点批应与面批结合起来,对不同对象采用不同批改方法。如对优等生要"吹毛求疵"、"求全责备",使其明确自身不足,鼓励他们的发散性思维;对中等生重在"点化开导",帮助厘清思路,总结规律,强化对基础知识、基本技能的掌握;对差生则应"关怀备至",用教师的"雪中送炭"之情去唤起他们的上进心。通过必要的补讲开导,帮助他们完成作业,给以满分鼓励,以增强学习兴趣。当然,被列为重点的学生要不断更换,有计划地分期分批地安排,一学期最好每个学生都能轮到一至两次。部分批是指每次只批一部分抽到学号的作业,这次批单号的,下次批双号的,也可以只批一至二组的作业,逐次轮流;另一种是从作业题中选择几题全班批改,只要统筹兼顾也能收到很好的效果。

第四节　新课程理念下以发展为核心定位的作业评语

前苏联教育家苏霍姆林斯基在回答许多师范生的问题"究竟在教育中什么是最重要最主要的?"时,他思考了二三十年,最后这样总结:"在这样的工作中,没有哪一样是次要的东西,不过教育工作还是有核心的,那即是把我们的学生看成是活生生的人。学习,这并不是把知识从教师的头脑里移注到学生的头脑里,而首先是教师跟学生之间的活生生的人的相互关系,即达到一种教师热爱学生、学生信赖教师的师生合作、师生共融的理想局面。"这种理想局面使教师在专业素质、师德修养和个性品质方面以更高的标准要求自己。他们在教学过程中寻求各种方式,挖掘开发新的渠道以体现这一理想。因此,作业评语这个容易被遗漏和轻视的领域也渐渐地被重视了。

在何淑侠老师的博客(http://blog.163.com/heshuxia_123/)中曾经发表了一个题为《让作业评改充满人文关怀 ——浅谈激励性评语在学生作业中的运用》的案例,全文如下:

开学以来,发现部分学生不能认真对待语文作业,我可谓费尽了心思:退回去重做,甚至撕掉另做……

可是作用都不太大,有的时好时坏。语文这个工具性与人文性必须协调统一的学科,其书写也是一个不容忽视的重要方面。每当批阅作业时看到:总有些同学不能按时完成,不少完成的作业正确性差,字迹潦草。一些学生的作业字迹太小,一些作业不整洁,一些作业不规范等等。类似这样的问题,在目前学生的作业中占相当比例。为此,我可没有少批评学生!

能不能把表扬和批评变成一种愉悦的情绪和动力,一种看得见又摸得着的东西,让学生们时刻感受得到,时刻督促自己努力去做好每一件事呢?我在后来的实际工作中,便在每次的作业中尝试给学生写一点评语。这大大转变了学生以前做作业拖拉、书写糊涂等方面的不良习惯,收到了意想不到的效果。我试图将作业等次的甲、乙、丙、丁或A、B、C、D换做充满人生关怀的简短评语,收到了较好的效果。

批阅时间:2004年9月25日
作业内容:阿长与《山海经》

对比实验:先将学生的作业按学号单号与双号分为相等的两组,在批阅落笔时,单号照旧写等次与批阅日期;而双号写上一则简短的评语后再写上批阅日期。

根据不同作业反映出的问题,写上不同的评语,因人而异。总体要求是:充满激励性和人文关怀。比如,作业正确、书写认真的同学写上"棒极了"或"你真棒";对作业一贯不认真的学生写上"可否知道,曾经的你有多棒吗?",对作业时好时坏的学生则写上"始终如一的认真,会使你越来越棒的!"26日交来了《背影》的作业,晚上批阅时我急不可待地想看看昨天的评语有没有作用,我又将作业按号分开,结果发现:双号27人的作业中,除四人保持原样外,21人均有不同程度的进步,占80%以上。变化极为明显的是写上"可否知道,曾经的你有多棒"的那4位同学。简直让人不敢相信,这次作业竟出自于他们自己之手,与先前的作业相比,可谓天地之别!保持原状的除两名始终如一认真之外,其余两人属学习有困难的学生。

实验结果:简短的充满人文关怀地激励性评语,能有效地促进学生进步。

这天晚上,批阅《背影》一文的作业时,我心情激动,分别给55本学生作业都依据实际情况写上了简短的评语:有写"始终如一的坚持,会使你更棒!","相信自己,我能行!","已经学会了学习,真棒!","这才是最棒的孩子!","字迹稍大一些,会更棒的!","字迹是人的第二个形象!"等等,我想进一步巩固一下实验结果,并坚持下去。

在传统的作业批改中,学生的作业被甲、乙、丙或者"A、B、C"的等次所定格,学生看惯了那些冰冷的等次,时间长了,也就不屑一顾了。以充满人文关怀的激励性简短评语代替惯有的等次,使学生身处一种积极向上的诱导之中,不失为一种纠正错误、提高自信,使学生越来越棒的好方法。

27日作业反馈:有11名以前作业正确性差、书写不认真的学生,在一次次的激励与诱导中,终于在第三次作业中改变了,多数学生的作业质量均有不同程度的提高。

苏霍姆林斯基说:成功的欢乐是一种巨大的情绪力量,是继续学习的一种动力。激励性表扬和友善的批评都是积极有效的教育手段,是一针催化剂,她使学生产生欣喜,促使学生向着好的方向努力。快快乐乐地学习,是所有孩子的愿望。作业批改中的人文性激励评语内容,让学生享受到富有情趣和人情味的陶冶,沟通了师生情、伙伴情。这样极易唤起学生的创造性思维而形成创新意识,更有利于沟通师生之间的情感,调动学生的学习积极性,促进学生养成良好的学习习惯。从学生的每一点一滴进步中,我深深感悟到教育的真谛:爱学生要体现在教师的一言一行之中,教师对学生的尊重、爱护与引导,将使学生牢记在心,终生受用。

以上这个案例能够给我们带来许多启迪。作业评语是指任课教师对学生的作业或试卷做出的总结或评价。它是批改符号和量化成绩的补充说明,它更是师生情感沟通的渠道、心心交流的桥梁,是教师人文关怀的载体。作业评语的目的是肯定学生作业中的优点,指出其缺点,明确今后努力的方向,鼓励学生积极上进,同时也使师生能互相沟通,互相理解。过去,由于受到应试教育的影响,许多教师热衷于给学生打分数或划等级。随着素质教育的兴起和以三维目标为指导的新课程改革的推进,打分数、划等级等作业评语方式日益暴露出它们的缺陷,需要我们对它进行不断改革与完善。

1.传统作业评语的不足

近些年来,传统的作业评语的缺陷也逐渐受到我国教师的重视,对作业评语的探究与改革也渐上轨道,但因发展的不完善,评语一般化,往往不符合学生实际,达不到预期的目的,其问题主要体现在以下几方面:

批阅作业的过程中撰写评语,是教师需要经常做的一项工作。但是,由于对作业中评语的功能理解不透彻,致使教师辛辛苦苦写出来的评语往往没有发挥应有的作用,做了大量的"无用功"。其最突出的表现为几点:

一是"想当然"地撰写评语。由于受到惯常的以学习成绩来评价学生的思维方式的影响,对一个学生的评价,往往不是来自于真切而精准的分析和判断,而是来自于"想当然"地推断。一个得分高、成绩好的学生,自然就是一个内心善良、品德高尚的人,作业水平也必然比较高,教师的笔下就多了"学习刻苦,作业整齐"之类;而一个得分低、成绩差的学生,自然处处都是缺点,作业也一定不成样子,写成"学习态度不端正,缺乏良好学习习惯"也就不新鲜了。正是由于这种"理所当然"地写评语的思路,导致对一个学生的评价常常出现南辕北辙的情形,评语的作用自然谈不上了。

二是"模式化"地撰写评语。撰写评语成了班主任或任课教师的苦差事,为了能提高"效率",便忽略了评语的针对性和实效性,而代之以"模式化"的、简单化的评语。班主任撰写学生评语,常常出现诸如"该生团结同学,热爱集体,尊敬师长,积极追求进步"之类的语言,套话连篇,含混笼统,千篇一律,但辛辛苦苦撰写出来的文字学生看起来无动于衷;教师给学生作业的评语,常常出现"大有进步"、"继续努力"等过于简单的字眼儿,偶尔为之还能调动学生的学习热情,但时间一长,学生便会明白,这是老师"应景式的"的评价,给我如此,给他人亦如此,再看到此类评语时自然"嗤之以鼻",不为所动。这样的评语,没有对学生做出准确的评价,因此无法达到预期的教育作用。

三是"虚假性"地撰写评语。近年来,随着教育观念的更新,一些学校在评语的内容、形式和评判上作了不少探索,评语人性化、情意化多了。然而,部分学生评语也有"报喜不报忧"的倾向。放大优点,掩饰缺点,做足希望,似乎是这类评语的特征。或者由于教师自身的个性、对学生的熟悉程度、个人素质等因素,使评语出现偏差,如片面,不科学,缺乏必要的刺激性等等。评语是对学生一段时间学习状态与思想行为的总结性评价,客观、准确、全面地反映学生真实情况本是评语书写的基本要求。我们的学生是各具特点的,这特点应该是既包含优点、长处,也包含缺点、不足,而只有全面、客观、实事求是地在评语里给他们来个素描,跳跃在我们评语里的才是鲜活的、富有个性的生命个体。惟有实事求是地书写,让学生知其长处,晓其不足,才能起到鞭策努力、激励进取的教育功能。如果一味隐丑扬美,虚夸浮泛,严重背离学生的实际,不光学生自己看后会觉得面目模糊,哑然失笑,我们笔下的评语也必然是千人一面。这样的评语形如废纸,谈何激励作用?

2. 作业评语的改革趋势

作业评语为体现新课程的价值理念而日益变化,并逐步向多样化、艺术化、人性化发展。

首先,作业评语的语言形式可以千变万化。教师可以根据符合学生特点的语气和词语,用简单的一个词(如好极了、进步真不小、继续努力等),一句话(如下次一定会更加细心的,对吗? 字要是再书得得工整一点那就完美了! 已经尽你所能了,老师理解! 等),一则格言(眼过千遍不如手过一遍;失之毫厘,谬以千里等),必要时,教师还可以使用三言两语的描述或随感、几个带启发性的问题来和学生进行交流。

其次,作业评语实现多样化的同时也体现了它的艺术化过程。如作业中出现错误时,对学习有困难的学生,要批评,但更多的是鼓励;对学习成绩好的学生,可通过批评向他们提出更高的要求;对成绩中等的学生,评语则要写得慎重,要对他们的错误进行分析,然后再做正确的诊断。另外,在不同的时机如在新学期开始、节假日、考试前后、学生生病或课堂上注意力不集中等等,教师也可以在作业评语中有所体现。

最后,作业评语的艺术化过程其实也是其人性化的实现过程。作业评语的甄别功能不再是用分数的高低来把学生分成三六九等,而是以坚持发展观为标准,重在学生的努力和进步。不同性质的评语如批评式、表扬式、启发式、劝勉式、鼓励式,针对不同的学生产生出不同的效果,充分体现出评语的客观性、激励性、情感性、针对性、可读性和启发性。面对学生的作业或试卷,教师感到面对的不仅仅是作业本身,也是他们的学习态度,更是活生生的学生个人。写作业评语如同与学生倾心交谈,使作业评语充满人性,富有生命。这样,学生想看到的不是分数,而是评语,更是教师本身。于是,教学变得高效和富有情感魅力。

总之,不管什么形式的作业评语,其目的无外乎是给学生以启发诱导,与他们交流感情,给他们以激励、鞭策,肯定他们作业中的优点,指出其缺点,明确今后努力的方向,鼓励学生积极上进,使他们能逐渐把评语看成是学习的催化剂。

3. 作业评语改革对教师的要求

第一,坚定教育信念,更新思想观念。教师要热爱教育事业,忠于教师职业,尊重学生群体,保持一贯良好的工作态度,感到处于教育领域其乐无穷,把学生看成是自己工作的力量源泉和不竭动力。同时,思想应该与时俱进,勇于发现新问题,勤于吸收新观点,乐于接受新创意,坚持走在教育战线的前沿,不再以"分数"论"英雄",虚心接受新举措,满腔热情地进行作业评语的改革和完善工作。

第二,不断提高自身师德修养。哈格波尔特认为,"一名优秀的教师,应当能够了解学生的愿望,并对满足他们的愿望呈上升趋势充满信心。"每个学生因身心发展的个别差异性及所处环境的不同,他们在智力因素和非智力因素发展方面都呈现出明显的不同,而分数却忽略了这一点。简单的用冰冷的"分数"来断定学生阶段性的学习成果,使学生之间无形中形成了一种不公平现象,也隐约形成了学习中的一种"功利"竞争。为了改变这一现状,教师更应该提升自身师德修养。以人为本,"因人写评",尽量做到评语的全面性、科学性、特殊性和激励性。

第三,不断改进自身教育方法。教师要以诚相待,善意引导,使师生关系向理解型师生发展,以实现师生之间的共融与和谐发展。在写作业评语时,教师要尽量以鼓励为主、委婉批评为辅,并且要适度,不断赋予新意,使学生感到评语不至于矫揉造作、虚情假意。因此要求教师要用敏锐的眼力洞察学生,从学生生活和人际关系的丝毫变化中,及时做出准确的判断并恰当地反馈给学生。

第四,评语之后,再接再厉。在作业评语中,教师对学生启发诱导,与他们交流感情就是尊重学生、爱护学生的体现,恰当的作业评语能始终使学生保持清醒的头脑、浓厚的学习兴趣、旺盛的学习干劲,从而提高学习效率,保证教学质量。但作业评语并不是终结,只是一个过程,是沟通师生感情的桥梁。作业评语之后,教师不能就此高枕无忧。更重要的是还要留意学生看过之后的反应。教师要注意观察学生课内课外的情况,坚持写教育日志,在工作过程中记录不断涌现的新鲜的教育案例,不断地吸取教训和积累经验。然后,据此做出相应的决策,同时也为下一次的作业评语做准备。另外,教师还可采取写谈相结合的策略。师生面对面地交谈将使师生沟通更快捷、更高效。最后,学生可以在教师的作业评语之后注上自己的"反评语"。如赞同、反对,或提出新要求等,这样,教师也能获得真实的反馈信息,反过来促进自己提高作业评语的能力。

4. 新型作业评语的特点

第一,批语应"精",忌"繁"。批语应精练,每次批语一般只谈一两个问题。可以指出学生本次作业的书写、答题情况,也可说出学生近期的表现,如纪律、动脑方面。总之,教师应抓住学生最值得表扬或应引起注意的问题去批示,而不应面面俱到、语言繁杂。批语内容多了,反而不会引起学生的重视。

第二,批语应"准",忌"空"。下批语前,教师应考虑好谈些什么．用哪些恰当的词、句,做到心中有数。这样,批语就能抓住实质性的、最能说明问题的方面去谈,让学生看了能从心里说出"确实在理"。反之,若批语是笼统地说一些不痛不痒的空话,就触及不了学生的灵魂,也就引不起他们的重视。因为不能突出重点的点评,就容易使评语陷入"空洞"。这就如同写文章一样,当你想把所有的相关内容都表述清楚的时候,结果文章就成了"四不像",无法做到主题突出了。而如果抓住学生作业某一个或某几个方面的特点突出地进行描述,虽然看上去不"全面",却能准确地把"这个"同学的作业与"那个"同学的作业区分开来,效果自然会好。

第三,批语应注意学生的个性,忌"一刀切"。学生各有其个性,因此,教师下批语时应根据学生的实际对症下药。对性格开朗、经受得住挫折的学生,批语就不能过多地表扬,对文静、感情脆弱者,批语就不能使用太刺耳的话。总之,批语不能如铸模具一般,千人一面。值得欣慰的是,如今,随着素质教育的大力推进,许多教师已越来越重视给学生写人性化和个性化的评语。据报载,青岛嘉峪关学校的苏静老师就善于写"诗意多向评语",为班主任老师写个性化评语提供了很好的借鉴。我们不妨看看苏静老师写给智英轩同学的评语:

"矫健身躯突空腾,犹如晨阳天边升。寒剑千年风雪磨,终有一日拔剑成。"智英轩,这是你在自评中的诗句。就让苏老师借花献佛吧!李贺有诗云:"十年磨一剑。"如今,英轩的剑已是初露锋芒,虽然"霜刃未曾试",但苏老师相信待到"今日把示君"时,英轩必定学有所成,今非昔比。苏老师相信,凭你的聪明才智,一定能迅速地调整好心态,做好生活中的每首诗。"路漫漫其修远兮",下一句是什么?查查看,与你共勉。

你看,这是多么富有人情味、富有个性化的学生评语啊,面对这样的评语,学生焉有不知图报恩、奋发有为、锐意进取的道理?

第四,批语应充满情感,忌"高压政策"。教育学生应从爱护学生、有利于他们接受的角度出发,只有学生感受到教师的所为是关心他时,你的批语才易于让学生接受。尤其是指出学生的缺点时更应尊重学生的人格,保护其自尊。批语宜多用"能否"、"你认为"之类商讨性的口气,而不能用挖苦、讽刺、打击性的话。一则成功的批语,对学生的影响是巨大的。浅而言之,对该生以后的作业、听讲、为人处事等方面的影响是直截了当的;深而言之,则会影响到学生的思维方式、价值取向,甚至人生的轨迹。

5. 新型作业评语的类型

(1)导行式:即用简练的语言,开门见山,直接指导学生行为,引领其形成对待作业的正确态度,帮助其学习进步!评语要对学生的发展和所取得的成绩表示认同,将学生的缺点通过语言的隐含信息折射出来,这样学生就更易接受教师的教育,形成健康的自我认识,更好地把握自己未来的发展。

【示例】

看你同桌的作业,他的格式更美观!

字的大小相同,字形规范,你能做到,加油!

再加把劲!

不要叹息时间的消逝,要热情而执著地抓住它!

要结合自己生活实际谈感受。

把你的作业和××同学的交流,你们都会有收获!

试着看一些科普类的读物,我觉得你需要这些知识!

选择一些文学类读物,对你的语言表达会有好处!

如果像上次的作业那样写,我会更欣赏你的韧性!

没有规矩,不成方圆,对吧?

(2)指导式:对作业中存在的问题,用一两句话加以概括,进行针对性指导,指出其不足或努力方向。

【示例】

详略不得当!

你应该概括得更全面些! 加油!

语言可以更活泼些!

尝试用景物描写来表达自己的心情,借景抒情,你一定能学会!

在作文的创新方面,还可以做得更突出些!

字要写正,不出格。

我想,你作业的时间分配可能需要调整,我们可以商量一下。

眼到,心到,手到。你能做到!

沉住气,看清楚,写准确! 你能做到!

大小一致,行款整齐。

(3)谈心式:与学生交流思想,增进情感,促进学习的内驱力。这类评语不着眼于具体的作业内容,而旨在与学生建立沟通的渠道。这样的评语,好像是老师和学生促膝谈心,在鼓励中,推心置腹地指出学生存在的缺点和不足,把浓浓的爱生之情倾注在字里行间,使学生很容易就能够感受到教师对他的关心和爱护。

【示例】

给自己一个笑脸,你会发现,生活,完全不一样。

今天我看到你写作时专注的神情,被你感动! 你从第一页翻起,便会看到自己的进步!

孩子,老师发现你这两天有点灰心,别泄气,你能行!

我相信自己的学生,你也要相信自己,你能行!

字里行间流露出的真情,让我感动!

太喜欢你的语言,细腻,柔软又富有韧性!

你让我送给他一个微笑,对吗? 孩子。

鼓励,对你很重要,我记住了! 谢谢你!

你能感觉到老师对你的期待吗?

用你的努力,给我一个鼓励,让我们一起冲!

(4)总结式:针对学生的作业内容、形式,进行总结。切忌抓住学生学业上的失败不放,反复强化失败的经历,在学生心头形成失败的阴影。尤其是对一些所谓的"后进生"、"学困生",应尽量挖掘他们的闪光点,帮助他们消除内心的自卑感,要多写优点,少写缺点。

【示例】

你的文章告诉我,用眼睛和心灵发现世界,我们就仿佛比别人多活了很多年。

读史可以明智,你写得好!

世界很小,而人的心却很大很大。今天我又学会了一句。

写得多好呀,一颗"花生心",一颗谦恭的心!

驳论,有助思维,你做得好!

勤奋地学习,获得成功,你做到了,我很高兴!

是的,有时,一首歌也能给人很大的启迪!

人性的真善美!

写得好,你是这样做的吗?做一只鹰!

"马上做"而不是"慢慢来",你说得对!

(5)互动式:让学生感受到老师在和他们共同努力,共同成长。以评语为桥梁,强调师生之间的相互学习和交流。

【示例】

这本书,我也看了很多遍,我们可以交流一下。

你的文章给我很大启发,谢谢你!

向你学习!

看你的作业,总能给我的教学带来启发。

共同努力,共同进步!

你的努力给我力量!

我喜欢你对学习的专注,它能影响我!

从你身上,我学到了默默无闻地奋斗!

这则笔记,让我明白了做人的道理,谢谢你!

富有童趣的语言,让我变得年轻!

你的作业越来越工整了,老师批改起来一点也不费劲。

你能用不同的方法解题,把学到的知识应用到实际中去,真了不起!

(6)赞赏式:对学生表示由衷的赞美和赏识,以此激发学生乐于学习、乐于作业的良好情感。评语要以正面鼓励为主,充分关注学生的个体差异,保护学生的自尊心和自信心。学生在某一方面有进步,成绩有提高,哪怕是微小的进步或提高,我们都应予以鼓励和表扬。让学生看到自己的进步,感受到获得进步的喜悦。

【示例】

我忍不住要多看两遍,真好!

你真棒!最近学得真棒!

喜欢你深刻的见解,喜欢你爱思考!

祝贺你每次都考一百分!

就这样做下去,孩子!

喜欢你的认真劲儿!

你努力,你收获,你勤奋,你成功!

我发现你的成绩又提高了!

今天我太高兴了,因为看到了你的作文!

喜欢你的语言,朴素而富含哲理。推荐给大家!

(7)肯定式:认真挖掘学生作业的"亮点",对学生的作业或作业中的某方面表示关注和肯定。

【示例】

这一次做得不错,再努力些就会更棒!

孩子,你在努力!我能感觉到!

这就是耕耘后的收获!

这段时间学习状态很好！

有进步啦！

孩子，我喜欢你的进步，为你高兴！

字迹美观，页面整洁！

这么端正的作业，一定下了很大功夫！

作业挺多，你还能写这么好，这就叫坚持！

我知道你昨天生病了，没想到作业还能做这么好！

（8）批评式：直接点明作业中存在的问题，促其改正。但切忌粗浅、甚至粗暴的盖棺定论式的评语，要防止学生读后产生心灰意冷的情绪。要通过寥寥数语，让学生感受到老师对自己没有放弃，仍对自己有着殷切的期待，仍肯为帮自己度过难关而付出努力。

【示例】

学习退步，我会注意你！

你没有认真完成！

放松要求了吧……

为什么总有错字？我等待你的回答！

这不是你的水平！

认真写了吗？我喜欢你上次的作业！

骄兵必败！

你的朋友们快超过你啦，还不努力！

后面没有前面认真，"持之以恒"！

不可以对自己降低要求！因为你能做到更好！

（9）激励式：用极富感情色彩和"煽动性"极强的语言，激发和鼓励学生，使其奋发。当学生从老师的只言片语中，感悟到教师那颗充满爱和关怀的心时，评语的价值也就显露出来了。

【示例】

加油！超过别人！

放飞梦想，突破渴望！

让大伙儿看到更出色的你！

相信你能做得更好！

加油！加油！！加油！！！

对，希望你更专注些，再把目标定得高些！

你很认真，继续努力吧！你会做得更好！

下次要拿第一哦！

一切皆有可能，你的努力也一定能收获成功！

老师相信你，你也要相信自己，能写得更好！

第五章

新课程理念下的测试内容、原则及类型

重要观点：

◎新课程理念下的测试，就要求以新课程标准为依据，体现新的人才观和教育观，实现由知识立意向能力立意的转化。

◎综合能力测试，会在继续注重考查考生学科能力的基础上，加强学科间的综合，加大学科知识与现实联系的考查力度，进一步强化跨学科综合能力的考查。

◎测试中不仅要关注学生所得出的答案，更要关注得出答案的过程。

◎试卷中死的知识题目少，灵活运用知识的题目多，结合学生实际的题目多，那么，教师的教学就会向"用教材教"、而不是"教教材"的方向扭转。

第一节　测试内容：从知识立意向能力立意转化

测试内容改革是测试改革的重要方面，测试的内容不改，测试改革的理念就无法真正实现。传统的测试内容，过于注重学业成绩，重视对基础知识和基本技能的考查，而忽视了学生的学习习惯、学习能力、情感态度与价值观等方面的考查，很多学生能在测试中取得很优异的成绩，但却缺乏实践能力、创新能力，很大程度上造成了人们常说的"高分低能"。

新课程理念下的测试，就要求以新课程标准为依据，体现新的人才观和教育观，实现由知识立意向能力立意的转化。通过测试内容的改变，带动新课程改革的逐步深入。

一、增强测试内容的真实性、情境性

以往的测试问题多是抽象的，脱离学生的生活实际，成绩的高低并不能代表学生运用知识解决实际问题的能力强弱。

素质教育的核心理念就是要培养千百万会学习、能生存、会协调、能做事的下一代。而学习、生存、协调与做事都是在现实的生活与生产实践中进行的，强调教育教学与生活的联系，加强对学生实际生活能力的考察，自然也就成为测试的一个重要方面。新的课程标准中对构建学生学科学习的情感态度与价值观体系提出了要求，要引导学生关注自然与社会，关注人与自然的和谐发展，从生活走向学科知识，从学科知识走向生活，培养学生善于从学科知识的视角观察一切社会和自然现象，培养学生对自然和社会的责任感。同时，把生活情境作为承载试题的主要载体，又有效地蕴含了对学生能力和素质的测试，适应课程改革和发展的要求。

因此，教育的真正目的，显然是通过学习提高人们在现实生活中解决实际问题的能力。因此，在新课程理念下的测试命题，往往注重对生活真实情境的模拟和再现，加强测试内容与实际生活的联系，命题取材要多来自于生产、生活实际、社会热点问题、社会焦点问题，考查学生分析和解决实际问题的能力。试题要有利于学生发挥水平，避免机械记忆性试题。不超标，不出人为编造的偏、怪、难题。

【示例1】

湖北省宜昌市2003年中考物理试题之一：

开展物理实践活动能使我们将课内学习和课外学习相结合,更好地培养我们的创新精神和实践能力。请根据你开展物理实践活动的情况,从下列项目中,任意选择两个项目作答。

(1)人类的一些活动可以形成城镇中的热岛效应,请你举出三个实例。

(2)你家里使用的主要能源有哪些？请写出具体能源的名称,并提出两条节能措施。

(3)你的家庭、学校或社区有哪些不符合安全用电要求的地方,请举出三个实例,并提出相应的解决办法。

(4)自行车在构造和使用方面用到了哪些物理学知识？请举出三个实例。

【简析】

题目中选用的事实具有浓厚的生活气息,如家庭所用能源和自行车等都是与学生生活密切相关的,要求学生能够从中发现与物理学有关的问题,表述这些问题,并利用已经学过的物理知识解答这些问题,这同时也是对学生科学探究能力的要求。从这些熟悉的现象中,可以比较容易得出其中的物理知识,进一步深化了学生的兴趣;热岛效应的形成则使学生了解到人类活动对自然带来的影响。

【示例2】

在《生命的礼物》一文中有这样一道试题：

不久前,我在一份杂志上看到一篇文章:一位青年在一场车祸中不幸丧生,根据他生前的愿望,医生摘取了他身上所有的可供利用的器官,两只肾脏分别移植给当地和欧洲的两名肾功能衰竭者,心脏和肝脏分别移植给两名濒临死亡的患者,两只眼球给两个失明者作了角膜移植。这位青年捐献的生命礼物,使四个垂死者重获新生,两个盲人重见光明。当记者访问这个青年母亲时,她说,她为儿子的行为感到骄傲,同时她还感谢那些接受儿子器官的人,他们使她儿子的一部分在他们体内存活,她儿子的生命以另一种形式得以延续。看到他们,就像看到自己的儿子。

假如你是记者,你准备采访文中那位母亲,你的开场白是：_____；你准备向她提哪两个问题：①_____；②_____。

【简析】

这样的题目,将所学知识跟语文实践紧紧地联系在一起,为学生走向生活、走向社会作好了充分的准备。

二、关注对学生的情感、态度、价值观的评价

对学生基本知识、基本技能的考查当然是测试的重点,但是,根据课程标准,学生的情感、态度、价值观也是课程改革所强调的非常重要的教育目标,自然,也应该成为测试的重点内容。这些内容主要包括:学习态度、学习热情、学习习惯;有实践精神、有求知欲,能将所学知识与生活实践相联系;有克服困难的信心和决心,能体验解决问题的喜悦;有尊重事实、尊重自然规律的科学态度,不迷信课本,不迷信权威;具有合作精神,敢于提出与众不同的观点,勇于修正自身的错误,等等。对这些素质的考查,主要基于平时生活和学习中对学生的观察和记录,当然,也可以在书面测试中对这些素质加以适当地评判。

【示例1】

小李同学看见电视中有人进行一种体育娱乐活动,他把自己悬吊在一根很长的橡皮绳下,自由地在空中上下振荡。小李发现,不管该人上下运动的高低幅度如何,他上下来回一

次所用的时间似乎总是相等的。小李想验证这一想法是否正确，甲、乙、丙、丁四同学分别向他提出了验证的建议。

甲：调查许多看过这种现象的人，多数人的看法总是正确的。

乙：询问一位心目中权威的老师。

丙：用一根橡皮绳吊一个沙袋上下运动做实验，测量不同幅度下来回一次所用的时间。

丁：记得电视节目主持人说过这个问题，可以打一个电话直接问明结果。

如果以上结论存在分歧的话，你最相信的结论是_____。

【简析】

这个题目的答案是"C"，反映了学生不盲从于大众、不迷信于权威，立足于从科学实践中寻求问题答案的精神。

【示例2】

我国的《道路交通安全法》已于2004年5月1日正式实施，据交通管理部门的统计，有70%的道路交通安全事故是由于车辆超载超限引发的，车辆超载超限还是造成公路受损严重的原因之一，根据以上情况请回答：

(1)由于汽车超载，使得汽车对路面的_____增大，而汽车与路面的接触面几乎不变，因而所产生的_____增大而导致路面容易损毁。

(2)请利用学过的知识分别说明，为什么要对机动车进行限速或限载？

【简析】

试题情境反映的是生活中的交通问题，是一种社会现象。试题描述问题真实，要求学生对此进行分析评判，找出原因，不仅对学生进行科学素养的培养，而且具有公民道德教育的功能。试题是课程标准提出的"从科学走向社会"理念的典型体现。

三、测试不仅要重视结论，更要重视得出结论的过程

测试评价的目的不仅仅是考核学生的成绩，更是为了全面了解学生的学习历程，激励其今后更好地学习。《课程标准》指出："对学生学习的评价，既要关注学生学习的结果，又要关注他们在学习过程中的变化和发展。"因此，测试中不仅要关注学生所得出的答案，更要关注得出答案的过程。学生获得答案的推理过程、思考性质、证据运用、假设形成等反映了学生的思维能力和思维过程，因此也要纳入测试的范围。对知识和技能的考查，不能仅仅局限于记住一些概念、结论、公式、法则，还要让学生经历知识形成的过程，更多地关注对知识本身意义的理解，在获得知识的同时，思维能力也得到发展。

因此，测试题目的设计，必须要使学生在解决问题的时候充分体现出搜集资料、推理、判断并作出结论的过程。

【示例1】

三年级一道数学填空题：

列竖式计算"13×12"时，先算2个13是多少，再算（　　）个13是多少，所得的积的末位"3"要写在（　　）位上，最后把两次乘得的积加起来得156。

【简析】

本题是对"两位数乘法"这一相关知识的测试，试题不是让学生直接写出计算得数，仅仅了解学生对知识结论的掌握情况，而是按计算的方法和步骤填空，这样就能够了解到学生是否理解了算理、掌握了法则的本质。

【示例2】

实验室常用下列装置来制取氧气：

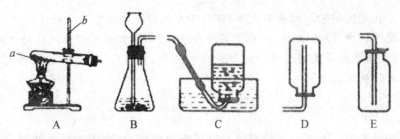

A   B   C   D   E

（1）用双氧水和二氧化锰来制取氧气时，可选用的发生装置是_____（填序号），其中二氧化锰起_____作用。

（2）用高锰酸钾制取氧气时，发生反应的文字表达式为：_____。

（3）用 E 装置收集氧气的依据是_____，检验氧气是否集满的方法是_____。

（4）实验结束，停止加热时要先把导管移出水面，其理由是_____，此时发现水槽中的水变成了浅紫红色，你认为产生该现象的原因可能是_____。

（5）当加热开始产生气泡时不能马上收集，因为开始出来的是空气，待_____时再收集。若得到较纯净的氧气应采用_____法收集。若用排水法收集当_____时证明已经收集满。

【简析】

这道化学试题的设计，没有满足于对知识和技能的简单考查，而是一步一步地让学生经历知识形成的过程，更多地关注了对知识本身意义的理解，完成试题的过程，也成为思维能力发展的过程。

第二节　测试命题的基本原则

测试是对学习、教学等环节进行有效地考查和鉴定的过程，而测试命题在一定程度上决定了这种考查和鉴定能否真实地反映出教学、学习的实际情况，因而命题是决定测试成败的一个重要因素。命题不仅需要周密的设计、科学的方法和行之有效的手段，而且必须遵循一定的原则。测试的命题原则一般有科学性原则、整体性原则、独立性原则、合理性原则、全面性原则和简明性原则。

一、科学性原则

科学性原则指命题所涉及知识的科学性，这是命题的起码要求。科学性原则要求符合课程标准，力求做到试题设计与课程评价目标相一致，体现学科价值。命题和答案本身是准确的，根除歧义和差错，不可人为编造、无实际根据和无实际意义。科学性原则还要求做到题型的科学性，即题目满足所使用题型的内在要求。客观性题目的答案应该是确切的、惟一的。研究型、讨论型问题，研讨方向应该是明晰的，即使学生可以使用不同的方法，但所要解决的应该是同一个问题。另外，应避免用填空的形式考查开放题、重结果不重过程、设计的判断题不用判断等。

【示例】

为下面这则新闻拟一个恰当的标题。（不超过 20 字）（河北省 2009 年中考语文）

北京 4 月 22 日电　今天上午，由河北省政府新闻办公室与首都国际机场股份有限公司联合主办的"文化国门·河北华章"大型文化展示活动，在素有"中华第一国门"之称的首都国际机场启动。我省民间艺人的精彩表演，吸引了大批国内外旅客驻足欣赏。

在首都国际机场 T3 航站楼，一边是吴桥杂技、永年太极拳等河北绝技的循环演出，一边是蔚县剪纸、武强年画等民间绝活的现场演示。此外，在 T1、T2 两个航站楼也安排了多种多样的河北文化展示活动。

答：_____

【简析】

这道题是要求考生为新闻材料拟题。拟写新闻标题，其实质就是对新闻导语的高度概括与归纳。而这个题目直接考查的就是《语文课程标准》中所提出的"能从文章中提取主要信息，进行缩写"这一能力点，题型简单，要求明确，体现了命题的科学性原则。

二、基础性原则

《课程标准》所规定的内容和要求，是义务教育阶段学生必须掌握的，具有很强的基础性，其目的是为了学生终身发展服务，是绝大多数学生应该达到的标准。为此，在测试命题中，也应力求体现出基础性的特点，立足于考查学生应知、应会的内容，不宜出偏题、怪题来刁难学生。

试题命制的基础性主要体现在以下方面：

(1)应该严格按照《课程标准》的要求来命制试题，关注利用知识解决问题过程中最为重要的、必须掌握的核心观念、思想方法、基本知识和常用的技能。无论试题的内容、难度，均不得随意扩大范围、提高要求。

(2)试题应着力于对基础知识、基本技能和基本方法的考查，即使是选拔性的考试，基础部分的比重也不应低于 60%。

(3)试题覆盖面要广，要尽可能涵盖《课程标准》所规定的学习内容和学科能力要求。

(4)试题要围绕知识与技能、过程与方法、情感态度价值观三个维度的要求来命制，不可偏废。

【示例】

改革开放以来，我国社会发生了巨大变化。请回答：

(1)我国进入改革开放新时期的标志是什么？

(2)按要求填写 20 世纪 80 年代改革开放重大举措简表。

		重大举措
改革	农村	
	城市	
开放		建立经济特区（或开放 14 个沿海城市、或建立沿海经济开发区）

【简析】

这道历史试题全面考查了中国改革开放的相关知识：开始的标志、重大举措及形成的重大理论成果，它完全属于《课程标准》所规定的学习内容，注重基础性，综合所学知识，不难得出答案。

三、综合性原则

就近年来学科的发展来看，学科间联系日益密切，综合化、整体化特点日渐突出。这使得我国课程设置和教育发展的滞后性与学科发展趋势之间的矛盾逐渐突出。我国的学科课程，有着各自独立的学科体系，认知结构、逻辑结构和学科方法，是人为设定的。这种状况与现实生活往往有一定距离。我们所面对的形形色色的现实问题大多是综合性的,不是单一学科的,如能源、环境、人口问题等。对这些问题的认识和解决,仅以单一学科知识应对是无能为力的。正因为如此,中、高考关注学生综合意识的形成和人文精神的培养,突出实践能力和解决实际问题能力的考查,由此确立了"以问题为中心、以人类所面临和关心的或现实、重大的社会问题为素材的主体设计思想"。基于这一认识,今后的综合能力测试,会在继续注重考查考生学科能力的基础上,加强学科间的综合,加大学科知识与现实联系的考查力度,进一步强化跨学科综合能力的考查。

对学科综合的测试命题通常有两个角度,一是在同一材料背景下分别从不同知识点或不同学科的角度设问,二是巧妙设置问题,要求考生综合运用多个知识点或多学科知识予以解答。在题目拟制中要注意认真挖掘不同学科之间的内在联系,形成真正意义上的"综合",而尽量避免不同学科知识简单拼凑的"拼盘式"题目。

【示例】

阅读材料,综合运用所学知识回答问题。

第 29 届奥运会 8 月 8 日在北京举行。来自 204 个国家和地区的 1 万余名运动员刷新了 38 项世界纪录和 85 项奥运会纪录,多个国家和地区实现奥运会金牌和奖牌零的突破。2008 年北京残奥会 9 月 6 日至 17 日举行。147 个国家和地区的 4000 多名残疾人运动员刷新了 279 项残疾人世界纪录和 339 项残奥会记录。作为东道主,中国为举办一届有特色、高水平的奥运会做出了巨大努力,兑现了"两个奥运,同样精彩"的承诺,受到了国际社会的高度评价。

(1)改革开放后,我国的体育世界迅速发展,体育健儿表现突出,屡创佳绩。请你列出三项我国体育事业的重大成就。

(2)北京奥运会期间我国充分展示了科技实力、环保实力、中国的文化底蕴和精神风貌等,受到世界各国人民的好评。上述的表现,我们必须始终不渝地坚持哪些基本国策和发展战略?

(3)针对 2008 年奥运会的成功举办,谈谈你对新中国建立后中国发生的变化的认识。

【简析】

该题借助 2008 年奥运会在北京召开这样一个材料,巧妙融合了政治和历史学科的相关知识,在"相关内容的有机结合点"找到试题命制的切入点,较好地考查了学生的综合能力。这个试题也提醒老师和学生,只有踏踏实实地学好各门学科的基础知识,建立起完整的开放的学科知识结构,形成较强的学科能力,才能为具备跨学科综合能力创造条件。

四、时代性原则

试题的命制应力求摆脱陈旧、老套、脱离实际的僵化面孔,还之以新颖、活泼、考生喜闻乐见的多样化特点。注重考查知识的迁移能力,试题的选材要注重联系社会实际,贴近学生的生活。

社会的飞速发展、时代的迅猛变迁,要纳入命题人的视野。试卷应尽可能地避免过多地考查孤立的知识点,而是将相关的知识通过题干与组合备选项的方式整合在同一个试题中,尽可能避免使用陈旧的背景材料,代之以更加灵活多样的现实材料,以新闻稿件、图表、漫画、数据等来源于现实生活、与人们息息相关的内容作为试题的载体,往往能够使试卷展现出特别的魅力。

近年来,中考和高考中对这一点已达成共识,每年的社会热点问题都往往能够与学生所学的知识紧密结合,构成命题点,既体现了试卷的时代性特色,也引导学生逐步形成"知识为现实服务"的思维习惯。

【示例】

例一：

口语交际。请你替下面材料中的婴儿给他母亲回一条手机短信。

在 5 月 12 日汶川大地震的废墟里，一位母亲用身体庇护一个三四个月大正熟睡着的婴儿，母亲已经遇难。随行医生在一个红色带黄花的小被子里发现了一部手机，屏幕上是一条已经写好的让所有人落泪的短信："亲爱的宝贝，如果你能活着，一定要记住我爱你。"

短信：_____

例二：

阅读下面的文字，为在四川汶川特大地震中遇难的谭千秋老师写一段颁奖词。要求结合材料，语言凝练，富有文采，不超过 100 字。

5 月 13 日 23 时 50 分，中国地震应急搜救中心的救援人员对德阳市东汽中学坍塌的教学楼进行搜救，当救援人员挪开一块断裂的预制板时，他们看到了头发花白、后脑内凹、被砸得血肉模糊的谭千秋老师，他伸开双臂护住一张已被砸得变形的课桌，而课桌下，是 4 个已经昏迷、尚有生命迹象的学生。他们连忙将孩子救出，迅速送往临时医院抢救。

颁奖词：_____

【简析】

这两个题目均以 2008 年发生在汶川地区的特大地震中的故事为背景材料，结合语文学科的考查要点进行命制，体现出了鲜明的时代特征，不仅完成了对学生知识和能力的考查，同时也潜移默化地对学生进行了情感态度价值观方面的正确引领。

五、开放性原则

传统的试题往往过于强调思维的严密性，强调答案的标准和惟一，这往往从某种程度上限制了学生的思维，使学生的能力得不到发挥，创新精神得不到体现。开放的时代和开放的社会，使得课程也具有了开放的特点，作为教学的重要评价手段，测试也应具有开放性。因此，编制试题时，不宜过分强调思路的模式化，答案的单一化，还应增设部分开放性的试题，答案并不是惟一的，允许学生有不同的观点和独到的见解。试题的形式也应灵活多样，富有时代气息，而不应陈旧呆板。

成功的开放性试题，始终要把创新放在首位。应该能够合理地结合现代生活实际，引导学生怎么发现和思考问题；怎样从浩如烟海的资讯中搜集和利用有用的信息；要努力从多角度展现生活和实际学科内容之间的广泛联系，使学生在答题过程中养成关注现实、学以致用的思维习惯；形式活泼新颖，能够激发学生的学习兴趣，使之充满热情地投入到学习中来。

【示例】

例一：根据以下信息求出五年级一共要种多少棵树苗？

小红：五年级的三个班参加植树活动。

小明：我们五(1)班种了树苗总数的 3/10。

小玲：我们五(2)班种了 100 棵。

小华：我们五(3)班种的棵数的比五(2)班多。

老师：五(1)班和五(2)班刚好种了树苗总数的一半。

这道题可以从两个角度考虑：

A. 根据"我们五(1)班种了树苗总数的 3/10"和"五(1)班和五(2)班刚好种了树苗总数的一半"，先求出五(2)班种了树苗的几分之几，再求出所求问题。

B. 根据"我们五(2)班种了100棵"和"我们五(3)班种的棵数的比五(2)班多",先求出五(3)班种的棵数,再求出"五(3)班种了树苗的几分之几",最后求出所求问题。

例二:下图是一张圆形纸片,圆中间画一条线段,你能判断这条线段是不是该圆形纸片的半径吗?请把你判断的方法简要地写出来。

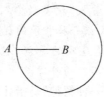

这道题判断的方法有很多种,比如:

(1)假设B点是圆心,AB是圆的半径,以B点为圆心,AB为半径画圆,看得到的圆是不是现在的圆。

(2)将圆形纸片对折几次,看得到的圆心是不是在B点处。

(3)过B点做AB的垂线,看得到的两条"半径"是不是和AB一样长。

(4)延长AB交于圆上的点C,看看AB和BC是不是一样长。

【简析】

新课程标准强调"不同的人在数学上有不同的发展",学生的年龄不同、生活背景不同、知识经验不同,思考问题的角度和解决问题的方法也会富有个性化和多样化。这两道试题,都围绕"开放性"的要求进行设计,"例一"突出了解决问题策略的开放性,"例二"突出了答案的开放性。这种思路和答案的"不僵化"、"不惟一",使学生在答题中有了更多的思维空间,使其更好地发挥出创造性。

六、导向性原则

试卷除了在测试中有着测试与考查学生学业成绩的功能之外,对教学还起着反馈作用。换句话说,试卷除了自身的测试功能外,还应该对教学具有导向功能。也就是通过测试,能够使教师尽快适应新课程改革的需要,及时转变教学观念,了解当前教学改革的方向,以便对今后的教学起到导向作用。例如,试卷中过分注重死记硬背的内容,教师在教学中就会注重死记硬背;试卷中死的知识题目少,灵活运用知识的题目多,结合学生实际的题目多,那么,教师的教学就会向"用教材教"、而不是"教教材"的方向扭转,就会强调对学生能力的培养,强调对死知识的活学活用。

我们常说,考试就是"指挥棒",考什么,就教什么,就学什么,往往是无法打破的规律。如何让"指挥棒"指到正确的方向上去,就是每一个命制试题的人要特别关注的事情。发挥试卷的导向作用应该强调这样几点:①试卷难度要适中,试题测验的内容和目的应体现教学重点;②要将教材中的例题、习题和作业中的练习纳入视野,或稍加改造予以采用,使常规题型、常见思路、常用方法在试卷中占据主体地位,突出对基础知识和基本技能的考查,避免将日常教学导入题海战术;③重视基本思路、基本方法的考查,引导教学立足于最有价值的常规训练上;④逐步加大应用性试题的考查力度,注重学生利用所学知识分析和解决现实生活问题的能力,推动教学走向"学以致用"的轨道;⑤增设开放性试题,考查学生观察、分析、猜想、归纳等思维能力,引导教学向重视学生探究能力和创新能力培养的方向发展。

【示例】

阅读材料,分析问题:

材料一　近一个时期,《亮剑》、《士兵突击》等一系列主旋律电视剧日益受到人们的关注。这些影视作品中体现出来的那种自强不息、奋斗不止的"亮剑"精神,那种"不抛弃、不放弃"的价值追求,让我们强烈地感受到了一种精神,一种我们的文化中始终没有流失的精神,一种我们的国家和民族永远不能缺少的精神。

材料二 "多难兴邦"。中华民族是在不断同各种灾害和困难作斗争中成长起来的。从"抗洪救灾"、"抗击'非典'"到"抗击冰雪"、"抗震救灾",全国人民自强不息、众志成城,一方有难八方支援,一次次地折射出中华民族一脉相承的优秀品质,让我们深深地感受到了中华民族团结一心、无坚不摧的气势。越是危难的时刻,越能显示出一个民族的凝聚力和向心力;越是灾难深重,越能挺起一个民族不屈的脊梁。

(1)材料一中划线部分所提到的"一种精神"是指什么精神?

(2)结合材料二写出这种精神在当代有哪些丰富和发展(至少写出两种)。

(3)结合材料请你谈谈对这种精神的认识。

【简析】

这道试题的特点是把当今社会的热点问题与课本知识有机结合起来,鼓励学生用所学知识分析现实生活的具体问题,并落实到自己的具体行动中。这为思想品德教学指明了方向:不满足于单纯的知识学习,而强调在学习中养成联系实际分析和解决问题的意识,并不断提高自身修养,形成正确的世界观、价值观和人生观。

第三节 测试命题的类型

我们常说的测试按照测试性质、测试功能、测试形式、试题形式等标准,可以有不同的分类,具体如下:

一、按测试性质划分

按测试性质划分,测试分为学业水平测试和心理倾向测试。

1. 学业水平测试

包括知识水平和能力水平测试,是对学生的知识与能力的测量。知识包括基础知识,如定义、定理、公式、性质、法则等,以及掌握这些知识所必需的"过程与方法"。知识还包括着课程标准和教材中所涉及的相关的基本技能。测试的目的就在于测量这些内容中,学生掌握多少,达到何种程度,距离教学目标尚有多大的距离,检查学生对基本知识和基本技能的记忆和应用水平。能力包括相关学科的特殊能力和一般能力,譬如学生的理解、分析、概括、类比、动手操作、综合实践等能力。测试的目的是测量学生各种能力所达到的水平,对照教学目标,看是否达到要求。我们平时教学中的各类考试,如月考、期中考试、期末考试、毕业考试等,都属于学业水平测试。

2. 心理倾向测试

是心向测量,属于智力测验的范畴。心理倾向测试测量学生智力发育水平、智商水平,同时,包括对学生潜力的测试,目的在于准确评价学生的心理基础,为评价学生的学业水平奠定重要的基础。

二、按测试功能划分

按测试的功能划分,测试可分为诊断性测试、形成性测试、终结性测试。

1. 诊断性测试

是在课程或某一学习单元开始之前,为了使教学内容适合于学科的需要和背景,以实现因材施教,对学生所具有的认知、情感和技能方面的条件进行的测评。如入学测试、总复习前的测试、每堂课讲授新课之前的铺垫性测试等。

诊断性测试的功能主要有这样几点:①对学生进行分类,对不同条件的学生给以不同的安置,例如,根据入学成绩进行合理分班;②为学生学习的困难和错误寻找原因,为"对症下药"解决问题提供依据;③为教师的备课提供相应的依据,使教学更具针对性,为分层教学奠定基础,以保证不同资质的学生都得到最好的发展;④为学生学习新知识扫除障碍,做好铺垫。诊断性测试实现了现代教育观念的一大变革:即由选择"适合教育的学生"为"适合学生的教育",从而最大限度地开掘出每一个受教育者的聪明才智。

2.形成性测试

是在落实教学方案过程中的测试,目的在于及时获得反馈信息,发现教学过程中存在的缺陷和问题,并以此为依据,及时修正教学目标或教学策略,以帮助学生查漏补缺。例如,课堂教学过程中进行的测试或单元测试等。

形成性测试主要具有三个功能:①为教师及时提供教学反馈信息,便于教师反思教学中的问题,例如目标不合理、方法不得当、手段不完善,等等,从而调整教学策略,适应学生的学情;②为学生的学习提供动力支持,使学生在学完某一段内容之后,通过形成性测试,获得认可感和成功感,从内心激发其学习的热情;③帮助学生找到问题症结,重新定位努力的方向。形成性测试有利于学业水平相对落后的学生及时找到学习中的漏洞所在,寻求到解决问题的方法,通过及时"补缺",提高学业成绩。

3.终结性测试

是指为了对已经制定的教育方案、计划、课程等的整体效益做全面鉴定所进行的测试。如期末测试、毕业测试、升学测试等。

终结性测试的主要作用有:①为学生评定成绩。终结性测试,能较为科学地体现学生在学科上的进步和达到教学目标的程度,从而对学生的学业成绩作出整体性的价值判断;②为学生提供学习反馈。使学生明确自己阶段或整体的学习效果,找出差距,为今后的学习提供动力或指明方向;③对今后学生学业成功的可能性做预判,并为学生确定新的学业起点。由于终结性测试能够较为全面地体现一个学生的整体学业水平,因此分数较高的学生,将来获得成功的可能性较大。当然,这种预判绝不能过于僵化。应该看到,学生学业水平的高低除了受学业基础的影响之外,很大程度上也被学生的非智力水平,如兴趣、热情、毅力、信心等所影响,因此,要用发展性的眼光来看待学生。

三、按测试形式划分

按测试的形式划分,测试可分为笔试、口试、面试、操作测试、分层测试、开卷测试、综合测试等。

1.笔试

笔试又称为纸笔测试,准确地说,就是用纸作为试题载体,用笔作为答题工具,将学生有关学业状况以文字形式外化并记录下来,然后按照一定的标准进行评判,以量化的形式将其学业水平客观反映出来。

笔试有广泛的适应性,适用于各学科,适用于对识记、理解、运用、分析、综合乃至评价等认知领域教学目标的测试,能够保障测试内容、测试时间等测试条件的统一性,使测量的结果具有可比性,为评价奠定了必要的基础,能较客观地保留被试者作答的情况,可反复地分析试卷,因此,笔试可以获得较高的客观性、有效性和可靠性,测试效率较高,可以在较短的时间内和较封闭的空间内对大量的学生进行测试。

但笔试也有自身的缺陷。由于受卷面和时间的限制,笔试不可能全面地、综合地、有针对性地检测出所有被试者的真实素质,如口语交际能力、综合实践能力、动手操作能力等等,就无法通过笔试准确检测。

2. 口试

口试是由主考人提问,应考人当场作出口头回答,以此判定其相应水平的测试。口试题目小型多样,简单、灵活,便于思考,便于表述。口试能考查并锻炼学生的口头表达能力和发散思维能力,便于及时了解学生分析和解决问题的思维过程并发现学生学习中存在的问题等,简便易行,适用范围较广,因此在当前的测试中受到了高度重视,得以大力倡导和广泛推广。但是,口试的容量较小,费时较多,而且很容易受到各种主观因素和客观环境因素的影响,有时所反映出的学生的学业水平不够客观公正。

3. 面试

面试是指通过与被测试者的直接接触,运用口头交谈、实际操作等方式观察和了解被试者的知识水平、能力状况、性格特征、心理素质、情感态度价值观等,这种方式能够比较直接而真实地反映学生的综合素质,但面试评定结果的主观性较强,测试者在赋分时比较容易受到外界因素的左右,有时候导致评价的信度不高。

4. 操作测试

操作测试是一种非文字测试,它是指被试者根据测试者的要求作出某种相应的行为方面的反应,测试者根据其反应过程中的表现,对其给出相应的评定。

操作测试在测量动作技能领域教学目标时具有先天的优势,譬如,实验仪器操作、乐器演奏、绘画技能等,采取这种测试方式能够保证有效地获得测试结果。而且,测试过程与评分过程合二为一,同步进行,既保证了测试的效率,也保证了测试结果的真实性、有效性。

但操作测试所需要的成本较高,往往需要准备相应的仪器、设备才能进行测试,测试过程中还可能消耗部分相关材料。再者,建立操作测试的评分标准也不太容易,测试过程容易受到主观因素的影响,加上测试过程的不可保留性,容易影响到测试结果的可靠性和可信度。

5. 分层测试

分层测试是将测试试卷分为 A、B、C 三等,A 类最难,B 类次之,C 类最易,学生可以根据自己的实际情况来选择试卷的类型。这样的测试方式充分考虑了学生的个体差异,特别关照了那些程度较差的学生,使每一类学生都能得到成功的机会,避免了"一刀切"、"一锅煮"的测试标准对学生的伤害,有益于学生潜能的发挥和自信心的提高。

但是,分层测试只适用于教学过程中的测试,目的既在于激励,也在于引导学生发现问题,为自己确立"跳一跳,够得着"的目标,却不适用于终结性的测试,如毕业考试、升学考试,考试的选拔功能决定了"一把尺子"衡量的标准。

6. 开卷测试

开卷测试是指允许考生在测试过程中携带并查阅一定的材料的测试方式。开卷测试在新课程改革中被大力推广应用。由于开卷测试的题目多是应用型和能力型的开放性题目,被测试者很难从教材或相应的学习材料中直接找到标准答案,需要综合处理和整合相关的内容,形成自己的答案,因此非常有利于检测学生综合运用知识技能分析和解决问题的能力。因而开卷测试能较好地适应和满足新课程评价观对考查学生能力的要求,各门学科均可结合学科特点适当采用开卷考试的方法。

7. 综合测试

所谓"综合测试",就是指在一次测试过程中综合运用多种测试方法。这种方法能够取长补短,相得益彰,形成测试方法的整体优势,确保测试评价的全面性和综合性。目前,随着我国基础教育课程改革的全面推进,综合测试得以倡导和广泛应用,如笔试与口试、操作型测试相结合,并且结合平时的作业检查和教师的日常观察,更加全面地了解学生在知识与技能、过程与方法、情感态度与价值观等素养维度的发展历程和发展状况,并引导学生在学习中既重视基础知识与基本技能的学习,又注重实际能力的提高,促进学生个性的全面发展。

四、按试题形式划分

按试题形式划分,测试可分为客观性测试和主观性测试。

1. 客观性测试

以客观性试题为主体的测试是客观性测试。所谓"客观性试题"是指评分是客观的,它不受评分者主观因素的影响,如答案惟一的选择题和填空题,无论是任何人阅卷或机器阅卷,评卷的结果是一致的。它消除了评卷者主观评分的误差,同时由于可以采用机器阅卷,大大提高了阅卷的速度。

2. 主观性测试

以主观性试题为主体的测试是主观性测试。主观性测试是长年延续下来的传统式的测试,它完全控制在评卷人的主观意识下,尽管评卷前制订了统一的客观标准,但操作起来却往往因人而异。因此,主观性测试不可避免地会出现一定的误差。主观性测试的评卷,受评卷人的阅历、文化程度、鉴别能力、思想水平、情绪、态度等多方面因素的影响,这是造成主观性评卷产生误差的最重要的原因。

目前的测试,一般采取的是主、客观结合的测试方式,这样既能使测试形式灵活,又能克服采用单一类型试题所带来的弊端。譬如,单一使用主观性试题,那些人为的误差会使测试的信度大大降低,不利于测试的公平公正;单一使用客观性试题,又无法测量学生的思维过程,无法反映学生实际的分析问题和解决问题的能力。只有将两种测试方式结合起来,才能更好地发挥测试的作用。

第六章

新课程理念下的测试试卷命制

重要观点：

◎命题不仅要体现人文性的形式，还要体现多样化的内容，使试题成为学生与知识进行互动对话、心灵交汇、情感交流的载体。

◎以"能力"立意的测试对教师的教学具有导向作用，能够促进教师在教学中对学生能力培养的重视。

◎对学生基本知识和基本技能的考查，应侧重于考查学生运用所学知识，解决生产、生活中的实际问题的能力。

◎要整合运用多种考试方法，通过课题研究、论文撰写、作品制作、成果展示等多种多样的考试评价方式、质性评价方法，详细记录学生在学习过程中的各种行为表现与活动成果。

第一节 测试试卷的基本知识

要想出色地完成一份试卷的命制工作，首先要了解试卷的基本知识，使试卷命制符合试卷的基本规范：

一、测试的基本概念和试卷的基本构成

所谓"测试"，又可称为"测验"，是指在一定的编制、施测和评分规则下，用试卷做测量工具，测量和评价学生在教学中所获得的知识、技能的一种方法和手段。

在严先元主编的《教学技能》（成都科技大学出版社，1999）一书中，曾对测试的特征有过如下阐述：

（1）测验是一种程序。测验的编制、施测、评分以及分数的解释等方面都必须遵循严格的程序。

（2）测验是一种间接测量。测验所测量到的是人的行为，是人对测验题目所做的反应，而不是直接测量到了被测者本身的属性。

（3）测验的样本有代表性。一个测验所包含的，只是全部这类题目中的一个样本，它不可能包含这方面的所有题目。即是说，用于测验的题目必须是所有同类题目所组成的全领域中的一个有代表性的样本。

1.构成试卷的要素

试卷构成的主体内容是试题，它是提供成绩评定的依据和标准。试题是由主持命题者根据考试宗旨和具体要求来确定的，可以个人自制，可以组成命题组来集体编制，也可以从题库中定向随机抽样而组成。

试题的范围和要求，由测试性质决定。如果是为了教学服务的随堂测试，试题的范围应该以当堂授课的内容为主；如果是期末测试，测试的范围应以本学期的学习内容为主；如果是升学测试或毕业测试，它的范围自然应该扩大到学生学过的所有的内容。

题量,是指构成试卷的试题数量。题量与知识、能力的覆盖面有关。如果要求对知识的覆盖面大,那么题量就应该大;如果要求对知识的覆盖面不宜过大,那么题量也不宜过大。

题量也受到答题时间长短的限制。一般情况下,答题时间较长,题量也就较大;反之,题量则应该较小。因此,答题时间也是构成试卷的要素。

此外,一份试卷应该有答题说明(或考生注意、考生须知),每题的满分数,评卷人的记分栏和全卷各题记分汇总,制成一张简表,放在卷首。另外,卷首还要标明测试的类别、时间与科目。

例如:

浙江省2009年初中毕业生学业考试(金华卷)
语文试题卷

(满分:120分,时间:120分钟)

题号	一	二	三		四	总分
			(一)	(二)		
总分						

考生须知:

1.全卷共四大题,22小题,满分为120分,其中卷面书写4分。考试时间120分钟。

2.各题的答案必须用黑色字迹的钢笔或签字笔写在"答题纸"相应的位置上。

3.用黑色字迹的钢笔或签字笔写在"答题纸"上,先填写姓名和准考证号。

2. 构成试卷的结构

试卷结构包括测试范围、内容比重、难度指标、试题要求、题量题型及各类试题分数的匹配等。

例如,2009年北京市中考英语学科的试卷结构如下:

2009年北京中考英语试题结构

英语学科考试试卷总分120分,考试时间为120分钟。试题易、中、难比例为6:2:2。

试卷结构	内容和题型	题量	分值
第一卷 70分	听力理解	18	18
	一、听对话选图	4	4
	二、听对话或独白选择答案	14	14
	语言知识应用	28	28
	三、单项选择	16	16
	四、完形填空	12	12
	阅读理解	12	24
	五、阅读短文选择最佳选项	12	24
第二卷 50分	听力理解	4	8
	一、听对话或独白记录信息	4	8
	语言知识应用		10
	二、完成句子	5	10
	阅读理解	12	17
	三、阅读短文选词填空	7	7
	四、阅读短文回答问题	5	10
	书面表达		15
	五、文段表达	1	15
总计		10	80	120

试卷的编排也要讲求合理,一般来说,试卷构成的基本要求是:

(1)题目排列顺序要由易到难,由简到繁,由客观试题到主观试题,由单项题到综合题逐步深化发展。

(2)严格控制起点题和终点题的难度。如果起点题难度指数过大,不仅导致全卷难度指标大幅度上升,而且严重影响学生的正常发挥。作为重大测试,学生种种复杂的心理,连同异常紧张的测试气氛,即使起点题不难,学生也感到紧张,没有把握,可能造成客观上的失误,因此必须把起点题的难度控制在"差生能答对"的水平上。终点题是全卷最后一个题,也被称作"压轴题",它代表全卷最高难度,一般综合性较强,需要学生有较强的能力才能解答。但是,也要注意对难度的控制,不宜过高,如果造成所有的被测试者均无法完成,那么,这道测试题的设置无疑失去了意义。

(3)题型要灵活多样,将各类题型搭配好。一般顺序是选择题、判断题、填空题、简答题、操作题、材料题、综合题等。切忌单一一类题型一贯到底的试卷,一般不提倡在试卷中出现学生不熟悉的生僻题型。

(4)卷面安排宽松、合理、美观,要充分考虑学生答题时的文字量,每道题后面要留出足够的答题空白。

(5)试题的叙述要精练、简明,通俗易懂,要准确使用标点符号,出现图表、图画等内容要注意准确性。

二、测试试卷的信度、效度、难度和区分度

试卷编制的原则之一是有效性。其有效性具体体现在试卷的信度、效度、难度和区分度。试卷的有效性高低决定着试卷的成败,影响新课程实验的成效,因而编制试卷要注意遵循有效性原则。

1. 信度

信度就是指测试的可靠性,测试结果的可信程度。信度高的试题很少受到外部因素的影响,对不同学生的多次测试都会产生相对稳定和一致的测试结果。

编制试卷时,要想方设法提高试卷的信度,这样试卷才有较高的价值。通常我们可以采用以下几种方法来提高测试信度:

(1)多套试题随机抽取,例如采用 ABCD 卷。

(2)考前不划定考试范围。

(3)提高试题效度,提升试题质量。

(4)考试保密措施有效,同时严格考试纪律。

(5)标准化阅卷,严格、规范、统一,流水作业,并认真复核。

2. 效度

考试效度是考试的准确性,它反映的是考试内容与教学大纲或考试大纲的吻合程度。效度高的试卷,能够较准确地测试出学生掌握和运用所学知识的真实度。根据教学大纲或考试大纲进行命题,且各单元试题分数分配与学时数分配基本保持一致,成正比关系,这是保证考试效度的基础。一般来说,编制试卷时,应该关注影响效度的因素,这些因素主要包括:

(1)是否明确考核的目标,即试题是要考核知识和技能的掌握,还是考核过程与方法、情感态度价值观等目标。

(2)是否在命题的同时制订了试题参考答案与评分标准。

(3)题干是否简洁易懂,符合不同层次水平的学生,答案是否精确明晰,没有歧义。

(3)是否集体阅卷且实行流水作业。

(4)复核是否认真。

(5)分数是否真实。

3. 难度

难度是指正确答案的比例或百分比。这个统计量称为试题的难度或容易度。难度一般用字母 P 表示，P 越大表示试题越简单，P 越小表示试题越难。试题要有梯度，因此各试题的难度应有不同，这是命制试题时要加以特别考虑的。一般认为，试题的难度指数在 0.3～0.7 之间比较合适，整份试卷的平均难度指数最好掌握在 0.5 左右，高于 0.7 和低于 0.3 的试题不能太多。

难度的计算公式：P＝平均分/满分值。

例如：第一题平均分为 8.5 分，此题的满分值为 10 分，则第一题的难度 P＝8.5÷10 ＝0.85。

例：第 1 小题选择题满分是 4 分，全班 50 名学生中有 20 名学生答对，则第 1 小题的难度为：

P＝正确答案的比例或百分比

＝20÷50

＝0.4

或 平均分＝4×20÷50＝1.6

P＝平均分÷满分值

＝1.6÷4

＝0.4

考虑试卷的难度应该注意这样几个问题：

(1)难度水平的确定是为了筛选题目。平时测验难度要利于学生的学习，但一定的难度能增加区分度，这对全面了解、掌握学生学习情况有十分重要的作用。

(2)难度水平的确定要考虑及格率，防止损伤学困生的自尊心。

(3)难度水平的确定要考虑对分数分布的影响，一般以偏正态分布为前提，有时偏正态分布更能激发学生的学习积极性。

4. 区分度

区分度是试题分析的一个指标，是指测试题目对学生成绩的鉴别能力，反映了试题对学生素质的区分情况。区分度取值在 −1～1 之间，数值越高，说明试题设计得越好。试题的区分度是衡量题目质量的主要指标之一，可为反思教与学提供科学依据。常用的鉴别区分度公式为 D＝PH−PL，其中 D 值是鉴别试题有效性的指标，它是用高分组(即得分最高的 27％)的通过率(PH)减低分组(即得分最低的 27％)的通过率(PL)所得的值。一般 D 值大于 0.30 时，试题的区分度达到优良。如果测试的区分度高，则该测试的信度必然理想，因此提高区分度是提高测试信度的方法。测试的区分度和难度关系也很密切。太难、太易的题目，区分度都不是很好，只有中等难度的试题，区分度才会比较好。

第二节　试题编制的基本方法例举

不同类型的试题有不同的性质特点，在检测中所起到的作用不同。因此，命题者有必要掌握不同类型试题的特点及命制要求。

按照试题的答案形式或评分标准来划分,检测中的常见题型大致可分为三类:一是客观式试题,主要包括选择题、判断题、匹配题等;二是限制式试题,包括填空题、简答题、作图题、计算题等;三是主观式试题,包括问答题、论述题等。

客观式试题是给试题提供正确和错误答案,由被试者从中选择自己认为正确的答案。评分标准统一、客观、准确,不受评卷人主观因素的影响,易于采用计算机阅卷,提高评价速度,降低考试成本。但无法考核学生的组织能力、表达能力及写作能力。

主观式试题的答案完全由答题者给出,命题者几乎不作限制,因此答案是不确定的,几乎没有标准答案,只能有答案要点,评分时受评分者主观因素的影响较大。

限制式试题介于客观式试题和主观式试题之间,其答案的确定程度取决于题型的具体编制办法,不能完全由答题者个人所确定,受命题者和题型的制约。

从三种题型的特点来看,客观式题型最适合检测知识性的目标,主观式题型最适合检测过程性的目标,而情感性目标的检测就相对复杂。它不能像知识性目标那样有准确的标准答案,常规的检测办法几乎完全不适应,通常采用的是观察法、谈话法、调查法等方式。随着新课程改革的推进,考试题型的变革,在某些学科中,一些开放性的题型中可以涉及情感目标的检测,从学生做出的富有个性化和独到见解的答案中,评价情感目标的达成情况。

几种题型有各自的优缺点,命题时应根据特点进行选择。客观式试题答题方式简便,评分客观、精确;但构成试卷的题量较大,需要命题的时间相对较多。同时,客观性试题难以测量学生的综合能力、创新能力,也容易造成学生"猜答案"的机会。主观式试题恰恰弥补了客观式试题的缺点,不过由于答案的"多样性",容易受到评分人主观因素的影响,而造成标准的不统一。限制式试题的优缺点介于二者之间。

新课程理念下,测试题的题型虽然没有太大的变化,但与传统考试相比,还是有了一些创新。本节将围绕一些常见题型,予以介绍。

一、选择题的编制例举

选择题是最典型的客观性试题,是 20 世纪 50 年代以后发展起来的一种评价教学质量的新技术。选择题一般由题干和备选项两部分组成。题干就是用陈述句或疑问句创设出解题情境和思路。备选项是指与题干有直接关系的备选答案,分为正确项和干扰项。学生的答题方式是选择正确或最佳的选项。它具有很强的灵活性,可以用来测量学生对多种类型知识的掌握与理解程度。如对词汇、事实、原理、方法和程序性知识有关的陈述性知识内容,以及与事实、概念、规律、原理、方法的解释与应用相关的程序性知识内容,都可以用这种题型来测量。

选择题具有取材广泛、知识容量大、评分客观性强、阅卷速度快、误差小等优点。同时,由于减少了学生的书写过程,使测试的题量大大增加,扩大了试题对知识内容的覆盖面。

但是,选择题也有很大的局限性。选择题测量的是当学生面对一个问题情境时,他知道或者理解应该做什么,却无法预测学生在真实的情境中到底会怎样表现。选择题只通过选择答案来判定学生的掌握情况,却无法反映出学生的思维过程,因此不适合测量组织能力、表达能力、创造能力等高层次的能力。

从不同角度,选择题又可分为若干类型:

1. 从选项角度划分:单项选择题和多项选择题

(1)单选题:一般有四个选项,选择其中之一作为正确答案。

【示例】

在电路中有两盏电灯和一个开关,灯泡正在发光,正确的是(　　　)

a.若断开开关,两灯都不亮,这两灯一定是串联的

b.若断开开关,两灯都不亮,这两灯一定是并联的

c.若断开开关,只有一灯亮,这两灯一定是串联的

d.若断开开关,只有一灯亮,这两灯一定是并联的

(2)多选题:一般有四个选项,正确的为两个以上,要求全部选出来。

【示例】

十七大报告进一步强调了要坚持和完善按劳分配为主体、多种分配方式并存的分配制度,健全劳动、资本、技术、管理等生产要素按贡献参与分配的制度。确立生产要素按贡献参与分配的原则( )

A. 符合效率优先的原则

B. 是发展社会主义市场经济的客观要求

C. 可以有效地防止两极分化

D. 能提高生产要素的利用效率

2. 从命题方法划分:指误式选择题、类推式选择题、阅读式选择题

(1)指误式选择题:选项中只有一个是错误的或有一个与其他选项不同类的,题干中往往有"不正确的……""有错误的……""不同类的……"标志性用语。

【示例】

下列标点符号使用有错误的一项是:( )

A. 看,那个巨人还在跑呢!

B. 海员们都说它很"年轻,"因为它才 7 岁,是 1863 年造的。

C. 书,给我以广阔的天地,而其中编织我童年美丽的生活花环的,竟是一本看不上眼的石印本《千家诗》。

D. 小米、玉米糁儿、红豆、红薯、红枣、栗子熬成的腊八粥,占全了色、香、味,盛在碗里令人赏心悦目,舍不得吃。

(2)类推式选择题:要求学生根据示例或前后两项之间的关系,推论出后面选项中的关系。

【示例】

根据示例,选出选项中符合给定关系的一项:( )

示例:打哈欠——无聊

A. 做梦——睡觉　　　　　B. 愤怒——疯狂

C. 微笑——乐趣　　　　　D. 面部——表情

(3)阅读式选择题:这种题型多是给出一段文字,要求学生在阅读中提取相关信息,然后回答选择的问题。这类题目在文科中比较常见,理科的呈现形式多为与现实生活紧密相联的材料阅读题。

【示例】

为了改善居民住房条件,我市计划用未来两年的时间,将城镇居民的住房面积由现在的人均约为 10 平方米提高到 12.1 平方米,若每年的年增长率相同,则年增长率为:( )

A. 9%　　　　　B. 10%　　　　　C. 11%　　　　　D. 12%

3. 从答案的排列方式分:排序选择题和组合选择题

(1)排序选择题:将一系列内容编排出不同顺序,由学生选择。

将下列句子组成语段,顺序排列正确的一项是(　　　)

①可以说,想象力应用多少是评价一个人智力高低的标准之一。

②人的大脑具有四个功能部位:感受区、储存区、判断区和想象区。

③想象力是人类独有的才能,是人类智慧的生命线。

④人们运用前三个部位功能的机会多,而应用想象区的机会少,一般人仅仅应用了自己想象力的15%。

⑤优秀的想象力对于一个杰出人才来说是必需的。

A.②④③①⑤　　　B.⑤③②①④　　　C.③⑤②④①　　　D.④⑤①②③

(2)组合式选择题:把几个不同的答案组合在一起,要求学生选择正确的选项。

人要讲真话,实话实说,但有时候实话实说也会伤害自己和别人,因此有时候人们在交往中不得不说一些出于爱心的、真心的"谎言",这就是善意的谎言。对于"善意的谎言",理解正确的是:(　　　)

①善意的谎言有时候能使人们的感情变得融洽

②善意的谎言一定产生好的后果

③善意的谎言实质是在撒谎,是不诚信的表现

④即使出于真心爱心,隐瞒事实的真相也应该具体问题具体分析

A.①②　　　　B.②③　　　　C.③④　　　　D.①④

二、判断题的编制例举

判断题又称"是非题"、"正误题",是一种让学生判断真假正误的陈述句。一般情况下,学生用"对"或"错"、"同意"或"不同意"进行回答。有的判断题在判断正误的基础上,还要求学生进行相应的修改错误。判断题的命题通常是一些比较重要的或有意义的概念、事实、原理或结论。

【示例1】

判断下列各题是否正确,对的画"√",错的画"×"。

①所有的自然数,不是质数,就是合数。(　　　)

②二成五就是25%。(　　　)

③任何一个质数加上1,不一定是偶数。(　　　)

④互质的两个数,一定都是质数。(　　　)

⑤生产96个零件,全部合格。合格率为96%。(　　　)

⑥任何一个圆,都有无数条对称轴。(　　　)

⑦用4条相等的线段围成的四边形一定是正方形。(　　　)

⑧两条直线分别为5厘米和8厘米,它们的和是13厘米。(　　　)

【示例2】

阅读下表内容进行判断:

皇帝	都城	治国措施	主要政绩
秦始皇	咸阳	建立皇帝制度;统一货币、度量衡和文字;焚书坑儒等	结束了春秋战国以来的分裂割据局面,建立了我国历史上第一个统一的多民族的封建国家
汉武帝	长安	尊儒术兴太学;颁布"推恩令";统一铸造货币、垄断盐铁经营等	在政治、经济、军事和思想上实现了大一统,促进汉朝进入鼎盛时期

以下表述是从上表信息中得出的,请在括号内划"√";违背了上表信息所表述的意思的,请在括号内划"×";是上表信息没有涉及的,请在括号内划"○"。

A.秦始皇和汉武帝都定都咸阳。(　　　)

B.秦始皇建立了皇帝制度。(　　　)

C.为了打击匈奴,汉武帝派张骞出使西域。(　　　)

D.秦始皇和汉武帝都大力推崇儒学。(　　　)

E.秦始皇和汉武帝都为历史的发展做出了贡献。(　　　)

三、匹配题的编制例举

匹配题是通过让学生将具有某种联系的内容进行搭配,从而判定其水平的一类试题。一般包括两栏,通过划线或用字母标定的方式使两栏内容建立关系。两栏选项的数目一般情况下是对等的,但也有一些特殊的例子。

【示例1】

请将下列特征与人体生长相对应的时期连线。

呀呀学语	老年期
十月怀胎	婴幼儿期
颐养天年	胎儿期
勤奋求学	青年期
努力工作	成年期
生长迅速	学龄期
抚育后代	青春期

【示例2】

请将右栏中相应选项的序号填写到左栏中对应的括号内。

(　)1. What can you see in the park? 　　A. It means "No smoking".

(　)2. Can I go with you? 　　B. I've got an earache.

(　)3. What does this sign mean? 　　C. Yes, you are right.

(　)4. Does the sign mean "No parking"? 　　D. A cake, please.

(　)5. It means "No eating or drinking"? 　　E. No, it doesn't.

(　)6. Do you like puppets? 　　F. Really? Me, too.

(　)7. Are the boys playing chess? 　　G. No, they're listening to music.

(　)8. I like growing flowers. 　　H. No, you can't.

(　)9. What would you like? 　　I. Some public signs.

(　)10. What's the matter? 　　J. Yes, I do.

四、填空题的编制例举

填空题即要求学生在不完整的陈述或图表中填入适当的词语、句子或数据,把该陈述或图表补充完整。它对于考查学生的基础知识有重要的作用,且命题灵活,形式多样,知识覆盖面广,评分也比较客观。但是,传统的填空题往往过于关注学生对知识细节的记忆而忽视考查学生的理解能力和思维能力,且不利于学生系统和综合地掌握和运用各类知识。因此,在实际的检测中,填空题的比重并不大。为了充分发挥这种题型的诊断和激励功能,必须对填空题的命题形式进行改革,着重考查学生对知识的理解和综合能力,命题内容应结合学科特点,联系生活实际,具有一定的开放性。

【示例1】

完成下列填空题:

1. 我国国旗法规定,国旗的长和宽的比是3:2。已知一面国旗的长是240厘米,宽是( )厘米,国旗的长比宽多( )%。

2. 一个三角形的内角度数之比为2:3:5,这个三角形是( )三角形。

3. A是B的6倍,A、B两数的最大公约数是( ),最小公倍数是( )。

4. 一项工程甲独做8天完成,乙独做4天完成,两队合做( )天完成。

5. $5X=6Y$,X、Y成( )比例;$X:5=6:Y$,X、Y成( )比例。

【示例2】

根据下面的语境填空:

1. 从曹植的"捐躯赴国难,视死忽如归"到文天祥的"_____?_____",我们看到了仁人志士对"生死"所做出的最简单而又最精辟的诠释。

2. 洞庭湖的壮美景象引来不少文人的咏叹,这里有杜甫"吴楚东南坼,乾坤日夜浮"的苍凉,又有孟浩然"_____,_____"的壮阔,范仲淹也因其万顷碧波的阴晴明暗,发出了先忧后乐的拳拳心语。

【示例3】

完形填空:

A few years ago, I had a job that almost destroyed me. My __1__ was that I loved my job too much and couldn't get __2__ of it. Working for the President was better than any other __3__ that I'd ever had. In the morning, I couldn't __4__ to get to the office. At night, I left it unwillingly. Part of my mind __5__ at work even when I was at __6__ with my kids at night.

Not __7__, all other parts of my life shriveled(枯萎) into a dried raisin. I lost touch with my __8__, seeing little of my wife or my two sons. I lost contact with my old friends. I even __9__ to lose contact with myself. Then one evening, I __10__ home to tell the boys I wouldn't make it back in time to say good night. I'd already missed five __11__ this week. Sam, the younger of the two, said that was __12__, but asked me to wake him up __13__ I got home. I explained that I'd be back so late that he would have gone to sleep __14__; it was probably better if I saw him the next morning. But he __15__. I asked him why. He said he just wanted to know I was there, at home. To this day, I can't __16__ exactly what happened to me at that moment. Yet I suddenly knew I had to __17__ my job.

After I said in public that I had quit my job, I received a number of __18__. Most were sympathetic, but a few of my correspondents were __19__. They wrote to tell me angrily that I shouldn't think myself virtuous (有道德的). _____20_____ work was virtuous; leaving an important job to spend more time with my family was not.

1. A. happiness   B. disease   C. problem   D. fight
2. A. little   B. all   C. enough   D. part
3. A. joy   B. invitation   C. job   D. trouble
4. A. hope   B. help   C. stop   D. wait
5. A. remained   B. held   C. blocked   D. settled
6. A. lunch   B. home   C. school   D. breakfast
7. A. really   B. likely   C. surprisingly D. usually
8. A. parents   B. teachers   C. family   D. friends
9. A. began   B. wanted   C. chose   D. proved
10. A. wrote   B. phoned   C. ran   D. drove
11. A. bedtimes   B. kisses   C. nights   D. calls
12. A. bad   B. OK   C. great   D. easy
13. A. however   B. whenever   C. whatever   D. wherever
14. A. as well   B. on purpose   C. in time   D. long before
15. A. agreed   B. insisted   C. managed   D. refused
16. A. find   B. feel   C. require   D. explain
17. A. value   B. leave   C. keep   D. take
18. A. papers   B. notes   C. letters   D. reports
19. A. angry   B. sad   C. pleased   D. excited
20. A. Timeless   B. Hard   C. Valuable   D. Important

五、作图题的编制例举

作图题是理科的一种常见题型,通常出现在数学和物理等学科,因为这类考题往往涉及相关的几个知识点,是一种综合应用类考题。它一般指根据题目提出的各种要求,完成作图,并回答有关的问题。作图题的内容广泛,图的形式有示意图、实物图、函数图、模拟图等。

作图题同其他题型一样,要严格遵照教学大纲或新课标要求来命制,考查内容从基本概念、性质、定律到技能,命题源于教材而又不拘泥于教材,从传统清一色的概念原理型,发展到综合分析、生活应用、实验探究类型,有机地将学科知识与生活实际联系在一起,展示学科知识的真实性、应用性。近年来,在各类考试中,作图题已着力于关注社会热点、科技热点、现代技术应用问题,它可以有效地制约学生死记硬背、生搬硬套的不良习惯,树立正确的科学观,培养学生的创新意识。

【示例1】

下图是伏安法测电阻的实验电路图,根据电路图,以笔画线代替导线,将实物图连成实验电路。(电压表用0~15 V的量程,电流表用0~0.6 A的量程)

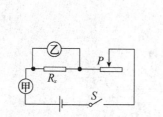

【示例2】

如图,要在一块形状为直角三角形的铁皮上裁出一个半圆形的铁皮,需先在这块铁皮上画出一个半圆,使它的圆心在 AC 上,且与 AB、BC 都相切。请你用直尺圆规画出来(要求用直尺和圆规作图,保留作图痕迹,不要求写作法)。

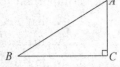

六、计算题的编制例举

理科中一种特有的题型,要求学生综合运用知识技能,从定量的角度解决实际问题。它对于考查学生对基础知识的掌握程度、计算能力、逻辑思维能力、空间想象能力、分析判断能力等有重要作用。

【示例1】

甲乙两辆汽车同时从 A、B 两个车站出发相向而行,经过 5 小时在途中相遇,甲车每小时行 85 千米,乙车每小时行 80 千米,乙车在途中曾停车 1.5 小时,A、B 两站相距多少千米?

【示例2】

某城市高架桥工程建设,为兼顾城市发展和保护历史文化遗产,需将一栋古建筑平移。在移动过程中,施工人员先在古建筑四周深挖,把古建筑连同地基挖起。然后在地基下铺设平行轨道,如图所示。再用四个推力均为 $8×10^5$ N 的千斤顶同时推动古建筑沿轨道缓慢滑动 50 m,在新地点安放、固定、复原。若古建筑连同地基的总重量为 $1.5×10^7$ N,铺设轨道的地面能承受的最大压强为 $7.5×10^5$ Pa。问:

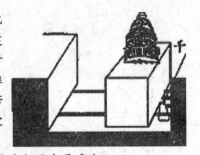

(1)为防止移动过程中轨道下陷,轨道对地面压力的作用面积至少是多大?

(2)在古建筑的整个平移过程中,四个千斤顶对古建筑做的功是多少?

(3)若使用电动机通过滑轮组移动古建筑,已知电动机对滑轮组做功的功率为 80 kW,滑轮组的机械效率为 80%,古建筑移动的速度是多大?

七、简答题的编制例举

简答题是指学生根据题干的问题,用简短的语言对概念、事物的发展过程、基本原理、问题解决要点等内容做出简要的解释、说明和论述的题型。它主要考查学生对基本概念和基本原理的理解与掌握程度,以及对事物或事件进行简明扼要地叙述和概括的能力。

简答题的设计应该尽可能地避免孤立地考查基本概念、原理的知识内容,以防止学生死记硬背的学习倾向。应该把这类题型的命制重点放在学生对基本概念、基本原理的理解上,以及所学知识与现实生活的关系上,试题内容应趋向于开放性。

【示例1】

简答:

某同学在做铁丝燃烧实验时,把铁丝绕成螺旋状缠在火柴梗上点燃后,伸入他收集的氧气瓶中,却没有观察到铁丝燃烧现象。请你帮他分析可能的原因。

【示例2】

看漫画《家电下乡幸运了谁?》,简要回答。

新课程理念下的作业、试卷设计与评阅

 河北省政府决定从今年2月1日起,在全省正式实施旨在推动农村消费、扩大内需的"家电下乡"政策措施,其彩电、冰箱(含冰柜)、手机、洗衣机这4类"家电下乡产品"将获得13%的财政直补,其实施期限为今年2月1日至2013年1月31日,共计4年时间。

1. 漫画中有人就打起了"家电下乡"招牌的歪主意,该厂家侵害了消费者什么权利?

2. 请你为避免上述情况的发生为我省献计献策。

八、操作题的编制例举

随着新课程的实施,考试内容不仅仅关注"基础知识与基本技能",还把"活动过程"、"思考过程"和"解决问题的方法和手段"作为考察的主要方面。实验操作性试题因具有较强实践性与思辨性,能够有效考查学生的实践能力、创新意识和直觉思维能力、发散思维能力等综合素质,而受到命题者的青睐。

【示例1】

将正方形 $ABCD$ 折叠,使顶点 A 与 CD 边上的点 M 重合,折痕交 AD 于 E,交 BC 于 F,边 AB 折叠后与 BC 边交于点 G(如图)。

(1)如果 M 为 CD 边的中点,求证:$DE:DM:EM=3:4:5$;

(2)如果 M 为 CD 边上的任意一点,设 $AB=2a$,问 $\triangle CMG$ 的周长是否与点 M 的位置有关?若有关,请把 $\triangle CMG$ 的周长用含 DM 的长 x 的代数式表示;若无关,请说明理由.

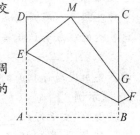

【示例2】

小军根据燃烧红磷测定空气中氧气含量的实验原理,认为可用木炭代替红磷测定空气中氧气的含量,并按右图装置进行实验。

①用红磷测定空气中氧气含量所依据的实验原理是 _____
_____。

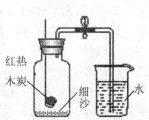

小军检查装置气密性后,将盛有足量红热木炭的燃烧匙迅速伸入集气瓶中,并把塞子塞紧,待红热的木炭熄灭并冷却至室温后,打开弹簧夹,并未发现倒吸现象。

经过认真分析,小军发现实验失败的原因是(答一条)_____
_____。

②小军将集气瓶中的细沙改为一种溶液,重复上述①实验,有倒吸现象,该溶液可能是:

_____。小军还发现倒吸的水量未达到集气瓶内原剩余容积的1/5。原因可能是(答一条):_____。

讨论后同学们认为,选择的药品既要能消耗氧气,又不会跟空气中的其他成分反应,而且生成物为固体。他们应该选择(填编号)_____。

A. 蜡烛　　　　　B. 红磷　　　　　C. 硫粉　　　　　D. 铁丝

为了充分消耗容器中的氧气,药品的用量应保证_____。

为了确保实验的成功,在装药品之前应该_____。

通过对实验结果的交流,大多数同学都验证出氧气约占空气体积的_____。

通过实验还可以推断集气瓶中剩余气体的性质是_____。

九、作文题的编制例举

作文题是语文学科和英语学科分值权重最大的题型。在新课程理念下,作文题目的命制,无不关注社会、关注人生,努力体现时代风貌和人文精神。语文学科的作文命题,大致可分为命题作文、材料作文、话题作文等。

1. 语文学科的作文命题

(1)命题作文:由命题者指定题目,列出要求,学生无选择地写一篇文章。许多人并不明了"命题作文"实际操作中的难度,往往随意地出些题目塞责了事。因此,要克服凭主观随意命题,脱离学生的生活实际和思想实际的做法,打破狭窄的命题范围,拒绝抄袭、模仿旧题,以防出题陈腐刻板,引不起学生兴趣。命题作文中也包含半命题作文。

【示例1】

题目:生日

提示:同学们,一年的365天里,藏着许许多多的"生日"。有自己的生日、父母的生日、兄弟姐妹的生日、亲朋好友的生日、老师同学的生日,还有党的生日、人民军队的生日、人民共和国的生日、革命领袖的生日……对这些日子,你怀有怎样的情感? 你又是怎样度过的? 它又给你留下了怎样的回忆和思考? 当你坐在考场面对"生日"这样一个题目时,你又涌出了哪些想法? 有哪些话要说? 请敞开心扉,把你最想述说的人和事,最想抒发的情和意,最想表达的观点和认识写出来,让大家与你分享。

要求:①写一篇不少于600字的文章;②可自拟副标题;③除诗歌、戏剧外,文体不限;④请不要出现与你相关的人名、校名、地名等。

【示例2】

请以"生活好比_____"为题写一篇文章。

要求:①先回忆难忘的生活经历,品尝其中的人生滋味,再补足题目。②除诗歌、戏剧外,文体不限。③书写认真工整。④不少于600字。

(2)材料作文:给出一段材料,要求学生自选角度,自拟题目,写一篇文章。材料作文的材料包括文字材料和图画材料。命题形式丰富多样,有提供材料又提供文题的,有提供材料要求考生自拟文题的,有提供一段材料完成一篇或几篇(一般是一篇大作文,一篇或两篇小作文)作文的,也有提供几篇(或几幅图画)材料完成一篇作文的。材料作文有明确的规定性,有效避免了考场上的宿构文或背范文的现象,同时又能从多个角度灵活地考查出学生的阅读能力和写作水平,保证了参加考试的考生都可以有据而述、有感而发,所以也成为考试作文中常采用的命题形式之一。

【示例】

阅读下面的文字,根据要求写一篇不少于800字的文章。

一只老鹰从鹫峰上俯冲下来,将一只小羊抓走了。

一只乌鸦看见了,非常羡慕,心想:要是我也有这样的本领该多好啊! 于是乌鸦模仿老鹰的俯冲姿势拼命练习。

一天,乌鸦觉得自己练得很棒了,便哇哇地从树上猛冲下来,扑到一只山羊的背上,想抓住山羊往上飞,可是它的身子太轻,爪子又被羊毛缠住,无论怎样拍打翅膀也飞不起来,结果被牧羊人抓住了。

牧羊人的孩子见了,问这是一只什么鸟,牧羊人说:"这是一只忘记自己叫什么的鸟。"孩子摸着乌鸦的羽毛说:"它也很可爱啊!"

要求全面理解材料,但可以选择一个侧面、一个角度构思作文。自主确定立意,确定文体,确定标题;不要脱离材料的含意作文,不要套作,不得抄袭。

(3)话题作文:围绕着所给话题,也就是围绕着所给谈话中心、谈话内容、谈话的由头写成的文章,便是话题作文。话题作文必须与话题相关,一般情况下,话题作文的要求只规定话题的范围,而不限定作文的主旨。"自由性"是话题作文最大的特点。考生在题目、选材、文体、想象空间上有极大的自由性和自主性。由于它能最大限度地发挥学生的写作个性,因此,是作文命题非常重要、非常常见的一种形式。

【示例】

第二次世界大战时,有两个人被关在纳粹集中营的一间狭窄的囚室里,他们惟一能了解世界的地方,是囚室里那扇一尺见方的窗口。

每天早上,他俩都要轮流去窗口眺望外面的世界。

一个人总是愁苦地看着窗外的高墙和铁丝网,另一个人却总爱看窗外的天空,看蓝色天空中的小鸟自由地飞翔。

半年后,前者因忧郁死在狱中;后者却坚强地活了下来,直到获救。

这个故事能引发你哪些联想,给你什么启迪呢?请以"窗外的世界"为话题写一篇文章,可以写你的见闻,你的体验,也可以写你的思考,你的想象;可以编述故事,也可以发表议论,抒发感情。

要求:①所写内容要与话题有关;②文体不限;③题目自拟;④不少于800字;⑤不得抄袭。

2. 英语学科的作文命题

英语学科的作文命题,往往是根据命题者所提供的一些信息,学生按照一定的要求写成作文。常用形式有看图写话,根据中英文提示写段落,写信或留言条,写日记或根据图表提供的信息写报告等。一般给学生规定篇幅,多在80~100词之间。

【示例】

Tom 去年来到大明所在的学校学习。在学习期间,他对学校提倡的"创建和谐校园"活动感触颇深。他发现该校的学生学习主动,兴趣广泛,友爱互助,师生之间关系融洽,人与环境和谐相处(如:保持环境卫生,爱护花草树木,不随地乱扔废弃物等)。

①请你以 Tom 的名义,给远在美国的父母写一封信,介绍学校的现状并谈谈你的感受。

②文中不得出现真实的姓名、校名或地名。词数80左右。信的开头与结尾已给出,不计入总词数。

③以下词汇仅供参考:build up 建立,创建;a harmonious campus 和谐校园;impress vt. 给……留下印象。

Dear Mum and Dad:

Time flies! I've been here for nearly a year. I'm very pleased to find that our school is really a good one. The students in our school _____.

Yours,

Tom

十、论述题型的编制例举

论述题就是向被试者提出问题,需要被试者调动知识储备、精心组织语言组成一份较长答案的试题。这类试题有较大的自由度,可以充分地考查被试者的组织、归纳和综合所学知识的能力,运用掌握的知识解决问题、探讨问题的能力以及创新能力。论述题具有很强的时代性、思想性、开放性,能力层次要求较高,题目难度也比较大。

编制论述题时,应注意以下几点:

(1)试题应该用来测量较高层次的教学目标,在题干的表述上要系统,要使被试者能够清楚地了解题目的要求,使题目能够真实地反映被试者的实际能力,而不受阅读、理解等因素的影响。

(2)试题的答案应该尽量具有统一的定论。这样可以最大程度地防止评分者的主观意识分歧所造成的评分误差。如果问题的确存在争议,应该在命题时考虑对应试者的作答范围、观点等有一定的限制。

(3)编制论述题时,应该正确把握时代脉搏,选择的材料要新,参考答案的设计要合理、适度、客观,能有效地控制评分误差,坚持源于教材又高于教材的原则。答案设计要留有一定的空间,鼓励学生创造性地发表观点。

【示例】

材料一:1999 年 5 月 5 日,美国政府抛出了所谓的"考克斯报告",污蔑中国"窃取"美国的尖端军事技术;5 月 5 日,又悍然使用五枚导弹袭击我驻南斯拉夫使馆,造成我多名人员伤亡和馆舍的严重破坏;5 月底又通过了所谓的"天安门事件十周年"议案和"2(x)〇 年国防拨款法"和"涉台法案";12 月又通过决议,支持台湾加入"世界卫生组织";2000 年 1 月,美国众议院又通过了《加强台湾安全法案》;美国所谓的"人权报告"中又大肆攻击我国所谓的"人权状况"。

材料二:1999 年 6 月 3 日,美国决定延长对华正常贸易关系;7 月 9 日,针对李登辉的"两国论",美公开表示"一个中国"的对华政策不变;11 月 15 日,中美两国政府签署了关于中国加入世贸组织的双边协定,此后,美国总统克林顿多次敦促其国会通过这一协定。

材料三:江泽民指出:中美之间既有共同点,也有分歧。稳定、改善和发展中美关系符合两国的根本利益,两国要共同致力于建立"建设性的战略伙伴关系"。中国愿意在和平共处五项原则的基础上发展中美友好关系,但原则性问题决不让步。

(1)运用所给材料,评价中美关系。

(2)运用政治常识有关知识,分析中美为什么会存在这种关系?

(3)中美的这种关系反映了什么哲学道理?

十一、创新题型的编制例举

在常规的题型之外,近年来,在各种测试中,涌现出许多新型的测试题目,为测试增添了新鲜的元素。这类试题更强调学生有较广的知识覆盖面,解答时需要更大的思维空间,对拓展学生的创新思维十分有益。题目本身的个性化,更有助于学生解答过程中"弘扬个性"。正是由于这类题型对培养学生的创新能力有很好的促进作用,更适应当前各国人才竞争的需要,更符合教育发展的潮流,因此,它倍受命题者的青睐。

编制创新题型需要注意以下几点:

(1)追求内容新颖、形式生动。打破传统试题条件简单、结论僵化、解法呆板的缺陷,强调复杂的条件和结论的不确定性,富有个性化。问题提出的形式不拘一格,可以探究结论,可以寻求多种解法,体现出现代气息。

(2)解决问题的方法灵活多样。创新题型往往需要解题者联合运用观察、想象、分析、综合、类比、归纳、概括、演绎等思维方法,答案强调多元化,同时从多个角度探究问题的答案,能收获多种结果,并从中辨析最佳答案。

(3)试题评分要有开放性。评分标准要有灵活性,或按题意给分,考查学生正确理解题意的能力,或按角度给分,鼓励学生任选角度来答题,或按综合给分,考查学生的总结归纳能力,或按创意给分,注意考查学生的创新意识和探究精神。

(4)针对《课程标准》进行命题。创新不是随心所欲,命题的范围和深度不应超越《课程标准》的要求,不能随意提高试题的难度,不能偏离课程标准的要求。杜绝设置偏题、怪题等看似“创新”的题目。创新试题要难度适宜,让不同程度的学生都能考出自己的水平,有利于创造性的发挥。题目设置要有梯度、有层次,起点适当,坡度适宜。

【示例1】

俗话说:“一方水土养一方人。”我们的家乡呼和浩特有着独特的地理环境、历史文化、风土人情。了解家乡、热爱家乡,让我们先从乡音开始吧! 你们班这次的语文综合性学习,准备安排到民间去“采风”,活动的主题是:认识谚语。

相关链接:谚语是在群众中间流传的固定语句,用简单通俗的话反映出深刻的道理。如“三个臭皮匠,赛过诸葛亮”,“三百六十行,行行出状元”,“天下无难事,只怕有心人”。

(1)作为这次活动中一个“采风”小组的负责人,你们准备怎样开展活动? 请拟定两种具体的调查方法。

(2)下面是你们小组搜集到的呼和浩特谚语,请你给这几条谚语分类,并注明类别名称。(分类只标序号)

①种地没粪,跟人家瞎混。

②后山三件宝:山药、莜面、大皮袄。

③云往东一场空,云往西下大雨。

④巧报的窝瓜土城的蒜,北什轴的姑娘不用看。

⑤要想虫子少,先锄地边草。

⑥东南风下雨,西北风晴。

(3)活动总结:在这次活动中,你做了哪些工作? 对家乡有了什么新的认识? 你受到什么启发? 请从以上三个方面写出一个简短的活动总结。

【示例2】

某市 20 名下岗职工在近郊承包 50 亩土地办农场。这些地可种蔬菜、烟叶或小麦,种这几种农作物每亩地所需职工数和产值预测如下表:

作物品种	每亩地所需职工数	每亩地预产值
蔬菜	1/2	1100 元
烟叶	1/3	750 元
小麦	1/4	600 元

请你设计一种种植方案,使每亩地都种上农作物,20位职工都有工作,且使农作物预计总产量最多。

十二、命制试卷要把握好九个"度"

试卷通常有两个功能,一是检查考生相关内容学习后知识掌握的程度,侧重于对知识的记忆、理解、应用等状况的检查,查漏补缺,以便于后阶段有针对性地教学;二是考查考生的能力水平,以便于筛选。前者多用于平时的测验、期中、期末考试等,后者主要用于中考、高考及其他选拔性的考试。因此命制试卷时应注意把握好以下九个"度":

一是广度。即考查的范围要全面,一套试卷应尽可能地将考生所学内容都触及到,但又不可面面俱到,要有主次、重点、详略等。

二是坡度。一套试卷整体上要由浅入深,每种类型的试题要由浅入深,每道试题也要由浅入深。

三是深度。试卷不同于平时的作业,考试时应让考生有一定的思维量,但又不可利用偏题、怪题刁难考生。

四是难度。一套试题应适当设置一定量的难题,以便考查学生潜在的能力,即人们平时所说的"要跳起来才能摘到桃子",难题以不超过全部试题的30%为宜。

五是分度。即区分度,如果一套试题的测试结果使水平高的考生答对(得高分),而水平较低的考生答错(得低分),它的区分能力就很强。也就是要让考生通过测试后的得分拉开档次,拉开名次,一般好、中、差以控制在3∶5∶2为宜。

六是信度。信度是指使用同一试卷对考生重复测验时,或两个平行试卷对考生测验时,所得测验分数的一致性和稳定性程度。也就是通过考试能真实反映考生的一贯的水平,不是任何投机的、偶然的结果。

七是效度。效度是指考试有效性或正确性的质量指标,考试效度的高低反映着考试是否达到它的预定目的,是否考了要考的内容。

八是速度。命制试题时,应考虑要让绝大多数考生在规定的时间内答完全部试题,并且有一定的时间检查,考生在少于考试时间的80%内轻松做完或在规定的时间内连80%的内容都没做完,这样的试卷就是失败的。

九是亮度。一套试题应有闪光点,即命制试题应有创新,不可随意拼凑,要力争做到相同试题人无我有,人有我新,让考生考完后有谈头、有嚼头,甚至终生难忘。

要达到以上要求,试题命制人员必须对相关内容相当熟悉,对考试要求相当清晰,对考试对象相当了解,并且平时应广泛阅读各类试题、研究各地试题的走向(重点、难点、考点、热点、创新点等),注意关注生活,注重联系实际,善于积累,勇于创新。

十三、优秀试卷例举

2009湖北省荆州市中考语文试题

注意事项:

1. 本试卷共8页,六大题,满分120分,考试时间150分钟。
2. 答题前将准考证号、姓名清晰地填写在密封线内相应的位置。
3. 第2页右侧的座位号填写准考证号最末两位数。

* 祝考试顺利 *

一、(26分)积累运用

1.(2分)将下面文字抄写在田字格中,要求正确、工整。

做 一 个 幸 福 快 乐 的 读 书 人

2.(2分)下列各组词中加点字字形和读音都正确的一项是(　　)

A. 繁衍(yǎn)　粗制乱(làn)造　　　　　B. 箴(jiān)默　根深蒂(dì)固

C. 咫(zǐ)尺　妇孺(rú)皆知　　　　　　D. 笃(dǔ)信　正襟(jīn)危坐

3.(2分)下面是《做人》这首小诗的前两节,请顺着文意续写一节。

做花一样的人/不一定艳丽娇媚/但必须芬芳四溢

做树一样的人/不一定枝繁叶茂/但务必挺拔秀颀

4.(2分)微型阅读。

"生物入侵者"在给人类造成难以估量的经济损失的同时,也对被入侵地的其他物种以及物种的多样性构成极大威胁。二战期间,棕树蛇随一艘军用货船落户关岛,这种栖息在树上的爬行动物专门捕食鸟类,偷袭鸟巢,吞食鸟蛋。从二战至今,关岛本地的11种鸟类中已有9种被棕树蛇赶尽杀绝,仅存的两种鸟类的数量也在与日俱减,随时有绝种的危险。

①文段说明的主要内容是:

②文段主要运用的两种说明方法是:

5.(8分)古诗文默写。

①赏西湖春景:几处早莺争暖树,＿＿＿＿＿＿＿＿＿。

②观塞外秋色:塞下秋来风景异,＿＿＿＿＿＿＿＿＿。

③吊三国古迹:＿＿＿＿＿＿＿＿＿,铜雀春深锁二乔。

④品富阳山水:＿＿＿＿＿＿＿＿＿,＿＿＿＿＿＿＿＿＿;经纶世务者,窥谷忘反。

⑤诉骨肉相思:共看明月应垂泪,＿＿＿＿＿＿＿＿＿。

⑥咏梅花高洁:无意苦争春,＿＿＿＿＿＿＿＿＿。

⑦抒凌云壮志:＿＿＿＿＿＿＿＿＿,一览众山小。

⑧论民心向背:得道多助,＿＿＿＿＿＿＿＿＿。

6.班级开展"传统节日与民俗文化"为主题的综合性学习活动,请你参与。

活动一:对联集锦(2分)

请根据同学们收集的节日对联,写出相关的传统节日。

元夕玉烛千门乐,宵月花灯万户明

携手接队放风筝,怀亲垂泪烧纸钱

活动二:节日探源(2分)

下面是同学们在活动中的一则调查材料:

现在,在青少年当中,很多人没看过龙舟,没听过唢呐,不认识艾草、菖蒲,对清明节的祭奠也不以为然;然而越来越多的人热衷于过圣诞节、情人节等西方节日。

材料反映出一种什么现象? 你认为造成这一现象的主要原因是什么?

活动三:端午采风(2分)

继4年前韩国"江陵端午祭"被联合国教科文组织宣布为"人类口头和非物质遗产代表作"后,中国已启动"端午节"申报世界非遗程序。日前,该项目已由湖北省代表中国向联合国递交申报表,申报端午节为"人类非物质文化遗产代表作。"

假如荆州电视台《有么子,说么子》栏目记者就此活动采访你,你将发表怎样的观点?

活动四:中秋赏月(4分)

欣赏苏轼的《水调歌头·明月几时有》,完成下面各题。

明月几时有? 把酒问青天。不知天上宫阙,今夕是何年。我欲乘风归去,又恐琼楼玉宇,高处不胜寒。起舞弄清影,何似在人间。

转朱阁,低绮户,照无眠。不应有恨,何事长向别时圆?人有悲欢离合,月有阴晴圆缺,此事古难全。但愿人长久,千里共婵娟。

①(2分)词的上片极写作者在"天上"、"人间"的徘徊、矛盾,下片写_____,以积极乐观的旷达情怀作结。

②(2分)说说你对"但愿人长久,千里共婵娟"一句的理解。

二、(8分)文言文阅读

邹忌讽齐王纳谏

邹忌修八尺有余,而形貌昳丽。朝服衣冠,窥镜,谓其妻曰:"我孰与城北徐公美?"其妻曰:"君美甚,徐公何能及君也!"城北徐公,齐国之美丽者也。忌不自信,而复问其妾曰:"吾孰与徐公美?"妾曰:"徐公何能及君也?"旦日,客从外来,与坐谈,问之客曰:"吾与徐公孰美?"客曰:"徐公不若君之美也。"明日徐公来,孰视之,自以为不如;窥镜而自视,又弗如远甚。暮寝而思之,曰:"吾妻之美我者,私我也;妾之美我者,畏我也;客之美我者,欲有求于我也。"

于是入朝见威王,曰:"臣诚知不如徐公美。臣之妻私臣,臣之妾畏臣,臣之客欲有求于臣,皆以美于徐公。今齐地方千里,百二十城,宫妇左右莫不私王,朝廷之臣莫不畏王,四境之内莫不有求于王:由此观之,王之蔽甚矣。"

王曰:"善。"乃下令:"群臣吏民能面刺寡人之过者,受上赏;上书谏寡人者,受中赏;能谤讥于市朝,闻寡人之耳者,受下赏。"令初下,群臣进谏,门庭若市;数月之后,时时而间进;期年之后,虽欲言,无可进者。燕、赵、韩、魏闻之,皆朝于齐。此所谓战胜于朝廷。

7.(2分)选出对加点词理解有误的一项(　　)

A. 虽欲言,无可进者(虽:虽然)　　　　　B. 皆以美于徐公(于:比)

C. 四境之内,莫不有求于王。(之:的)　　D. 乃下令。(乃:于是,就)

8.(2分)选出对加点词理解正确的一项(　　)

A. 吾妻之美我者(美:美丽)　　　　　　　B. 时时而间进(间:偶然)

C. 能面刺寡人之过者(刺:讽刺)　　　　　D. 闻寡人之耳者(闻:听到)

9.(2分)将"孰视之,自以为不如;窥镜而自视,又弗如远甚。"译成现代汉语。

10.(2分)文章第一段写邹忌与徐公比美,不因妻、妾、客的赞美而自喜,而是从中悟出_____的道理。第二段写邹忌巧妙运用_____的方法,讽谏齐王除蔽纳谏。第三段写齐王纳谏及其结果。

三、(12分)小说阅读

最美丽的谎言

一天,我所在的医院来了一位患脑瘤的病人,她在丈夫的搀扶下步履蹒跚地走近病床,他们显然是农村来的,一股乡下泥土的芬芳。

他们家好像不太富裕,妻子一直在说着,我这病就是癌,不要治了。两个孩子还需要念书,又得许多的钱。

丈夫劝慰她,别让人家笑话咱,有病哪能不治?再说了,我已经给二叔家说好了,他们支援我们一笔钱,无利息贷款,包你能将病治好,至于钱慢慢还,放心吧。

可她总是一脸无奈,有好几次,她偷偷地跑出去张望,丈夫回来时总会向大家解释:她是在向家的方向张望,她想孩子们。

那天傍晚,我忽然见丈夫拿着个小巧玲珑的手机进来,他站在门口大声说着话:儿子吗?

你妈没事的,功课做得怎样啦?家里的猪别忘了喂呀,对妹妹说声,不要担心,好好复习,马上就要考试啦!

他高兴地跑到妻子面前,对她说道,二叔刚才过来了,我没让他进来,他特意给我丢下一款手机,我以后每天晚上都会向家里打个电话,你就别担心家里了。

妻子摆摆手说,又要花钱,那手机费不得交呀?男人笑笑,对妻子说,沟通无限嘛,电视里都说啦!

妻子要进手术室了,护士过来给她注射麻醉药,她趁着清醒时大声地对丈夫说,我如果下不了手术台,丧事就不要大办了。如果有合适的,你就找一个,别耽搁了自己,只是别让后娘苦了两个孩子……丈夫泪如泉涌,我紧紧握住他的手,和他一起等结果。

她出来了,万幸的是,脑瘤是良性的。

她一天天好起来,丈夫依然每天傍晚站在门口大声地打电话,妻子则温顺地坐在床头听着,有时还会补充两句。

那天,由于将手机落在家里,我急着回个电话,就对他说,大哥,能借你手机用用吗?他无奈地把我拉出病房,然后从怀里掏出手机给我看,我一看,懵了,居然是个手机模具。他赶紧解释,小兄弟,我害怕孩他妈担心,所以在夜市上买了个假的,我每天晚上故意放高声音,其实是为了让她安心,你千万不要将这事儿告诉她。

我的眼眶红了。这是我听到的世界上最美丽的谎言——它没有风花雪月的缠绵悱恻,没有花前月下的浪漫缱绻,但它是如此质朴真切,沉淀出这世上最深沉的爱,入骨入髓。

(作者:古保祥)

11.(2分)请用一句话简要概括这个感人的小故事。

12.(3分)文章开头两段似乎与"谎言"无关,可以删除吗?为什么?

13.(2分)研读下面的段落,将画线的部分改成一段父子间的对话描写。

掌灯时分,妻子醒了,他高兴不迭,一边安慰妻子,一边拿起手机拨电话,他走到门口,对着听筒大声说着,没事了,你妈醒了,对,气色不错,不用来了,好了会出院的。

14.(3分)写出使故事发生突转,并将小说推向高潮的一个情节。

15.(3分)小说的主人公是谁?请指出来并说明理由。

四、(12分)散文阅读

向一棵树鞠躬

那天早晨,我无意识地朝路边的砖垛上扫了一眼,一下子就看到了这棵树。我不由自主地站在那里,仰视着这棵不同寻常的树。

它长在一堆码起来的砖垛上。周围是林林总总的大树小树。砖垛有两米多高,我不知道它在那里堆了多少年,表层的砖被一层青苔覆盖着。砖们不规则地排列在一起,好像训练累了的老兵,歪歪斜斜地站在那里,勉强保持着一种队形。

它其实只有一米来高。稀稀疏疏的枝杈恣意地伸展着,形不成高大伟岸的姿态,却展示了固执顽强的生命。它站在高高的砖垛上作俯视状,鸟瞰着这个喧闹的世界。

它小心地经营着自己。它当然喜欢玉树临风般的躯体,哪怕是小家碧玉的亭亭玉立也可以呀!但命运却把它交付给一堆砖。当初,它选择了砖垛前面的那一片阳光地带,准备唱着歌儿向老榆树告别。可是就在瞬间,一阵微微的风,把它飘到砖垛上,它的命运因此而改变。它知道,非分的妄想只能毁灭自己。找准自己的位置,顺势而生长,才是生命的根本。它只能压抑着蓬勃向上的内驱力,让饱满的激情化作一段朴实——它长成了灌木丛。

为了生存,它只得打自己的主意。

让主干变粗变矮,让枝叶变小变多,尽量节衣缩食,减少消耗。尽可能挽留住雨露,拼命把根往下扎,这是它生存的策略。厄运使得它青筋突暴,浑身疮痂,身体佝偻,它没有屈服。无论生活怎样艰难,总得面对,总得应付,总得一步一步走过。

我久久地站在那里,为一颗榆树而感动。

又一天傍晚,我下班回来,发现那砖垛已经不见了。

一个老人背负着一棵树蹒跚而行。正是砖垛上的那棵树。

老人告诉我,这垛砖垛了十八年。当初准备盖房子用,儿子突然得病死了。媳妇改嫁,他领着孙子孙女艰难度日,房子就耽搁了。现在孙子孙女已长大成人,会挣钱了,政府又补贴了一部分钱,房子终于可以翻修了。

我怔在那里。十八年,不知老人是如何度过的。

望着肩负在老人背上的那棵榆树,竟然是老人的翻版。<u>蓬蓬松松的枝叶,是老人稀疏的乱发,褶褶皱皱的干,是老人饱经风霜的脸,几十条柔柔细细的根,是老人冉冉飘飞的胡须!</u>

老人背负着那棵老榆走了。一个默默无语的老人背负着另一个不言不语的老人,走了。

一种热热的液体,模糊了我的双眼。我默默地伫立,向老人背上的那棵榆树深深地鞠了一躬。

(作者:王崇亚,略有删节)

16.(2分)本文思路清晰,概括起来说是由 ＿＿＿＿＿ 写到 ＿＿＿＿＿。

17.(3分)本文构思精美,主要运用了 ＿＿＿＿＿ 的表现手法。

18.(2分)文章开头几段多处着墨来描写砖垛,试简析其表达作用。

19.(3分)文章倒数第三段画线的句子写出了老人与树的许多外在的相同之处,他们还有哪些隐性的相同之处呢?试写出两条。

20.(2分)从文中摘取一个你认为有格言警句作用的精美句子,说说你的理解。

精美句子:

你的理解:

五、(12分)议论文阅读

一笑

①齐白石老先生有一句座右铭:"人誉之,一笑;人骂之,一笑。"

②人生于天地之间,有人称赞,就一定会有人诋毁。这就像天气一样,有晴就有阴,有阳光普照,就难免有阴雨绵绵。这道理也许人人都懂,但真正能做到齐老那两笑,并不容易。

③别人夸奖,自然欢喜,高帽子谁不愿意戴呀!清代大才子袁枚,少年聪慧,秉赋过人,二三十岁就官拜七品县令。赴任之前,袁枚去向他的老恩师——清乾隆年间的名臣尹文端辞行。尹文端问:你此去赴任,都准备了些什么?袁枚老老实实地回答:学生也没有准备什么,就准备了一百顶高帽子。尹文端一听就有些不高兴,说你年纪轻轻,怎么能搞这一套,还是要讲究勤政务实呀!但袁枚说,老师你有所不知,如今社会上的人大都喜欢戴高帽子,像您老人家这样不喜欢戴高帽子的人真是凤毛麟角呀!尹文端听罢此言,很是受用。袁枚不愧为才子,对世事洞明如镜,在不知不觉中,就将一顶高帽子送给了尹文端。

④连自以为高明的尹文端,都做不到"人誉之,一笑",何况普通人呢。如果一个人真正能做到"人誉之,一笑",那么他无论做什么都能够了然于心,淡然处世,其人生境界就已经有了一定的高度了。

⑤更进一步,如果能够做到"人骂之,一笑",那就更是了不得。

⑥有一段时期,释迦牟尼经常遭到一个人的嫉妒和谩骂。对此,释迦牟尼并没有恶语相

向给予回击。他心平气和,一笑了之。直到有一天,这个人终于骂累了。这时,释迦牟尼微笑着问他:"我的朋友,当一个人送东西给别人,别人不接受时,那么这个东西属于谁呢?"这个人不假思索地答道:"当然是属于送东西的人自己了。"释迦牟尼又问:"＿＿＿＿＿＿"这个人闻听此言,一时语塞。从此,他再也不敢谩骂释迦牟尼了。

⑦面对突如其来的诽谤和指责,释迦牟尼不为所动,表现出了少有的冷静与清醒。他不理睬,也不还击,不给对方以可乘之机。而是以他慈悲宽大的胸怀,让指责无处落脚,将谩骂化解于无形,让对方最终自惭形秽,败下阵来,而且,搬起石头砸自己的脚。

⑧面对无聊的诽谤与谩骂,有时候,一笑其实就是最有力的还击。

(作者:王虎林,有删改)

21.(2分)作者在这篇文章中表达的主要观点是:

22.(2分)联系前后文,将第⑥段中释迦牟尼的问话写在下面的横线上。

＿＿＿＿＿＿＿＿＿＿＿＿＿＿＿＿＿＿＿＿＿＿＿＿＿＿＿＿

23.(2分)说说本文采用的两个事例在论证角度上有什么不同?

24.(3分)指出文章的结构方式,并作简要分析。

25.(3分)结合自己的生活体验,谈谈这篇文章给你的启示?

六、(50分)作文

26. 读下面的文字,按要求作文。

走在乡间的小路上,暮归的老牛是我同伴,蓝天配朵夕阳在胸膛,缤纷的云彩是晚霞的衣裳……

走在求索的小路上,为不安分的心、为自尊的生存、为自我的证明,路上的辛酸已融进我的眼睛,

心灵的困境已化作我的坚定……

走在人生的小路上,我们会收获太多的感动、太多的震撼、太多的鼓舞,我们也会遭遇委屈的眼泪、意外的伤悲……其实这一切,都是照亮我们的心灵阳光,一路走来一路歌!

请以"走在＿＿＿＿＿＿＿的小路上"为题,写一篇不少于600字的记叙文。要求:①把题目补充完整,并将题目抄写在作文格的第一行;②贴近生活,言之有物;③认真书写,力求工整、美观;④文章不得出现真实的校名、姓名。

第三节　试卷命制的策略及技巧

书面测试是学科教学评价的重要方式之一。为了使新课程下的测试试卷更加人性、更加科学,让测试成为展示学生学习的舞台、成长的加油站,使新课程下的命题既涵盖知识、能力、情感态度和价值观的考查,又整合学生的社会生活经验和科学精神与人文素养,就必须在试卷命制上下一番功夫。在具体的试卷命制中,应该讲究策略和技巧,以便使试卷命制达到预想的目的。

一、改变僵死呆板、令人生厌的试卷"面孔"

教学评价既要关注学生的学习水平,更应关注学生的情感态度以及精神满足、心理需求。因此命题不仅要体现人文性的形式,还要体现多样化的内容,使试题成为学生与知识进行互动对话、心灵交汇、情感交流的载体。让学生在放松愉悦的状态下完成答卷,新课程评价的过程最终传递给学生的是一份等待、一份期盼、一份自信。因此,要想方设法改变原来呆板、单一、生硬的试题呈现形式和板着面孔的设问方式,取而代之的是富有人性化和激励

性的卷面。

例如，一位生物老师在设计卷面时采取了如下方式：

1. 试卷的开头设立了卷首语

亲爱的同学们，历经了两年生物世界的探索，你们的收获一定很大！你是否发现，有许多生物学知识与我们的生活息息相关？请你运用学过的知识，拿起你手中的笔，放飞你的思维，将你的收获展示出来吧！

2. 富有激励作用的友情提示

例如：请你认真斟酌，仔细挑选，相信你一定能当机立断，选出一个最佳答案！（选择题）；想一想下面这些生物小知识，请你用简短的文字将空补充完整，填上你满意的答案，相信你能行！（填空题）；下面的实验你在学校已经作过了，请仔细回忆一下，认真完成，胜利非你莫属！（实验题）

3. 标题设置意境化

一改过去"选择题"、"填空题"、"连线题"、"分析说明题"、"实验题"等刻板生硬的名称，焕然一新的是：辨一辨、选一选，四里挑一很简单；想一想、填一填，补充完整并不难；划一划、连一连，对号入座很好办；读一读、看一看，轻轻松松闯过关；动一动、做一做，科学探究乐趣多，等等，这些标题，极具意境化，能引发学生的兴趣。

富有人性化的卷面设计，就把对知识的检测建立在以学生发展为基调的基础上，消除学生的紧张感和沉重感，让学生在充满激励的话语中完成答卷，缩短了试卷与学生之间的距离，使学生在考试的过程中得到良好的教育和熏陶。

二、体现试题设计的能力立意

在传统的试卷命制中，通常更多考虑的是如何考查学生的知识掌握程度。而在新课程理念下，这种对知识的考查则向能力考查发生了转移。在试卷中如何根据课程标准考查学生的能力，一直是命题者所关注的问题。以"能力"立意的测试对教师的教学具有导向作用，能够促进教师在教学中对学生能力培养的重视。对能力的考查需要使用不同的方式方法来体现。在笔试命题中，考查的重点应该放在具体的情境下，利用所学的知识来辨别问题、分析问题以及解决问题的能力上；通过问题的设计、问题的背景、问题情境的不同视角去考查。"能力"立意的考查必须以课程标准的要求为前提，命制可以从以下几个角度来考虑：

（1）通过从资料中获取信息，检测捕捉问题的能力。这种能力可以通过对资料的观察、对资料本身的理解和对有用信息的提取等方面表现出来。资料的形式有文字资料、数字资料、图表形式的资料、漫画资料等。

（2）通过对问题的分析，检验判断问题的能力。这种能力可以通过对学科问题或社会现象的成因、过程结果以及相互关系等方面的理解、分辨表现出来。

（3）通过对问题的解决，了解学生掌握和运用知识的能力。让学生尝试对综合性、实践性较强的问题作决策等，来考查学生对问题解决的办法、途径、运用知识和对知识理解的程度。

（4）通过对问题的表述，反馈阐明思想观点的综合能力。撰写一篇短文来阐述一个问题，能把问题分析明白且透彻地表达出来。

（5）通过科学探究过程的操作，验证领悟科学研究的一般能力。重视考查学生对科学探究的过程、技能和方法，以及分析、设计实验解决问题的能力，是一个新的课题。科学探究能力的考查不是简单的记忆条目的背诵，而是结合学生的实际水平，在具体真实的情境中，或渗透到各主题新的问题情境中，或给出实验过程、实验现象，或在科学探究等要素上命题，要求学生对已知条件进行分析、判断和推理,归纳出科学论断,并就题目所指问题进行有针对性的作答。

例如,一位物理老师命制的这样一道试题:

某学校的部分学生进行"玉带河治理研究性课题"的实践活动。在一处建筑工地前,他们的车子陷到了泥地里,带队老师不失时机地导演了一堂"如何将汽车从泥地里拖出来"的实践课,大家想出了很多切实可行的办法。

他们发现可利用的资源有:沙子、小石块、长木板、麻袋、坚硬的木棒、砖头、铁锤、铁锹、工地上升降重物的电动机、滑轮、缆绳、千斤顶、移动电话、几百块钱。

请你用简练的语言,把他们当时的办法,按物理原理或生活经验分类叙述出来,每类列举一个,填在下面表格中。

第一类	例:可用移动电话打求助电话
第二类	
第三类	
第四类	
第五类	

该题具有浓厚的趣味性、启发性和生活气息。此题可以运用多方面的知识以及生活经验设计方案。试题设定具体的情境,旨在使学生能合理地分析问题和处理信息,找到探求解决问题的方法。在解决问题的过程中,学生往往会同时运用多种能力,这是我们所期待的。以"能力"立意的试题另一个重要意义是在检验学生能力的同时,也给学生提供模拟体验科学研究的过程,"答题即学习,答题亦发展",有利于学生的学习素养的提高。

三、从"现实"中寻觅命题素材

新课标要求教学要密切联系学生的日常生活与社会生活,有利于学生加深理解学科基础知识。因此对学生基本知识和基本技能的考查,应侧重于考查学生运用所学知识,解决生产、生活中的实际问题的能力。试题的编制既要以学科问题为出发点,也要贴近学生的生活实际和现实社会实际,加强理论与实际、学科与现实的结合,充分发挥学科教育的社会功能,促进学生身心全面健康发展。从试题内容上看,适当模拟现实生活情境,联系实际创设新的问题情境,考查学生对知识的迁移和灵活运用能力,培养学生综合运用知识解决生产、生活和社会发展中的实际问题能力,是我们教学的最高宗旨。

例如,化学教师所拟制的试题:

请关注以下两则新闻:①2004年7月底,烟台部分县市区的居民将在日常生活中用上质优价廉的天然气。②2004年5月18日,山西省吕梁交口县蔡家沟煤矿发生特大瓦斯爆炸事故,造成重大人员伤亡。

(1)写出天然气燃烧的化学方程式:＿＿＿＿＿＿＿＿＿＿。

(2)请用化学知识分析瓦斯爆炸的原因:＿＿＿＿＿＿＿＿＿＿。

(3)上面两个例子说明,化学物质可造福于人类,但有时也会给人类带来危害。请你举出生活中的一种物质说明这个问题。如二氧化碳,可供植物光合作用,但又是引起温室效应的主要气体之一;又如水对工农业日常生活极其重要,但若天降暴雨则又易引发洪水灾害,给人们带来巨大的危害。

你的例子:＿＿＿＿＿＿＿＿＿＿。

命题来源于生活,把知识附着在日常生活与社会实践活动中,设法在学生学过的知识与学生的经验和现实世界之间建立联系,达到学以致用,引领学生挖掘自身的价值,不断地提升学生热爱生活、珍爱生命的品质。

四、试题设计要具有开放性

开放性试题着眼于测评学生的发展水平,促进学生不断认识自我、发展自我、完善自我,强调书本知识与生活知识的融合,强调学生在新的情境中选择已有知识、方法,发现解决新问题的能力,提高学生的创新精神和实践能力,促进学生思维的发展和个性的形成。

例如,一位生物教师拟制的测试题目:

请你考虑,若以50~100位学生为对象,在一学期时间内,追踪调查他们近视程度的变化与坚持每天做眼保健操之间的关系,你应该如何做?(注意,你要考虑:①需要收集哪些数据;②需要选择怎样状况的学生作为调查对象;③怎样将对象进行分组;④需要查阅哪些方面的资料;⑤需要与哪些同学合作;⑥调查的程序和时间安排等)

请写出:①需要收集的数据;②调查方法(问卷、随访、定期检查等);③调查对象的分组;④如果调查能够支持"做眼保健操对⋯⋯是有效的",则结果应该怎样?

开放性试题具有答案不惟一、解决问题策略多样化的特点,有利于给学生创造一个更为广阔的思维空间,既能满足不同层次的学生需求,又体现个性发展的理念,使学生增强主人翁意识和责任意识,并感受到创造的快乐。

五、命题要体现学生的思维过程

学生的测验成绩与他们在日常学习中反映出来的学业水平是否吻合,直接影响着师生的教与学行为。然而,学生练习、测试的命题往往比较关注学生的思维结果,对学生的思维过程关注不够,这不利于师生找到思维的阻滞点。新课程下的命题,在考查学生基本知识和基本技能的基础上,特别注意试题对学生思维过程的反映,既能透过答案看到学生对某些问题的理解的结果,更能通过解答试题的步骤,看到其思维的整体过程,从而发现其创新点或失误点。这样,有助于教师及时发现学生的问题所在,提高教学的针对性。

例如,2008年徐州中考卷:阅读《记住回家的路》,完成下面题目。

记住回家的路

周国平

每到一个陌生的城市,我的习惯是随便走走,好奇心驱使我去探寻这里热闹的街巷和冷僻的角落。在这途中,难免暂时地迷路,但心中一定要有把握,自信能记起回住处的路线,否则便会感觉不踏实。我想,人生也是如此。你不妨在世界上闯荡,去建功立业,去探险猎奇,去觅情求爱,可是,你一定不要忘记了回家的路。这个家,就是你的自我,你自己的心灵世界。

生活在今日的世界,心灵的宁静颇不易得。这个世界既充满着机会,也充满着压力。机会诱惑着人去尝试,压力逼迫着人去奋斗,都使人静不下心来。我不主张年轻人拒绝任何机会,逃避一切压力,以闭关自守的姿态面对世界。年轻的心灵不该静如止水,波澜不起。世界是属于年轻人的,趁着年轻到广阔的世界上去闯荡一番,原是人生必要的经历。所须防止的只是:把自己完全交给了机会和压力去支配,在世界上风风火火或浑浑噩噩,迷失了回家的路途。

寻求心灵的宁静,前提是首先要有一个心灵。在理论上,人人都有一个心灵,但事实上却不尽然。有一些人,他们永远被外界的力量左右着,永远生活在喧闹的外部世界里,未尝有真正的内心生活。对于这样的人，心灵的宁静就无从谈起。一个人唯有关注心灵，才会因为心灵被扰乱而不安，才会有寻求心灵宁静的需要。所以，具有过内心生活的禀赋，或者养成这样的习惯，这是最重要的。有此禀赋或习惯的人都知道，其实内心生活与外部生活并非互相排斥，同一个人完全可能在两方面都十分丰富。区别在于，注重内心生活的人善于把外部生活的收获变成心灵的财富，缺乏此种禀赋或习惯的人则往往会迷失在外部生活中，人整个儿是散的。外面的世界布满了纵横交错的路，每一条都通往不同的地点。那只知死死盯着外部生活的人，一心一意走在其中的一条上，其余的路对于他等于不存在。只有不忘外部生活且更关注内心生活的人，才能走在一切可能的方向上，同时始终是走在他自己的路上。一个人有了坚实的自我，他在这个世界上便有了精神的坐标，无论走多远都能寻找到回家的路。换一个比方，我们不妨说，一个有着坚实的自我的人便仿佛有了一个精神的密友，他无论走到哪里都带着这个密友，这个密友将忠实地分享他的一切遭遇，倾听他的一切心语。

如果一个人有自己的心灵追求，又在世界上闯荡一番，有了相当的人生阅历，那么，他就会逐渐认识到自己在这个世界上的位置。世界无限广阔，诱惑永无止境，然而，属于每一个人的现实可能性终究是有限的。你不妨对一切可能性保持着开放的心态，因为那是人生魅力的源泉，但同时你也要早一些在世界之海上抛下自己的锚，找到最适合自己的领域。一个人不论伟大还是平凡，只要他顺应自己的天性，找到了自己真正喜欢做的有意义的事，并且一心把它做得尽善尽美，他在这个世界上就有了牢不可破的家园。于是，他不但会有足够的勇气去承受外界的压力，而且会以足够的清醒来面对形形色色的机会的诱惑。我们当然没有理由怀疑，这样的一个人必能获得生活的充实和心灵的宁静。

请你阅读下面两段材料并联系上文，从中你会有怎样的发现？怎样的看法？请写出你的探究结论。

材料一：春节联欢晚会上，陈红演唱的《常回家看看》，一夜之间就传遍了大江南北；听着优美的萨克斯乐曲《回家》，总会让天涯游子油然而生思乡之情。

材料二：在他心里，国为重，家为轻，科学最重，名利最轻。五年归国路，十年两弹成。开创祖国航天，他是先行人。披荆斩棘，把智慧锻造成阶梯，留给后来的攀登者。

解答材料探究题的一般步骤：(1)读懂材料。要求能找出各材料之间的逻辑联系，能同中求异，异中寻同，并明白这些材料组合的规律。(2)归纳材料。就是找到问题的原因所在，找到问题解决的方法。本题的两则材料是以《记住回家的路》的主题"不论走多远，都别忘记家"来组合的，材料一主要写《常回家看看》、《回家》为大家所传唱的原因，材料二引用了感动中国人物的颁奖词，表达钱学森时刻不忘祖国这个"家"。这两则材料的共同点是不论大"家"还是小"家"，都是人们的精神家园。在这样一道试题的解答过程中，学生的思维历程被全部展现出来，很好地考查了学生的思维能力。

六、要渗透情感态度价值观的教育

新课程理念下的教学不仅要使学生获得学科基础知识、基本技能，还应对学生进行情感、态度和价值观方面的教育。培养学生学习的兴趣，培养学生形成对个人、对他人、对社会、对自然的丰富情感和正确态度，最终帮助学生形成珍爱生命，关爱他人，关注社会，热爱大自然的思想品质，增强对社会的责任感和使命感。

例如，有这样一道语文试题：

北京时间 2008 年 9 月 28 日 17 时 37 分，"神州七号"飞船返回舱成功降落在内蒙古中部预定区域。这标志着我国"神州七号"载人航天飞行获得圆满成功。

(1)国家主席胡锦涛在我国航天员航天服上的题名——"飞天"，你知道其命名的意蕴吗？就请你做个扼要的说明。

（2）这次"神州七号"的任务之一是航天员在飞船附近进行 40 分钟的太空行走。宇航员翟志刚沉着冷静地完成了出舱任务。假如你有幸作为青少年代表向翟叔叔献花，你最想对他说些什么？

（3）以"我心目中的航天英雄"为主题开一次主题班会，拟定本次班会的活动方案。

情感态度与价值观的培养是中学教育的重要主题，学科教学中对学生进行情感态度与价值观的教育即是对学生进行人文教育。我们的教育包括科学技术教育和人文教育，两者虽然分属不同的体系，但它们是紧密相连、相互渗透的，偏向二者任何一方，都不利于学生的发展。在我们今天的基础教育中，重科技知识教育而轻视人文教育，这样的教育是残缺的教育，是"缺了一半的教育"。只有将二者有机地结合在一起，发挥科学教育与人文教育的共同作用，注重智能、情感、道德及行为的整体与和谐，才能使学生最终得到全面发展。

评价和考试的改革是课程改革工作中非常重要的一部分，随着基础教育课程改革的推进，新课程命题的导向引领着课改行动。为了更好地发挥考试的效能，考试必须以教育测量学为基础，走考试科学化之路。让学生感受到考试既是检验过程，又是丰富知识、培养能力、提升思品的过程，还是一个愉悦的展示过程，实现考试的多元价值。

第四节　测试试卷命制的一般过程

测试的目的是用来判断教学目标的适切性及教学的有效性。主要有三方面的功能：评估、预测和诊断。任何一门学科、任何一章一节的教学，都有具体的目标，在教学中要及时通过反馈信息掌握现状与目标的差距，从而去调整教学的速率，改进教学方法，达到控制作用。这样才能使教学更有针对性，才能真正提高 45 分钟的课堂效益，提高教学质量。试卷是学习结果测评的工具，其质量影响测评的成败。衡量试卷优劣就是要看其是否体现课程理念、课程内容、课程目标和课程评估等课程标准。

试卷命制中应该注意做到：试题无科学性错误，试卷能处理好知识与能力、理论与实践、重点与覆盖面的相互关系；试卷的内容、范围、深度均不得超出《课标》的有关规定；试卷结构在题型、题量、题分、难度、区分度、认识层次比例方面分配合理；评分标准简明、准确，便于把握；组成试卷的试题具有代表性，能够准确地测评学生掌握知识的程度和运用知识解决问题的能力；要处理好题量及其分布（即每个章节各有多少问题，各占多少分）、题型及搭配（每种题型有多少道题，在各章中是怎样分配的）、难易及其层次（整个试卷的预计难度，不同难度试题的比例）、试题在卷面上的安排等问题；试卷中的试题安排要合理，同种类型试题之前应扼要说明该类试题的解答要求，使学生明确干什么、怎么干、答案以什么形式出现。试题的叙述要简明、准确、易懂，避免使用艰深难懂的字词，使学生读题后能确切知道题意，不致对题目的要求捉摸不透；应有不致引起争议的确切答案。

那么，一个完整的试卷命制过程是怎样的呢？

一、总体构思，确定目标要求

命制试卷的前提，是明确本次考试的性质和目的。是过程性检测还是终结性检测，要求不同。例如，单元性质的测试，着重于反馈矫正功能；期末考试，着眼于体现本学期或本学段的课程目标；而如果是毕业升学考试，则覆盖面要远远大于其他考试，且强调试卷的区分度。要根据考试性质和目的来确定考试的方式（口试、笔试还是操作考试），确定考试的内容、范围和要求。要认真研读《课程标准》，准确掌握考量的尺度。同时，深刻挖掘教材的知识体系,正确提炼考点。

按照新课程的要求,测试考查的重点包括三个部分:知识与能力,过程与方法,情感态度价值观。在试卷命制之前,对每一部分的命题应达到的目标要清晰明确。

知识与技能目标:要强调试题的创新,避免简单地停留在知识的重复和再现上,强调灵活运用基础知识、基本技能分析问题和解决问题,注重评价学生对知识的运用能力和水平。

过程与方法目标:对过程与方法目标的考核,要侧重考查学生的观察力、提出问题的能力、猜想和假设的能力、收集信息和处理信息的能力、实验操作能力等目标要求。考查的面要广,尽可能全方位地考查,不能偏颇地集中于某一两种技能。要贴近学生实际,密切联系科学、技术、社会,使之体会到学习是生活的一部分。

情感态度与价值观目标:不能忽略此目标的考查。编制试卷时要着眼于了解学生的生活状况、学习状况,把对人生、对社会等的看法融于学科知识与技能、过程与方法之中。让学生通过对某些问题发表看法、表达感受、提出建议等方式,体会与领悟人与环境、人与社会、人与自然协调发展的关系,从而促进情感态度与价值观目标的达成。

明确了一张试卷的检测性质、检测目的,确定了明确的检测目标,对题量、难易、试卷结构等基本要求有了清晰认知后,试卷的拟制才是有针对性的。

二、拟定计划,设计多向细目表

命题计划是编制试题的依据,是科学设计试题、周密安排考试内容、便于命题有章可循的蓝图。命题计划包括两项内容:一是编制试题的原则和要求,说明考试的内容范围、方法目标、试题类型、编制试题和组配试题的要求。二是规定试卷中试题的分布,即具体考试内容中各部分试题的数量分布、所占比例以及各部分内容所需的大概时间。

对拟定命题计划有这样几点要求:

首先要依据学科《课程标准》规定的考试内容、考试范围和教科书中涉及的各项知识所要求掌握的程度,来确定试题分布范围、难易程度、重点难点。不可盲目地依据自己的理解来予以确定,防止测试思路出现偏差。

其次要全面反映考试内容,保证试卷对考试内容的覆盖率、代表性,以避免测试的偏差,给教学工作带来不必要的副作用。

此外对试题的数量以及难度比例的掌握,要符合学生的心理承受能力,考试内容难、中、易比例适当。根据测试程度的不同要求,明确测试属性目标,确定题量标准、题型标准,设计好题目的难易程度和区分度。既要考虑大部分学生考试成绩达标,又要考虑各档次学生考试成绩拉开距离。

想要做到这几点,就必须做好双向细目表。

所谓"双向细目表",是一个测量的内容材料维度和行为技能所构成的表格,它能帮助成就测量工具的编制者决定应该选择哪些方面的题目以及各类型题目应占的比例。

考试命题双向细目表是一种考查目标(能力)和考查内容之间的关联表。制作考试命题双向细目表,是命题工作的一个重要环节。双向细目表可以使命题工作避免盲目性而具有计划性;使命题者明确测验的目标,把握试题的比例与份量,提高命题的效率和质量。同时,它对于审查试题的效度也有重要的指导意义。

双向细目表的制作应该同课程大纲及考试大纲的相关规定具有一致性。考核知识内容的选择,要依照教学大纲(考试大纲)的要求,试题范围应覆盖课程的全部内容,既要注意覆盖面,又要选择重点内容。

制作双向细目表时,试卷中拟对学生进行考核的"考核知识点"须按章次进行编排;双向细目表中考核知识点的个数须与试卷中涉及的知识点个数相一致。

　　双向细目表中的能力层次采用"识记"、"理解"、"应用"、"综合"等作目标分类,体现了对学生从最简单的、基本的到复杂的、高级的认知能力的考核。每个前一目标都是后续目标的基础,即没有识记,就不能有理解;没有识记与理解,就难以应用。所以一个考核知识点在同一试卷中对应一种题型,原则上只能对应一种能力层次。

　　按照《考试规范》要求,识记、理解类试题须控制在 60% 以内,并应尽量避免单纯考核记忆水平的题目。

　　试题的题目类型应根据考试课程的特点和考试目标合理选择,例如填空题、选择题、判断题、名词解释、辨析题、简答题、证明题、计算题、案例分析等。一份试卷中主观性试题和客观性试题的搭配应合理,且题型种类数应适中。

　　在双向细目表中不同"能力层次"和不同"题型"下面对应的各列中,应填写各考核知识点在试卷中所占的分值。不能简单地划"√",也不能填写题号和题目个数。

　　制定"双向细目表"的几个建议:

　　(1)编排"双向细目表"时要注意做到低起点、有坡度。即检测题应从阶段或单元的最基础知识入手,然后按整体目标逐渐提高层次。

　　(2)要注意完整性。即整套检测题应该包括阶段或单元的基本知识和基本技能及相应的能力要求。

　　(3)通过查阅"双向细目表",我们可以清楚地知道前面检测了什么内容。根据计划,我们也明确知道今后还将检测些什么。就这样,以往随意性和盲目性都很大的命题过程被科学的有计划的命题过程所代替。

　　(4)表中所列内容要一目了然,便于命题操作使用;表中使用的文字、符号,要精练,准确,易于理解;格式、内容表述、分数分布要完整清楚;充分考虑认知领域各学习水平层次所占的比例应适当。

　　(5)不怕麻烦,贵在坚持。刚开始实施时,有些老师既怕麻烦,也怀疑实施"双向细目表"的必要性。只要持之以恒,肯定有收获。

　　【示例】

七年级语文期末测试双向细目表

考试内容			层 级				题型	出处	难度	分值	比例	备注
		识记	理解	分析综合	表达应用	欣赏评价						
题号	内容											
一、语言积累与运用	1 语境填字与改别字	√					填充	教材内	0.90	2	10%	
	2 修改病句				√		修改	教材外		1		任选
	3 读图表达		√		√		简答	教材外	0.85 0.70 0.90	2		
	4 默写填空	√	√		√		填充	教材内		5		

考试内容			层级				题型	出处	难度	分值	比例	备注
	题号	内容	识记	理解	分析综合	表达应用	欣赏评价						
二、文言文阅读	（一）	5	解释词义		√				填充	教材内	0.90	2	15%	
		6	一词多义	√	√				填充	教材内	0.85	3		
		7	内容理解联想想象		√	√			简答	教材内	0.65	2		
		8	字义理解		√				填充	教材内外	0.70	2		
		9	翻译句子		√				填充	教材外	0.80	2		
	（二）	10	朗读断句		√				简答	教材外	0.70	2		
		11	内容理解联想想象		√				填充简答	教材外	0.85	2		任选
三、现代文阅读		12	整体感知		√				简答	教材外	0.80	2	20%	
		13	内容理解		√	√			简答	教材外	0.75	2		
		14	文体知识	√	√				填充	教材外	0.80	2		
		15	写作手法		√	√			简答	教材外	0.70	2		
		15	语言品味		√				简答	教材外	0.85	2		任选
四、作文		20	作文			√	√	写作		教材外	0.5050	50%		
附加题	（一）	1	默写填空	√					填充	教材推荐	0.40			100分以外
		2	默写填空	√					填充	教材外	0.30	2		
		3	默写填空	√					填充	教材外	0.30			
	（二）	1	名著阅读	√	√				填充	教材推荐	0.40			100分以外
		2	名著阅读	√	√				填充	教材推荐	0.35			
		3	名著阅读	√	√				填充	教材推荐	0.35	6		
		4	名著阅读	√	√				填充	教材推荐	0.35			
书写											0.35	5	5%	

三、选择题型,具体编制试题

确定检测题型是编制试卷非常重要的一个环节。每种题型都有其优点和缺点,它们之间可以相互配合,相互补充。具体到一套试卷,到底要用哪些题型,每种题型到底要出多少试题,这要根据试卷的检测目的、检测内容以及双向细目表、各种题型的特点和功能、学生的情况、测验的时间等各方面的因素,灵活确定。

客观性试题和主观性试题要分别编制。客观题的答案要惟一或准确,切忌模棱两可,含混不清;主观题要充分体现开放性和多元性,能够充分展示学生的个性,考查其情感、态度和价值观应达成的目标。

编制试题要强调两个问题:

一是杜绝照抄书上的练习。教材中的这些试题大多是经过精挑细选、千锤百炼的,一般都很典型,对提高学生理解问题、分析问题、解决问题的能力都大有好处。但也正因如此,这些试题成为学生重点关注的内容,极有可能对这些练习题已经烂熟于心,早已有了现成的答案。如果把这些练习搬到试卷中,极有可能造成学生不用思考、不用动脑,而直接照搬答案的情景,这样的考试就没有了意义。如果觉得课本上的练习价值极高,不妨采取改造的办法,即变化试题的条件、所设问题、答案要求,而使之变换为一道新题。

二是杜绝抄书就能得到答案。为了适应新课程改革的要求,目前在中小学开卷考试增多了。开卷考试的本质意义,就在于克服学生"死记硬背"、"死读书"的学习弊端,引导学生灵活、扎实地掌握知识,科学、合理地运用知识,提高分析问题和解决问题的能力。如果所命制的试题没有注意到这一点,学生能够从课本或教辅资料上找到完整的答案,那么,这种考试就变成了一种纯粹的"抄书",由脑力劳动变成了体力劳动,使检测的意义大打折扣。

四、审查试题,组编试卷

试题草拟结束以后,要进行认真的审查。审查的主要内容是:题目是否符合该次考试预定的目的和要求?内容范围和能力层级分布是否与编制计划相吻合?试题表述是否简练、清晰、正确,学生答题会不会出现无意义的障碍?所选题目与作业、练习册、课本上的习题是否重合?试题之间的关联怎么样,是否有考查点重合或者相互暗示答案的情况?等等。

从初步拟定的题目中进行筛选,就可以按照当初对试卷整体结构的安排进行组卷了。组卷是一个非常细心的过程,不能认为组卷就是简单的试题的"拼凑"和"组合"。组卷的过程中,应该认真思考一些问题,从而不断做出调整和修正,保证试卷的最终质量:

(1)逐题推敲试题的陈述表达、具体解答方法,有无差错和失误?对照双向细目表的内容,列出所有偏差,予以纠正。

(2)数字、文字、图形、标点、字母、符号等是否有错误?图与题是否相对应?图上的文字、符号等是否位置正确?字母的使用是否有大小写、正斜体等方面的问题?题号是否准确无误?

(3)赋分是否准确、合理?各小题分值之和是否与总分值相等?同一个能级上的试题在赋分上是否存在较大差异?是否会造成考试结果的不公平?

(4)题目本身是否严谨?是否有表述不清晰或者容易出现歧义的地方?是否有超出"课程标准"要求的题目?题目是否过于陈旧,缺乏新鲜活力?

(5)试卷的阅读量是否过大?是不是会造成学生答题时间过于紧张?给学生答题所留出的试卷空白是否恰当?会不会造成学生因缺少书写答案的空白处而导致的试卷书写混乱不堪?

（6）卷面是否干净整洁、字迹清晰？是否疏密有致、整齐美观？

五、检查、修改、试做、复核、调整

试题编制好以后，并不是"万事大吉"，教师应该反复检查，以确保试卷的质量达到预期的目的：

一要从试卷的整体结构入手进行检查。观察各考核点是否齐全、分布是否合理，各板块内容分配比例是否恰当；检测能否体现《课程标准》的要求和实施素质教育的精神；试卷的总体难度和检测的出发点是否吻合，难、中、易三类题目的分配比例是否合理，题量是否适中。

二要围绕试题质量进行检查。注意试题的题干表述是否准确、精炼、恰当，是否无知识性、科学性错误；试题的实际水平与双向细目表的预计水平是否一致；试题的设问和表述是否符合该类题型试题的编制规律；题目是否符合现代精神，是否具有时代性。

三要检查试卷的特色。注意试卷能否反映素质教育的内涵，是否能够考查学生的实践能力和创新能力；试卷能否引导学生形成正确的世界观、人生观、价值观，是否有助于他们养成正确的学习态度和习惯。

这样经过反复推敲和修正的试卷，才能最大限度地保证其自身的质量，从而使测试达到预期的效果。

六、编制标准答案和评分标准

试卷编制完成以后，任务并没有完成。教师要通过试做的方式，确定该套试卷的标准答案。试做是最好的对试卷的检查，在试做过程中，往往能够进一步发现试卷当中的不合理之处，譬如内容不当、试题不准、比例不合适、时间过紧过松等问题。针对这些，继续调整，能确保试卷的高质量。

试做之后，可以拟定标准答案和评分标准。答案要确保准确，对开放性试题，要尽可能地估计到各种答题的可能，并将其列举，以作为试卷评判的标准。

千万不能编制试卷之后，忽略了编制答案和评分标准。许多事实证明，不提前做好这项工作，往往在考试中会出现很多难以预料的问题，给我们的教学带来不必要的麻烦。

第五节　测试试卷命制的创新

测试是检验我们教学的最终手段。因此作为教改的指挥棒，试卷改革同样在紧锣密鼓地进行着。与以往的试卷相比，现在出现了不少形式活泼、更能体现人文关怀的新型试卷，测试形式和内容更加丰富多彩，具体表现在以下几个方面：

一、减少书面测试，强化过程性测试和开放性测试

多元智力理论拓展了传统的"智力观"，它使人们深刻地认识到教育和评价方式应该尊重个体智能发展的差异性和独特性，超越传统考试评价标准的划一性和考试方式的单一性，考试评价标准和考试方式都要实现多样化，考试题目也应具有开放性和真实情景性，允许学生依照自己的智能特点而作出不同的解答。在这种视野下，新的考试观强调，评价学生的个性发展不能仅仅包括"知识与技能"维度，还包括"过程与方法"维度以及"情感态度与价值观"维度，如创新能力、实践能力、科学探究能力以及积极的学习态度和健康的审美情趣等；评价目标不仅要有学科学习目标，还要有一般性发展目标。评价目标和评价内容的多元性必然要求评价方式方法的多样化，因而新课程考试观特别强调减少书面测试，强化过程性测试和开放性测试。要整合运用多种考试方法，通过课题研究、论文撰写、作品制作、成果展示

等多种多样的考试评价方式、质性评价方法,详细记录学生在学习过程中的各种行为表现与活动成果,而不仅仅是一个分数,它更能够全面描述学生发展的过程与状况以及发展的独特性和差异性。

而且,同一门课程的考试也可以采取分类、分项的方式进行,以便为学生提供充分的选择权利和全面展现学习成果的机会,实现考试的全面性和综合性。如英语课程的考试可以分别从听、说、读、写四个方面进行,化学课程的考试可以分别从知识理解与运用、实验设计与操作、科学态度与价值观等三个方面进行。因此,应当根据考试的目的谋求不同的考试方式方法的整合。如考试与考查结合、闭卷与开卷结合、独立完成与分组完成结合、考场内完成与考场外完成结合、笔试与口试结合等。《基础教育课程改革纲要》也提倡,在非升学考试和毕业考试中采用开卷考试的方式,在综合应用中考查学生的发展状况,而且试题命制应该根据课程标准,杜绝设计偏题、怪题的现象。

由此可见,传统的考试方式已无法适应当前课程改革重实践、重创新等变化,必须打破惟纸笔测验、闭卷形式为主的做法,采取灵活多样的考试方式。

一是把书面笔试和能力考查相结合,分类、分项进行。如语文、外语在进行书面测试基础知识、基本技能和应用的同时,应进行听、说、读、写等方面的面试考查;科学、理化生等学科将实验操作和实践动手能力通过考查纳入考试成绩。

二是闭卷考试和开卷考试相结合,在综合应用中考查学生的发展状况。近年来很多地方政治思想品德课程试行开卷考试,并将学生日常行为表现纳入考试成绩,促进知行结合,历史、地理的考试考查闭卷和开卷相结合,受到师生好评,取得了较好的效果。

三是知识测试与特长展示相结合,鼓励和促进学生特长发展。在信息技术和音体美等学科的考试考查中,突出学科特点,试行知识部分书面测试,能力考查以学生作品制作、特长表演的形式进行。从实践看,不但可行,而且效果良好。

四是给予学生选择考试方式的权利和空间。一些地方尝试的学生选择考试时间、考试方式、考试难度,给予多次机会的考试方式,也是考试多样化呈现的新思路,在考试改革中值得学习和借鉴。

二、改革命题内容,强化各学科之间的有机融合

新课程理念下,要求改革过分强调学科独立性,课程门类过多,缺乏整合的偏向,加强课程结构的综合性、弹性与多样性。体现在测试命题中,就要求积极改革命题的内容,强化各学科之间的有机融合。目前,在高考和中考中,都在积极尝试编制综合题,以此促进正确的"多学科融合"的教学导向。

综合题包括客观综合题、主观综合题和主客观综合题,材料分析题大都是主观综合题,或主客观综合题。综合题主要考查学生的综合能力。考查的方式大致有三种:其一是命制组合式试题;其二是命制连锁式试题,即一道试题下设若干个小题,只有应用有关知识正确解决前面的问题后,才能继续下面的问题;其三是命制融合式试题,即回答这种试题下设的各个小题,需要各学科各种能力的协同运用。

一般来说,编制综合试题有三种基本思路:其一是从相关知识及其系统出发取材编题,即以知识立意命题。这类试题知识联系紧密,结合点巧妙,有利于考查学生的知识整合(迁移)能力;其二是选择当前理论和实践中的热点问题作为取材背景编制试题,即以问题立意命题。这类试题贴近生活实际,反映了时代特征,有利于考查学生理论联系实际、分析理解现实问题的能力;其三是以解决问题的能力为中心取材编题,即以能力立意命题。这类试题要求学生正确判断,并提出解决问题的办法,有利于培养学生的创新精神和实践能力。

【示例】

阅读下列甲、乙、丙三幅图,回答下列问题。

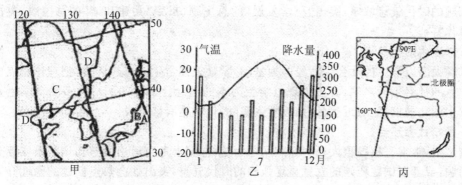

甲　　　　　　　　　乙　　　　　　　　丙

(1)图甲中 A、B、C 三地与图乙所示气候特征一致的是_____地。简述该气候类型的特点并分析成因。

(2)试说出沼泽地的两方面生态功能。

(3)图甲中 C 和 D 两地沼泽地分布面积较广的是_____,简述造成这种分布差异的自然原因。

(4)某学者在丙图所示地区考察时发现该地区平原面积广大,但农业发展水平并不高,发展农业生产最主要的限制性因素是(　　)

　A.热量条件差　　　　　B.降水较少　　　　　C.农业基础薄弱　　　　D.土壤条件差

(5)在考察过程中,发现丙图中河流下游的平原地区多沼泽,下列叙述与该地沼泽形成无关的是(　　)

　A.地势南高北低,河水自南向北流,水流通畅

　B.纬度高,气候寒冷,蒸发弱

　C.冻土广布透水性能差

　D.该地区河流的凌汛现象常导致河水泛滥

　E.该地气候恶劣,不适合人类居住

　F.水系发达,河流多

　G.植被覆盖良好,涵养水源能力强

(6)从区域可持续发展角度出发,针对甲图中 D 地和丙图地区共同的自然地理环境,试分析并提出一些合适的产业部门名称。

这道试题就采取了"知识立意"的命题策略,通过几幅图,将相关联的若干个知识点整合在一起,有利于考查学生综合掌握和理解知识的能力,建立必要的知识体系,形成知识的迁移。

三、创新命题视角,强化测试内容的生动丰富

以往的命题,大多是简单直白地提问"是什么"、"为什么"、"怎么样"等问题,单刀直入,直奔主题,虽然方式简洁,但由于视角过于狭窄,缺少问题情境,与现实联系不够紧密,因此,问法往往显得苍白生硬,千篇一律。

新课程下的命题,非常注重命题的视角,着力于问题在具体情境中的体现,结合现实问题拟题,既贴近了学生的生活实际,新鲜生动,又利于学生活学活用,灵活掌握知识,真正形成分析问题和解决问题的能力。

命题时,常围绕如下视角:

1. 关注时代精神

试题的时代气息浓厚,突出"科学发展"的总主题,贯穿"共建和谐"的总主线,突出了鲜明的时代特征。

2. 洋溢生活气息

试题大多以学生的社会生活经验为基础,紧紧把握学生的思想脉搏,把理论观点的考查寓于学生的社会生活之中,真正体现以学生为本的理念。试题的选材大多源自学生熟悉的生活或生活化的情境,贴近生活,贴近学生实际,让学生有话可说。

3. 紧扣社会热点

测试中,常常直接以重大社会热点问题为题材,要求考生运用所学知识联系实际分析与解决问题,或者以试题巧妙的立意显现强烈的时代气息,突出社会热点问题的隐性介入。既引导学生利用所学知识联系社会实际,也养成学生关注社会、了解社会的习惯。

4. 触摸科技前沿

激发和培养学生关注科技发展的兴趣和意识,了解最前沿的科技动态,也是新课程理念下测试的间接目的之一。因此,试题的选材也提倡"触摸科技前沿",例如,语文阅读试题的材料,常常选用最新的科技小品文,内容生动新颖,在完成试题的过程中,也促使学生对最新的科技动态有了更多的了解。

5. 注重社会责任

测查学生知识的同时,对学生社会责任意识的培养也是命题的方向之一。试题命制中,直接或间接地引导学生树立正确的社会意识,关爱社会,关爱他人,形成公德意识。

6. 强调环境意识

环境保护已成为"可持续发展"的一个核心问题,在试题命制中,体现出现代人对环境的尊重和保护意识,潜移默化地影响学生。

【示例】

阅读材料,综合运用所学知识回答问题。

材料一:2008 年 9 月以来,由美国的次贷危机引发的金融危机迅速席卷全球。美国陷入上世纪 30 年代大萧条以来最严重的金融危机。当务之急,全球须树立信心,采取联合行动,把这场危机降低到最低程度。

材料二:多难兴邦,刚刚进入 2008 年,我国南方局部地区就遭遇了一场罕见的雨雪冰冻灾害。在党中央、国务院的坚强领导和有力指挥下,我们发扬自强不息的民族精神战胜了困难。这场灾难刚刚退去,汶川大地震又让整个国家和民族遭遇了历史上空前的挑战,灾区美丽家园瞬间被毁,数万同胞被夺去生命,重重困苦面前,中华民族挺起了不屈的脊梁,谱写了一部感天动地、气壮山河的抗震救灾英雄史诗。

(1)结合材料一回答,造成上世纪 30 年代大萧条的事件是什么?在上世纪 40 年代初,世界人民面临的巨大危机是什么,为此采取了什么样的联合行动?

(2)结合材料二回答,中华民族"不屈的脊梁"指什么,今天我们能在灾难面前挺起不屈的脊梁的物质基础是什么?

(3)面对以上情况,我们青少年应具备哪些精神、观念和意识?

这样一道综合性的测试题目,既紧密结合社会热点,反映时代精神,洋溢着浓郁的生活气息,又引导青少年学生深化对民族精神的认识,形成正确的社会责任感。命题视角的进一步拓展,一扫传统试卷"枯燥呆板"、一成不变的苍白面孔,变得生动丰富,活泼多样,容易被学生所接受。

四、加强人性设计，强化试卷对学生的吸引力

以前的测试试卷，总体感觉是严肃的、冷冰冰的，加上学生沉重的心理压力，总会有些学生在考场上拿到测试卷时会心慌意乱，发挥失常，原本已经掌握的、能够完成的题目也会因为紧张的情绪而找不到答案或解答失误。其实，考试也应该体现"人本"思想，如何能够给学生以温馨、舒适的心理体验，让学生在面对试卷时能够更加从容，更加平静，从而正常、甚至超常发挥水平，是新课程理念下试卷命制中应该关注的问题。

从实践来看，我们许多的教师做出了有益的探索，其中，通过在试卷中增添"温馨提示"的方式，不失为一种好的办法。命题者可以在试卷前言、试题之间、试卷末尾等处写下一些具有亲和力的指导语，帮助学生养成良好的测试习惯，充分展露命题人对参与测试的学生那种浓浓的人文关怀，非常有利于缓解学生的紧张情绪和过大的心理压力，帮助他们在轻松愉悦的氛围中完成测试。

1. 开考添加"安慰语"

卷首用几个温情语句相问候，能够拉近与学生的距离，并且向他们说明这次测试的目的，不是传统的甄别、选拔、从高分到低分的排队，解除他们的心理压力，以轻松的心态开始解答试题。

例如：

"亲爱的同学，通过一个学期的学习，你一定又认识了很多字，学到了很多知识，请你到下面的知识乐园走一走，看看能得到几颗星！"

"很高兴，在这里见面了。通过一学期的努力，终于看到了你成功的脚印，你想拥有这份收获的喜悦吗？那就请你拿起笔，勇敢地向自己挑战吧——"

"亲爱的同学，历经两年的生物世界的探索，你的收获一定很大，请你拿起手中的笔，放飞你的想象，将你的收获展示出来，好吗？"

这种人性化的寄语，拉近了学生与试卷的情感距离，使学生紧张的情绪得以放松，唤起了学生对学习过程的回忆，激励的话语增强了学生的自信。

2. 中间添加"祝贺语"

一般来说，开头的题目总是比较基础的，学生容易考好，随着时间的推移，试题的难度会有不同程度的加深。在难题还没有出现的时候，写上几句祝贺的话，将学生喜悦的心情适当放大一些，有助于学生进一步增强信心。

例如：

"你已经完成了很多题，真了不起，请继续努力吧！"

"能够顺利答到这里，你很不简单哟！自信是战胜一切困难的基础，相信你在接下来的答题中会表现得更出色，加油！"

穿插在试题中间的这些祝贺语，就宛如学生征途中的一个个加油站，使学生重拾信心，不甘落后，力争上游。

3. 难题添加"激励语"

在试卷中，总有一部分题目难度和区分度较大，这些题目往往会让学生望而却步。但是，这些题目分值又比较高，如果眼巴巴地看着失分，学生又往往不甘心。这个时候，可以在试题前添加一些激励性的语言，对学生给以鼓励，使他们能够充满信心地去"冲击"眼前的"障碍"。

例如：

"这是开放性的试题，没有统一的答案哟！别顾虑太多，尽管把你心中的想法写出来，答案就在你笔下。"

"欢迎你来到这个题目，你已经是个胜利者了！"

"本题是勇敢者的游戏，胆大心细者胜！"

"困难像弹簧，你弱它就强！这个题目虽然布置了一些陷阱，但只要你充满自信、细心思考，相信你一定没问题！"

这些精心设计的激励性的语言，仿佛给学生注射了一针"兴奋剂"，让他们抱着更大的自信去攻克难关。

4. 末尾添加"劝告语"

当学生做完题后，原来紧张的心情放松下来了，他们很容易疏忽一些小小的过错。适时的"劝告语"可以给那些头脑发热的学生泼一盆冷水，给那些天性马虎的学生一些警示和触动。

例如：

"祝贺你，你已经完成了所有的题目，是不是再检查一遍？也许有些小小的错误你还没有发现呢！"

"查看一下，在刚才过来的做题过程中，你是不是曾经放弃了某一个较难的题目？回头重新去思考，也许会迎刃而解呢！"

"请从题干入手，重新开始检查一遍吧，也许那些看起来'绝对正确'的题目，也会有小小的疏忽呢！"

卷尾的小结性提示语可以引导学生学会检查和自评，养成良好的习惯，并在自查自纠错误的过程中体会到成功的快乐。

五、提倡学生参与，强化命制主体的多元化

过去考试命题的主体是单一的，命题完全是教师个人、最多也是几个教师的事。考什么，怎么考，评分标准如何确定，都由老师来决定。作为学生，只能被动地接受测验，完全被排斥在命题之外。这实际是传统教学中"教师中心论"在命题这个工作环节上的最直接的体现。这种命题主体的单一化，往往直接造成教师凭自己的主观意志确定试题命制的重点和难度，与学生实际学情相脱离。考试，把老师和学生、家长和孩子完全变成了对立面。

新课程标准强调，教学评价应该以学生为中心，要注意学生的个性差异，让学生了解《标准》的要求以及评价方法与过程，并引导学生参与评价过程，以便发挥学生的主体作用。学生是学习的主体，同样应当成为评价的主体之一。学生喜欢什么样的命题，哪些命题有助于学生的提高与发展，学生是最有想法和体验的。为此，我们老师在平时应有意识地指导学生分组命题，注意从学生中征集试题，考试前还要有选择地吸收学生参与命题过程。

学生自主命题的过程总体上可以分为三个阶段，根据不同科目内容特点可以选择最适宜的方式：

1. 学生个体自主命题

这一阶段就是让每个学生根据老师的要求出一份试卷。学生在此阶段主要是单独命题，为了出一份考住同学的试题，学生首先就是要考住自己，这就要求他们全面复习、深入思考。出题的过程正是学生自我检查、自我总结的过程，学生要想出"好题妙题"，就要开动脑筋，发挥创造性和批判性。教师从学生各自出的试题当中，可以看出学生对知识技能掌握的程度以及思维的深度。在学生自主命题之前，教师要给予适当的指导。

2. 小组合作筛选考题

小组同学在此阶段相互评判、探讨、筛选出符合教学要求的高质量的考题。学生在此阶段主要以合作学习形式为主，小组成员之间相互交流各自的试题，切磋讨论，择优选用。选题的过程是学生之间相互学习的过程，在交流之中，学生明确认识到自己和他人所设计的题目的优劣之处在什么地方，由题目设计达到对知识内容更透彻的把握。选题实际上也是个相互讨论、竞争、学习的过程，这也推动着每个学生在个体自主命题中严肃认真地对待，争取自己设计的题目被选中。

3. 教师最后确定试卷

教师在学生个体自主命题和小组合作筛选考题的整个过程中，都应当给予适当的指导与监控。例如，有位语文老师将指导学生自主命题考试的具体做法分为五个步骤：①利用本学期的阅读课，带领学生选读并确定自己要选的文章，阅读范围涉及《中华活页文选》、《优秀作文选》、《语文报》、《作文报》、《课外读物》等学生喜欢的读物。②老师翻阅学生选出的打印好的文章，做好把关工作，对不太适宜的文章退回，让学生重新选取。③组织学生讨论并明确阅读中的困难所在，即不认识的字、读不准的读音、不理解的词语、不懂的句子等。④在学生扫清阅读障碍后，师生共同归纳字、词、句、段、篇各层次水平的题型。如多音字组词；联系上下文结合生活实际解释词语；标出自己喜欢的句子；这段话的主要内容是什么；给短文加个开头，给文章加个题目，或写读后感等。⑤学生出题，教师审阅。最后，教师根据学生命制的试题，确定最终的测试试卷。

"师生命题"，实现了命题主体的多元化，充分尊重了学生的主体地位，发挥了学生的主体作用，受到学生的普遍欢迎。学生往往能够生发出不少好的命题创意，有的命题甚至教师都没有想到，由此可见，学生的潜能不可低估。

第七章

新课程理念下测试结果的使用

重要观点：

◎教师眼中"见分不见人"，教师和学生还有教育一同沦为分数的奴隶。

◎教师要学会将每一次的测试结果都想方设法作为对学生进行激励的手段，唤发不同学生的学习需求。

◎想方设法给"后进生"打"高分"，是教师的一种智慧，一种艺术。

◎教师在分析试卷之前，必须对该份试卷所承载的知识与技能、过程与方法、情感态度价值观三个层面的目标有深刻的了解，做到"心中有数"。

第一节　传统测试方式的本质

2005年2月23日的《中国青年报》曾有过一篇题为《女生以死抗争留级制度，学校称学生心理素质太差》的新闻报道，主要内容如下：

黑龙江省绥阳林业中学高三女生迟明两次月考成绩排在后几名，按照该校《高中学籍（留级）管理制度》的规定，高三学生月考中的最后几名要被劝留级或离开学校，不允许在本校报名参加高考，不愿留级的迟明在巨大压力下选择了放弃生命。1月14日，还不满19岁的迟明卧轨自杀，幸亏火车司机刹车及时才保住了她的性命，但其左腿不得不被截肢。

据记者了解，迟明性格开朗，口才好，能歌善舞，组织能力强，还是绥阳林业中学学生会副主席、高三·三班副班长、班团支部书记。如果不发生这场意外，迟明应该在今年6月走进高考考场，她的理想是报考广播电视类院校或艺术院校，将来做节目主持人或在演艺界发展。老师和同学们怎么也没有想到她会"想不开"。

迟明告诉记者，她就读的绥阳林业中学对高三学生实行每月淘汰制，月考中的最后几名要被劝留级或离开学校，不允许在本校报名参加高考。她虽然在其他方面表现优秀，但是学习成绩并不理想，高二升高三的考试，她在文科班的60多个学生中排在后几名。2004年8月6日，学校要求她作出选择，她表示不想留级，只想参加2005年高考。可是学校不答应，她只得离校回家。后来奶奶跟校领导苦苦相求，2004年9月1日，她又回到学校继续读书。

绥阳林业地区教育局局长张纯利向记者介绍，2004年12月5日，迟明因为月考考试成绩落后被学校要求留级到高二年级重读，迟明不同意，校方也没有让步。张纯利转述校领导的话说，迟明只要求参加毕业会考不参加高考，希望能继续在高三正常读书，学校同意迟明参加毕业会考，但不能继续在高三上课。

迟明在家自学到2004年12月17日，参加了毕业会考，成绩依然不好。此后，迟明一直没被允许到原高三班级上课。

在家呆着的迟明情绪一直低落，父母劝她说不考大学也一样生活，或是想办法在别的地方报考，可是迟明就是想不通。

"我不是个爱钻牛角尖儿的人，可这事儿我实在想不通。他们凭啥那样做，我们（包括其他几名同学）为什么要因为学校单方面的制度而被取消参加高考的资格？这是对我们负责任的态度吗？"据迟明讲，当时班里还有 4 名女同学也属于她这种情况，她们曾经预谋从班级所在的 4 楼跳下去，后来没有达成共识而被迫取消。"我就想用我的死来胁迫校方废除不合理的留级制度。"迟明告诉记者。

1 月 14 日，迟明的奶奶又一次找到张雅秋副校长，恳求校方允许孩子报名参加高考，可是得到的答复却是，报考表已经被送交上级主管部门，迟明是不可能在本校报名参加高考了。得知这个消息的几个小时后，迟明卧轨自杀。

无疑，这是一场悲剧，而且，绝不是惟一的一场悲剧。由于成绩不理想，无法考取高分而带来的类似的悲剧，屡屡见诸报端，已不是什么新鲜事。"分分分，学生的命根"，难道分数的高低甚至比生命更重要吗？

迟明的素质、能力到底行不行？这就涉及到我们教育中的评价标准问题。以素质教育的评价标准来看，"口才好，能歌善舞，组织能力强"，如"报考广播电视类院校或艺术院校，将来做节目主持人或在演艺界发展"，也照样可以成为有利于社会的人才。

但是，何以学校要迫其留级或离校不得在本校参加高考呢？无疑，使用的是应试教育评价标准，因为"两次月考成绩排在后几名"，考试不行。但是考试不行，是否就意味着学习成绩不行呢？既然考试，有排名在前的，就有排名在后的，排名在后，也只是相对于其他学生成绩为差，而非绝对是差。而即便就是有个客观标准判定绝对为差，那么又是什么造成的呢？前苏联一位教育学家曾说，没有不好的学生，只有不好的教育方法。

但是何以学校单单把责任推在学生一方，即便发生了学生卧轨自杀这样的事情，仍然要把原因归结为"学生心理素质差"呢？而认识不到或者不承认自己在教育方法上出了偏差，自己负有责任呢？

无疑是利益的驱动，为了所谓保证"学校的教学质量"，"高考升学率"，以此在社会上博得"较好"的声名连带充裕的生源，进而转换为教师的奖金、福利和职称晋级筹码。也正是出于这个动机，才出台了这种包含"留级人数控制在学年人数的 5％"规定的所谓《高中学籍（留级）管理制度》；而且即便规定如此，但据调查留级比例实际还是达到了 7.9％。

"惟分数论"、"分数至上"的评价标准造成的恶果不言自明，具体可体现在以下两点：

首先是对中小学生和教师身心的摧残。传统测试方式的实质是以单一的学科知识技能标准和控制性、区分性、客观性去满足考试竞争需要的，它在追求评价的标准化、客观化的同时，往往把赋予分数和排列等混同于对学业成就的评价，而忽视或排斥了真正的价值判断。评价不是为了给学生的学习提供建设性意见，而是单纯地为给学生"排队"，分出"三六九"等，这就给学生带来了巨大的心理压力。尤其是那些成绩较差的学生，在整个接受学习的过程中，一直承受"挫折"和"打击"，对其身心的健康发展造成了严重的影响。同样，将教师成绩大小简化为学生分数高低，也使教师在教育过程中背上了一个沉重的"包袱"，他们不再是"灵魂的工程师"，而沦落为机械的刻板的"训练师"，采用"按葫芦抠子"的方式，榨取学生的"油水"，以学生的"高负担"换取"高分数"、"高成绩"，常常导致师生之间不可调和的矛盾，导致教师群体之间因为恶性竞争而出现"貌合神离"。

其次是对教育方向的错误引导。传统的应试教育产生了一切围绕考试这个"指挥棒"转的怪现象，考试左右着一切，教育竟然成了考试的附属品。在很多教师的观念中，考试代表一切，分数就是最大的成绩，考什么，他们就教什么，不考，就干脆不学、不教。这就形成了一种可怕的"考试文化"，在这种思想的左右下，教师眼中的确"见分不见人"，教师和学生还有教育一同沦为分数的奴隶。加上对学校、对教师的评价也"惟成绩论"，就必然造成了歧视后进生,甚至想方设法将学生"轰出校门"的教育痼疾。教育的终极目标发生了偏移,不是为学生的终身发展、终身幸福服务,恰恰相反,很多时候,教育仅仅是为了满足某些业绩而存在,变得功利十足,俗不可耐。

"考考考,老师的法宝;分分分,学生的命根",一语道出了应试教育下老师和学生的状态。学生为了考取高分,"头悬梁锥刺股",恶性循环;老师为了考取高分,"软硬兼施",无所不用其极。教育形成了一幅耐人寻味、令人心寒的图景!

为什么学生在孩提时代是那样地向往着学校,而进入校门之后又是这样地在痛苦与无奈中挣扎?甚至出现了若干个"迟明",被冷冰冰的分数吞噬了生命?是不是我们的教育加入了太多形式上的刻板和太多功利上的追求?是不是我们的教育存在着太多认识上的误区和操作上的盲点?这难道不值得我们深思?

殊不知,有一样东西是任何教育大纲和教科书、任何教学方法和教学方式都没有作出规定的,这就是学生的终身幸福和充实的精神情感生活!一言以蔽之,我们往往忽视了教育最本质的东西——对学生的人本关怀!

再也不能让分数成为学生精神生活惟一的、吞没一切的评判标准!再也不能只见花瓣,而对整个花朵熟视无睹!从根本上看,必须破除应试教育居于主流的教育格局,大力推行素质教育。因为社会需求是多元的,人的能力发展方向是多元的,注定了人才的评判标准也应该是多元的。

如果教育无法摆脱"分分分,学生命根"的宿命,则会误其终身!误尽苍生!

第二节　让测试结果发挥最佳作用

测试是教育教学过程中的一个重要环节,通过测试一方面对学生的学习情况做出客观的评价,对学生掌握知识、技能的程度进行定性和定量的测定,判断学生是否完成教学计划规定的教学内容、取得预期的教学效果;另一方面检查教师的教学质量、教学水平和教学效果。有效利用测试结果,对提高教学效率意义极大。

一、测试结果要有效利用

测试的结果究竟该如何使用?这个问题提出来,恐怕会有很多教师产生质疑:这也能成为一个问题吗?

看看我们的教学现实,测试结果似乎主要有这样几个用途:

测试成绩被当作分数排队的依据。

测试结果一出来,便会按照分数高低自然地进行排列。可能是班级排队,可能是年级排队,甚至是更大的区域范围内的排队。每一次测试,教师也罢,家长也罢,学生也罢,总会围绕那张排名表"几家欢乐几家愁"。这几乎成了天经地义的事。但以这样方式公布成绩,真的没有问题吗?首先,这是对学生人格的不尊重。从一个年级、一个班来说,学生的考试成绩肯定有好有差,如果以排队的方式张榜公布学生的成绩,无疑会对学习成绩差的学生的自尊心造成伤害,是不厚道的,也是有违背学生意愿的。我们知道,有多少学生在老师公布分数以后,精神上受到压抑,有的整天无精打采;有的在学校、家庭的双重压力下,学习成绩并没有因公布了而提高;有的破罐子破摔,甚至走上了邪路。其次,公布学生成绩也不是科学的教育方式。学生在学校是接受知识的,既然接受知识就应当有宽松的外部环境,每周一小考,一月一大考,而且把学生的分数上墙,排出名次。这看似是激励学生奋发向上,其实是不科学的,对学习成绩差的学生不仅起不到"鞭策后进"的作用,反而会损伤他们的自尊心。

测试成绩被当作学生水平划分的依据。

在很多教师的头脑中，"一视同仁"只是个虚伪的概念，思想深处却自觉不自觉地将学生按智商水平划分为三六九等，总有一些学生被认定为品学兼优、前途无量，而另一些学生却被认定为愚蠢、懒散、不可救药。而划分的依据是什么呢？无疑就是卷面上的那一个"分数"。分数是多么科学的东西啊，高就是高，低就是低，不容辩解，不容置疑，以此作为依据给学生划分出不同的等次来，不是再客观不过了吗？于是，很多学生被轻易地过早地写下了"没有前途"的定论，被老师戴着有色眼镜来审视和对待，这种情绪逐渐波及到家长，甚至波及到学生自己。当大家都悲观地认定某一个人缺乏水平和能力，甚至缺乏潜质的时候，也许这个学生的学业和前途就真的蒙上了一层阴影。这样做难道真的有道理吗？每个学生都有自己独到的成长经历和个性色彩。有的学生成熟较早，早期便表现出出色的学习状态，有的学生发育较晚，属于大器晚成；有的学生逻辑思维严密，在数学、物理等学科表现出特长，而有的学生形象思维出众，在语文、政史学科成绩斐然。教育成功的秘诀是了解学生，因材施教，而简单以分数作为学生水平划分的依据，未免就陷入了"一刀切"式的思维陷阱。

测试成绩被当作奖优罚劣的依据。

测试成绩一出来，较好的沾沾自喜，较差的惶恐不安。这是在很多学生群体中都存在的普遍现象。为什么会出现这样的情况？教师是难以推脱责任的。很多老师将分数作为"奖优罚劣"的手段。对于成绩好的学生大肆表扬，发奖状，给红花，张贴喜报，不亦乐乎。成绩差的学生就惨了，不仅要遭受冷嘲热讽，还要被迫完成诸如"将试卷抄写 10 遍"、"将课桌搬到教室角落"、"站着听课"、"叫家长训话"等惩罚。"奖优"似乎还可以理解，如果处理得当，毕竟能够起到激励和鼓舞学生的作用。但"罚劣"就不那么简单了。相信教师的本意是通过"罚劣"唤醒学生的学习热情，可回到现实，我们更多地发现，种种"罚劣"手段，往往是把学生推向了教师的对立面，使学生与教师产生了难以弥合的沟通障碍，或者使学生原本仅存的一点学习兴趣消失殆尽，即使硬着头皮完成了教师的"惩罚"，也并未唤醒他们的内心动力，反而使他们产生种种不良情绪，甚至彻底失去信心，破罐破摔。

那么，究竟该如何正确使用测试结果呢？

1. 将测试结果作为激励学生的手段

人天生都有被他人认可的心理需要。严格地说，极少有学生真的愿意自己成绩差，愿意被同学和老师看不起。学生成绩出现问题，往往有各种各样的内在原因。教师如果不分青红皂白，死死盯着学生的不足，对教育行为的成功是极为不利的。因此，教师要学会将每一次的测试结果都想方设法作为对学生进行激励的手段，唤醒不同学生的学习需求。对优等生，及时肯定其严谨的、独到的、有创见的解题思维；对中等生，及时肯定他们日常学习中的踏实、勤奋，对基础知识掌握得扎实、牢固，具备了冲上学习顶峰的潜力；对后进生，也要认真观察分析其优点，学会用"放大镜"来看待他们的优点，譬如在某一类题型上有进步、在某个答题点上有新意、书写较为规范、成绩有所提升等，以此保护其已经脆弱的自信。

2. 将测试结果作为解剖学生的依据

教师要善于找到简单的分数背后所折射出的某些东西。学生的成绩出现了问题，必然是在某些知识点上存在模糊认识，在知识体系上存在不足，或者在学习方法、学习习惯上有所欠缺。教师要引导学生一起分析，找到这些病根。我们经常见到有的老师简单地把学生的问题归结为"不用功"或者"马虎"，这未免过于含糊，并不能有针对性地找到问题所在。找不到问题，解决问题就无从谈起，测试结果的使用价值也就削弱了。

3. 将测试结果作为调整教学的依据

学生的成绩出现问题,自然有学生自身的学习态度、学习方法、学习基础等方面的原因。但是,教师的教也是非常重要的不可忽略的因素。我们有的老师,一旦学生考得不理想,就将学生骂得狗血喷头,一无是处,似乎这一切都是学生的错,没有一点教师的责任。这也并非科学的态度。有一句话叫做"学生有病,老师吃药",意思大概是说,学生出现了问题,但根源其实在老师的身上。当学生在某次测试中出现了问题,教师首先要立足于反思自身的问题:是不是自己和学生的关系出了问题,学生对自己的学科不感兴趣?是不是自己的教学思路出了问题,所教授的内容不符合学生的实际情况,令学生无法接受?是不是自己的教学方式出了问题,过分注重教师的讲,而忽略了学生的学?是不是自己在作业、练习这些环节上过于疏忽,不能及时发现和解决学生的问题,而导致了学习实际效果的不足?依据这些思考所得,和学生一起探讨教学调整的思路,这不仅会提高实际的教学效果,而且也会大大提升一名教师在学生脑海中的形象。

二、让"后进生"一样得高分

2004年10月29日《上海民生新闻晚报》刊载了杨玉红的一篇报道,全文如下:

同班35位学生考四套难度渐低的试卷
让"后进生"一样得高分

同一个班级35位学生一起考试,有4份难度不等的试卷。上海市十七中学对学生采取分层教育,实行分卷考试,学生可以根据自己学习水平任意选一份试卷做,让自己在每次考试中都能考出自己理想的成绩,培养自信心,激发学习积极性。

4份考卷学生任意选

记者昨天在十七中学看到,七年级英语老师正让学生做英语句型小测验,共出了4份试卷:A档试卷要求学生熟练掌握基础知识后,再适当学习一些拓展知识点;B档试卷要求学生熟练运用基础知识;C档试卷要求学生掌握基础的知识点;D档试卷则允许学生看书进行模仿练习。全班35位学生可以根据自己的学习情况,任意选择其中一份试卷,确保每位学生每次都能考到90分以上。

英语教师王老师介绍,每位教师设计试卷时,都会按学生能力、水平高低将整张试卷分为A、B、C、D四档。分试卷练习不仅照顾各位学生的实际学习能力,也避免出现"好学生吃不饱,差的学生吃不了"的现象。在平时的检测评价时,老师一般要求A、B档的学生必须掌握所有的单词、句型和背诵出课文并具有应用能力;而C、D档的学生可适当放低要求,只要掌握应知应会的单词、句型即可;对一些基础特别差的学生,要求他们能够正确朗读课文。每位学生完成了自己这一层次的基本要求,都及时给予表扬鼓励。

除了考试分试卷,平时布置家庭作业的时候,每位教师也将作业分成"高要求"、"有一定分量"、"基础标准"三种难度作业,学生可以根据自己的实际水平选择,进行有针对性的巩固练习。

分卷考激发学习积极性

"当然,分试卷考试不是绝对的。老师也积极鼓励C、D档的学生试做A、B档的题目,一旦有做对的,立即额外给予加分。"该校刘校长说道,"分卷考试除了避免了学生在一张考卷上受伤害,不给'后进生'判死刑,也激发了学生学习的积极性。"

该班的一位张同学说,以前自己考试成绩总是在60分上下,分卷考试后他每次都在90分以上。当记者反问"这种考试方式是不是让人感觉有点自欺欺人时",他立即予以否认。他认为,以往他在上海就属于真正的D档水平,现在自己的学习兴趣更多了,达到了B档水平。

据了解，十七中学是闸北区一所生源相对较差的初中，学校 35.2％的学生家长下岗，54％的学生家庭生活水平低，而且进入十七中学的学生成绩也相对薄弱，一些学生的情感、心灵和个性受家庭社会因素影响，往往有"低人一等"的心理，许多学生学习处于应付状态。为此，十七中学尝试分层教育，让每个层次的学生都能体验到成功的快乐。

上海市十七中的做法，显然打破了传统的测试观念，为每一个学生选择适当的起点，分数主要用于学生自我的纵向比较，避免了因与其他学生"横向比较"而带来的弊端。这种测试方式，能够使每一个学生得到"高分"，从而建立起自信。"差生"这个概念从学校里"消失"了，教育走上了良性的轨道。

想方设法给"后进生"打"高分"，是教师的一种智慧，一种艺术。一位语文教师曾经做过尝试，他在介绍自己的做法时说：

这些学生大多是成绩较差，调皮捣蛋，父母跟着闹心，老师拿他没招儿。我想试着唤醒他们的心灵，打消他们自暴自弃的念头。我有我的评分标准，成绩较好的同学，就严格要求，该给多少分就给多少分；那些差生每人每次也都有得高分的理由。比如，某某错别字较上次少了，书写较上次工整了，篇幅较上次长了，语句较上次通顺了等等。

给差生评高分是需要大智慧的。这些孩子平时大家都给他们贴上了特定的标签，认为他们朽木不可雕，而我却相信朽木也可能发新芽。他们那些微不足道的进步，我都会看在眼里，记在心上，并且一再放大，随时表现在日常的教书育人上。这样挖掘出了他们的闪光点，就拨开了笼罩在他们头上的阴影，使他们有资格同大家一起沐浴在阳光下。我那两个班的差生大部分都在我这套判高分的把戏的引导下改邪归正了。择天下英才而教之固然是我们做老师的最自豪的事，然而我们想方设法把那些被贴上标签的差生教好不是更为骄傲的事吗？

"没有教不好的学生，只有不合格的老师。"那些"差生"的转化在于我们老师的眼睛，在于我们的心灵，在于我们平时的教育行动、教育智慧以及每个教育者的胸怀。"星星之火，可以燎原"。我们每个老师都要努力挖掘那些"差生"的优点，除了纯知识水平的赋分外，还可以考虑给学生的学习态度、学习方法、学习习惯等来赋分，甚至给试卷上的一个新思路、新观点赋分，目的就在于找到他们的"亮点"，赋予其较高的分数。也许一个小小的分数，却可以彻底改变一个学生，让他们有信心、有勇气一起走进蓝天下，共享和煦的阳光。

三、评分要考虑学生的发展差异

"差生"永远是"差生"

我是差生行列中的一员，经受着同其他差生一样的遭遇。然而我并不想当差生，我也曾努力过，刻苦过，但最后却被一盆盆冷水浇得心灰意冷。就拿一次英语考试来说吧，我学英语觉得比上青天还难，每次考试不是个位数就是十几分，一次老师骂我是蠢猪，我一生气下决心下次一定要考好。于是，我起早摸黑，加倍努力，牺牲了多少休息时间也记不住了。好在功夫不负苦心人，期末预考时，真的拿了个英语第一名。当时我心里的高兴劲儿就别提了，心想这次老师一定会表扬我了吧！可是出乎意料，老师一进教室就当着全班同学的面问我：你这次考这么好，不是抄来的吧？听了这话，我一下子从头凉到脚，心里感到一阵刺痛，那种心情真比死还难受一百倍。难道我们差生就一辈子都翻不了身了吗？

这是一个"差生"发出的无奈的质问！在现实中，这是多么常见的事情啊。用"一把尺子"来衡量学生，用一个尺度来评判学生，用一个分数线来为学生分类，看似公平，实则存在很大问题。关键是，这种评分方式完全忽略了学生的可变性和发展性，僵化地将学生看作一成不变。有的班主任在家长会上把学生的成绩排队名单公布于众，给学习困难生的家长和学生本人造成很大的压力，制约着学生的发展。这种做法就违背了促进学生发展的教育宗旨，应予以纠正。僵化地看待学生成绩，往往造成过于看重学生在集体中的相对位置，不注重是否完成既定的教育目标，故不仅难以确定教育目标的达成度，而且往往导致学生争分，争名次，忽略了自身素质的全面提高。而且，无论学生如何努力，都要受"两头小，中间大"的等级分类限制，容易挫伤一部分人的积极性，造成"差生永远是差生"的尴尬。

1968年，美国心理学家罗森塔尔和贾可卜森做了个实验：他们来到了一所小学，煞有介事地对所有的学生进行智能测验。然后把一份学生名单通知有关教师，说这些名单上的学生被鉴定为"新近开的花朵"，具有在不久的将来产生"学业冲刺"的潜力，并再三嘱咐教师对此"保密"。其实，这份学生名单是随意拟定的，根本没有依据智能测验的结果。但八个月后再次进行智能测验时出现了奇迹：凡被列入此名单的学生，不但成绩提高很快，而且性格开朗，求知欲望强烈，与教师的感情也特别深厚。罗森塔尔借用希腊神话中一王子的名字，将这个实验命名为"皮格马利翁"效应。

为什么会出现这种奇迹呢？由于罗和贾都是著名心理学家，教师对他们提供的名单深信不疑，于是在教育过程中就会产生一种积极的情感，即对名单上的学生特别厚爱。尽管名单对学生是保密的，但教师们掩饰不住的深情还是通过语言、笑貌、眼神等表现出来。在这种深情厚爱的滋润下，学生自然会产生一种自尊、自爱、自信、自强的心理，在这种心理的推动下，他们有了显著的进步。"皮格马利翁"效应告诉我们：在人际交往中，一旦有意识或无意识地寄以期望，对方会产生出相应于这种期望的特性。当一名教师给予学生积极的期望，学生会对应这种期望有所发展。反之，给予学生不良的愿望，学生的发展则会大大受限。

可见，传统教育评价比较热衷于排名次，比高低，以此来证明学生的学习成效。在这一评价过程中，只有少数所谓"优秀者"能够体验成功的快乐，获得鼓励，而大多数人则成了失败者，成了上述的殉葬品。教学的过程就是使学生从不懂到懂的过程。因此，任何时候的评价都不要急于给学生不好的成绩。允许他们失败，允许他们失败了站起来，鼓励他们再来一次，帮助他们树立一定能获得成功的自信心。特别是在新课程改革的今天，强调考试也是一种促进学生发展的手段，考试的目的不仅仅在于让学生和家长知道得了多少分，更重要的是在于让学生知道自己的不足在哪里，吸取教训迎头赶上。因此，每次单元考试后，如果有一些学生对自己的成绩不满意时，应允许这些孩子复习后重新考过，满意哪次成绩就把哪次考卷带回去给家长见面。学生为了能在家长和同学面前展示自己的最佳状态，总能主动认真地复习。通过复习，既弥补了知识的缺陷，又获得了好成绩；既让学生尝到成功的甜头，又满足了学生家长的需求，一举多得。

因此，一个明智的教师，必然会想方设法关注学生的发展，以发展的、可变的眼光来看待学生，不用一个死的分数来"一棍子打死"，这对学生增强自信、健康成长意义巨大。

第三节　试卷分析的技能与方法

考试是一个完整的教学过程中不可缺少的组成部分，是对教和学的质量的检验。考试对教学有巨大的指挥作用。社会对考试有强烈的反响。对于考试的结果，有必要进行认真地研究和分析。在试卷分析工作中，要运用考试理论和教学理论，对考试结果进行研究，促进我们对教学过程的反思，进而找到下一步工作的方向和改进的措施。考试结果可以反馈出大量的信息，可以反映出整个教学过程的得失。例如反映出各个教学环节的一些情况，反映出学生的基础和能力的状况、反映出学生的学习特点和规律。我们在命题的时候,有多方面的设计。考试结果可以反映命题和考试本身的一些情况,也就是测量工具、测量方法和测量过程的情况。分析这些信息,能引起我们很多思考,可以形成一些认识,提出一些观点和建议。可以供领导决策时参考,供自己作为制定工作策略的依据,对学校老师和学生提供指导。可见,试卷分析是一件很重要的工作。

常见到很多教师试卷批阅之后,不进行分析就去上试卷讲评课,这样的效果可想而知。古人云:"工欲善其事,必先利其器。""凡事,预则立,不预则废。"也就是做任何事情,都要有所准备。做好试卷分析有利于提高试卷讲评课的质量。如果我们拿着一张和学生一样的试卷站上讲台进行评讲,虽然老师心里对大概的情况也比较了解,但势必在时间的把握、重难点的把持、教法的选择上会出现或多或少的偏差。这就是很多的试卷讲评课上,教师眉毛胡子一把抓,一道题一道题从头讲到尾,没有主次,没有重点的最主要的原因。因此,要真正上好试卷讲评课,就必须真正备好讲评课。每次测验后,即使事情再忙,时间再紧,也要坚持对试卷进行深入的分析,了解学生做得好的地方,知道发生错误多的地方,剖析学生做错的原因,认真写好试卷分析后,才进课堂进行有针对性的讲解,这样一来讲评课的效率才会更高。

一、新课程下试卷分析的新要求

第一要把握教学目标,站位要高。课程标准对各学段、各学科的教学内容、教学程度都有明确规定,这为教师的试卷分析提供了重要依据。教师在分析试卷之前,必须对该份试卷所承载的知识与技能、过程与方法、情感态度价值观三个层面的目标有深刻的了解,做到"心中有数",这样才能站在一个较高的层次上审视试卷本身编制上的优缺点和学生答卷过程中出现的各种问题。

第二要看对象,有针对性。不说那种千篇一律、形式主义的套话。对象不同,试卷分析的重点也不一样。例如,局长、学校领导来了,要听汇报,这是一种。面向本学科的任课老师,这又是一种。对学生,又是另一种。这三种试卷分析,对象不同,内容和各方面的要求就有所不同。

第三是不搞走过场的表面文章。很多老师把试卷分析当作一种"负担",纯粹是应付学校的工作,甚至许多重要的数据不是来自于实际,而是闭门造车式的"捏造",这样的试卷分析纯属浪费时间。因此,试卷分析的各项工作,尤其是各项统计数据,必须真实,只有这样,试卷分析才能达到其真正目的——不断地提高我们工作的科学性,有效地指导工作。

第四要有科学的统计,定性与定量结合。光定性说一些看法、观点,没有数量的分析不行。要有科学统计的数据,定性与定量结合。试卷分析是一件需要极大的耐心和细心的事,要靠科学的数字来说明问题,而不能是想当然地得出某些结论。

第五要深入思考有关的问题,形成观点和见解。不就事论事,不列流水账,不上习题课,不是一道题一道题地讲怎么解题。观点和见解是来自于对一些问题的思考。对考试和试卷演变的轨迹,对学生的情况,教学的规律,都可以做一些研究,得出分析和判断。另外,结合对工作过程的回顾,对工作经验的回顾,对于工作得失的思考,在试卷分析里也可以得出一些认识。就像工厂检验一个产品,是合格、是不合格。发现有点什么毛病,就要回想生产过程,可能是哪个环节出了问题:是机械的问题,是原材料的问题,是工人操作的问题,还是管理的问题?反复思考,目的是想解决问题。

第六是要有理论的指导。所谓理论不外乎考试理论和教学理论。阐述这两方面理论的书籍非常多,作为教师,应该由浅入深、由易到难地掌握一点这个东西。在做试卷分析的时候,有理论指导,就可以站得高一点,也能更深入一些。如同检验产品质量,工人检验,技术员检验,工程师检验,想法的深度、广度是不一样的。

第七是引导学生参与试卷分析。教师的教和学生的学有机结合,和谐统一,是提高教学效率的保障。在试卷分析讲评的始终,教师要积极引导学生参与,调动他们进行自我审视、自我检查,这样,学生才会对考试中出现的问题认识更为深刻。教师要以宽容的态度对待学生的错误,允许他们讨论、质疑、发表个人观点,只有如此,学生才会在宽松、和谐、愉悦的教学环境中,充满信心地努力探索和学习。

二、新课程下试卷分析的类型

试卷分析由于面对的对象不同,在内容、要求上也有所区别,通常有对领导、对任课教师、对学生三种情况。

1. 向领导汇报的试卷分析

给领导听和看的试卷分析,要勾玄提要。定性的要有观点,定量的要有数据和结论。不说过程,不说细节,简明扼要,少而精。一般包括四个部分:

第一部分是命题说明。假如是中考、高考、会考,是上级有关部门命题,试卷分析要对它进行概括性地评论:这份题怎么样。假如是本区统考,是自己命题,就要简要说明命题的总体考虑。命题说明里头还包括对试题的具体介绍。介绍题型、题量、题目的特色、设计、各种比例关系、题目的台阶、题目的难度。可以简明扼要地提炼出它的特色。包括对学生能力考查的一些设计,课本题、常见题有怎样的变化。要估计一下学生的水平和今年的各项工作数据。

第二部分内容是考试情况。可以进行试卷抽样统计。抽几百份,上千份各个考场不同的卷子,把各个小题目得分、失分的情况分别进行统计。然后归纳汇总出一个详细的得分、失分的表格和各项统计数据。也可以组织老师座谈会,反映出相关的考试情况。可以依据这些考试情况,概略地向领导做一个汇报。汇报两个方面:一是参加测试的总人数,总平均分、及格率的数据,以及各个不同档次学校分数排队的情况。对领导汇报,不但可以排队,而且应该排队。把同类学校互相比较,哪些学校位置属于领先的,哪些属于落后的;比较原来的基础,哪些升高了,哪些降低了;排队情况哪些正常,哪些不正常。简明扼要几句话,指出发现了些什么新的情况。二是老师对试题的评价。跟命题计划预期的对照,认为这份题的科学性、指导性怎么样。还包括总平均分、总难度(得分率)是多少,跟预期的一样不一样,出题把握得准不准。

第三部分内容是取得成绩的原因和从考试当中发现的问题。要本着实事求是的态度,不夸大、不缩小。抱着认真研究问题的态度。有成功的经验,哪几条抓得好,工作有哪些进步,学生有哪些可喜的成绩,反映出哪些问题,也如实相告。其实进行试卷分析,是个总结工作的好机会,能得出很多认识和体会。

第四部分内容是工作对策。通过这场考试以后,得出了哪些认识,下一段工作打算抓哪几项。第一说指导思想,这次考试当中发现哪些问题得抓。第二抓带有规律性的,应该制度化、形成惯例的东西。学校抓中考、高考,工作都是以学年度为周期的,什么时候该干什么都有惯例。开学该干什么,期中该干什么,期末该干什么,考前、考后该干什么。科学的、行之有效的措施要形成自动化的惯例。每个主持工作的老师也要有自己的一套。通过试卷分析能够有新的认识,就是把这一套不断地筛选,不断地完善,不断地强化,不断地更新提高。针对今年情况,我们抓点什么,有点什么新意,有点什么改变、改进,把它指出来。

2. 对任课老师的试卷分析

教师的试卷分析,就是考试结束以后,学科教师共同对试卷结构、测试状况等进行的一种综合分析。其目的是对教学行为进行反思，以期进一步改进工作。试卷分析一般包括命题评价、成绩统计分析、存在的问题、改进的措施等几个方面。

第一方面是命题评价。对一套试卷的评价一般由三部分组成：

(1)试卷有多少大类题型，各种题型所占分值比重是多少，哪些内容为考查的重点且所占分值较多？

(2)命题覆盖范围分析。各种题型在教材中的章节分布，是否覆盖所有章节？有哪些章节中的内容在试卷中所占比例较大？考试内容是否超出新课程标准范围？基础知识与基本技能的考查是否都能够兼顾？

(3)题量大小与难易程度分析。学生在规定时间内试卷完成度是多少；是否都能在规定的时间内完成试卷内容；试卷中的基本题、有一定难度的题、拔高题所占比重是否合理；有无偏题、怪题等。

在进行试卷评价时，要紧密结合当初命题时的总体考虑，结合命题计划和双向细目表进行分析。可以把试卷的内容进行具体解析，列在表格中，与当初的设想进行对照，弄清题型、题量、试卷结构、各项比例关系，尤其是试题难易的分布与当初的预想是否一致。同时，要分析试卷中所考查到的知识点、能力点，与原来双向细目表中的计划是否吻合。如果一致或比较接近，则证明试卷的命制是成功的；差距越大，则试卷的命制水平越低。

通过分析试卷，应该有一个基本的评价，即本套试卷的特点，成功之处，不足之处，从而对试卷编制的合理性做出客观的判定。这样做的目的，不仅有利于对试卷和考试做出准确评价，提高命题人的水平，而且能够充分地反馈出从考试中所获得的信息，为改进教学提供依据。

第二方面是成绩统计分析。主要包括以下几个方面：

(1)平均分和"三率"(及格率、优秀率、低分率)统计。

(2)分数段统计：最高分、最低分是多少？每个分数段有多少人？

(3)各题的得失分情况：每道题的得失分是多少？正确率是多少？各个分数段中的学生在该题型中的得失分情况，哪些是普遍问题？

(4)难度统计：全班学生的平均分除以试卷总分就是全卷实际难度值，难度值在评价上又叫难度系数。

第三方面是存在的问题。成绩分析的目的是为了找出教学中的问题和学生学习中的问题。

首先要着眼于发现教师教学中的问题。将平均分与平行班的比较，将本次考试与以往考试的比较，如果低于正常值，则说明教学管理、教学行为中出现了问题。

从平均分和"三率"可以看出班级学生的层次。如果差生人数多，则说明补差工作不够到位；如果优生人数少，则说明培优工作存在缺陷。

从具体各题的得失分情况，可以看出教学中哪些章节内容掌握得比较好，哪些章节内容还存在着不足，从而找到教学"补救"的关键点。

其次要从卷面情况发现学生的问题。通过对卷面的分析，可以看出学生在学习中存在哪些问题，是知识问题，还是能力问题？是教的问题，还是学的问题？是共性问题，还是个性问题？从卷面的整洁度可以看出，哪些学生态度端正、习惯良好，哪些学生存在不足。

第四方面是工作对策。问题找到了，才能为后续的试卷讲评做好铺垫。要针对问题，对症下药，拿出切实可行的改进计划，提出相应的工作策略。计划越详尽，试卷分析所达到的效果就越明显。

3. 对学生的试卷分析

第一，要向学生宣讲本学科的试题说明。不是讲老师设计的那一套，要给学生分析，哪些题是容易题，哪些题是中等题，哪些题是难题。哪些题是你这个档次的学生应知应会的。即使你程度差，基础差，也要知道哪些题是你应知应会的，哪些题是你努努力可以争取会的；哪些题是对你不要求的。就是给学生把这个层次、台阶摆清楚，让学生明白自己的努力方向。

第二，让学生对于自己得分和丢分的情况，进行认真的审查。得分的情况有真会的成分，也有水分。真会的，有根据、有把握确实是自己真实成绩的那个得分才算数。猜和蒙的，写上了也有分。那个不算数，还得补。还得算在查缺补漏的范围里头。丢分的情况，如果是过难的、力所不及的题，可以果断地把它排除。对于每个学生都有对他来说是过难的、力所不及的题。可以果断地放弃，暂时把它放一边。要学会查缺补漏，应知应会的内容，不难也不是力所不及，但是丢分了，要及时补上。还要查一查你应得的分丢了多少。可以算出，在你会做的题当中，丢了多少分。得让学生统计这个事。应得的分丢了多少，这是一个要紧的数据。对每一个同学来说，有不同的数据。通过试卷分析，让他得把这个找着。就是让他想想，还有没有继续得分的因素。就是说按自己的实际情况，努努力还能得多少分。这就找到了自己长分的生长点。

同一道题出错，不同的同学有不同的原因。必须把这个病因找到。一道题出了错，要按照解题的各个环节，顺序分解，找到是哪个环节出的错。是审题马虎，问题性质判断错了，还是概念、规律用错了，是运算错了，还是草稿纸上全对了，往题纸上抄错了？让他找到不同的原因，有针对性地对症下药，采取措施。

要让每个同学都能找到继续得分的因素，找到我还可以得更多一点分的感觉。帮助考生找到努力方向，并建立起信心。

对低分学生也是同样的政策。找你应得的分丢了多少。让每个学生考虑在自己的基础上怎么个提高法。就让他自己在这张卷子上，找继续得分的因素。过难的、不会的你别考虑，那不是给你做的。你就研究你能做、会做、应知、应会、应得的，可是你错了，丢了分的。要搞清楚不该丢的分是在哪儿丢的，还要找到原因，找到改进的方向，然后想办法反复强化落实。北京海淀的经验：小步走、多复现、快反馈、抓落实就是这个意思。务必让每一个学生找到，我还可以得更多一点分的感觉。事实证明，通过试卷分析，得 30 分的，能够找到可以得 40 分的感觉；得 120 分的，能够找到可以得 130 分的感觉。让每个同学通过试卷分析，找到我还可以得更多一点分的感觉，那么这个试卷分析就比较实惠。

第三，给可以操作的帮助和具体的指导，而不是光在黑板上讲题。要指导制定下一段的整体复习计划。要指导怎么样查缺补漏。要指导系统综合，把知识的横向、纵向联系编织成网络。勾玄提要，能够少而精，掌握要点，把书越读越薄。越学脑子越清楚，而不是越学脑子越胀。还得指导学生怎么记备忘录。学习方法的指导和学习习惯的养成是一码事，需要老师不断地强化。总的指导思想，是立足于让学生正常发挥自己的水平。在自己的基础上提高，而不是从半悬空中去提高。考生之间不要盲目地攀比。不要怪罪指责、也不要吓唬那些低分考生。鼓励每个考生都立足于正常发挥自己的水平，立足于在自己的基础上得到提高。立足于把应该拿到手的分拿到手，不该丢的分不要丢，犯过的错不要一犯再犯。就是实实在在的提高。力所能及的是不该丢的分，而过难的题那是该丢的分，这两笔账不能一块算。

第四，对学生的试卷分析当中，还应该有心理指导。这也是对学生进行指导的一个方面。学生能不能集中精力正常发挥自己水平，跟心理因素大有关系。平时练得好，到时候心理上不坚强,也不能正常发挥。相反,有良好的心理品质,可以反败为胜。

第五,学生做试卷分析以后,要有具体的措施。可以对各个知识块,或是不同的专题,加几节复习课。也可以有针对性地补一些类似的题,让学生重新做一些练习,也是查缺补漏。关键是根据需要,讲究实效。

三、新课程下试卷分析的方法

试卷分析的基本方法可总结为:一查、二统、三找、四改。

"一查"即查每次考试的目的是什么,考试的知识范围有哪些,试卷中有些什么题型,哪类题型学生已见过,哪类题型学生初次见面,哪些题型是考查基本知识和基本技能的,哪些题是能力题,题目难易的情况如何及所占比例的大小的等等。

"二统"即数据统计分析。统计出每一大题全对全错的人数,每一大题的得分情况,从中了解学生对各类知识的掌握程度。按分数段统计学生人数,可按 10 分为一段进行统计,也可按满分、85 至 99 分、60 至 84 分、不及格等四个分数段统计,这样能清楚地看到各类学生成绩的分布情况。

"三找"即找出学生出现的知识错误及引起错误的原因,试卷上普遍存在的问题是什么,个别问题又出现在哪些个别学生身上。引起错误的原因是多方面的,是学生方面的问题还是教师方面的问题?就学生方面来说,是学生智力因素引起的还是非智力因素引起的?是基础知识掌握不牢还是学习方法不对头?就老师方面来看,是教师钻研教材不深,驾驭教材能力不强,还是教学方法不当或者是工作态度不好,等等。

"四改"即根据找出的错误及引起错误的原因提出改进的措施。这一步如同医生诊断清病因后对症下药,得了什么"病",该用什么"药",该如何"治疗",教师应心中有数。是思想方面的问题就订出思想教育方面的改进措施,是学习习惯方面的问题就订出培养良好学习习惯的措施,若后进生多就提出如何转化后进生的措施。

四、新课程下试卷分析的基本写法

一般来说,一份完整的试卷分析包括以下几个部分的内容:

1. 分析学生

(1)学生的整体情况分析

学生学习基础现状。是属于上课一学就会的情况,还是学习用功但效果不佳的情况,或是属于学习没有动力,主观没有动机的情况,每部分学生在班上所占的比例大约是多少。

学生的学习习惯现状。是主动型的,还是被动型的,是强迫型的,还是放弃型的。所占比例大约是多少。

班级的学风如何。是比较和谐,学风比较正的,还是比较松散,没有形成良好学风的。

(2)学生的典型个体分析

学习好的形成原因,是天然而成的,还是属于功夫型的,是教师家长引导的,还是环境影响的。

学困生的形成原因,是传承下来的,还是后天改变的,或是某些原因造成的。

2. 成绩分析

(1)试题难易度的分析,应结合学生和课程标准的要求。

(2)答题情况分析,包括学科的及格率、平均分、优秀率。与上次考试结果的对比情况:是上升了,还是下降了,或没有变化。

(3)丢失分分析。这部分是重点内容,分析是什么原因造成的丢分,丢分的比例是多少,是知识点理解不够造成的,还是解题能力不够造成的。

3. 教学情况分析(分析自身原因)

(1)工作状态。是积极主动型的,还是按部就班型的,是得过且过型的,还是懒慢松散型的。

(2)对教材的驾驭能力。是否能认真备课,是否能够吃深吃透教材,是否只能够照本宣科,一味地"教教材",而不是"用教材教"。

(3)组织教学能力。课堂教学设计情况如何,对学生上课的要求如何,讲课的艺术如何,能否引起学生的学习兴趣。

4. 解决问题的策略

(1)自身不足的改进。

(2)采取什么新的措施、方法。

(3)预期的目标。

【示例】

语文试卷分析

本卷在结构、题型、难度等方面跟以前相比保持基本一致,题型稳中有微变,难度稳中有微降。下面就试题特点、学生答题得失、对今后教学的启示等方面作些分析、谈点看法。

一、试题特点:

本卷分为三大块,共23小题,综合考查了学生各方面的能力。全卷考查的三大块、知识点及分数见下表:

题号	考查的内容(知识点)	分数
一、积累运用	1.字音、字形 2.默写 3.综合性学习 4.仿写	30
二、阅读理解	(一)课内语段阅读,出自教材八年级上册《纪念白求恩》,具体考查内容如下:1.积累;2.筛选信息(理解对比的作用);3.筛选词语在文中的信息作用;4.开放题,"人不为己,天诛地灭"正确吗?(结合中心、联系实际)	10
	(二)文言文阅读,具体考查内容如下:1.作家文体;2.文言实词解释;3.文言句子翻译;4.内容理解,细节描写品析;5.开放题	16
	(三)课外语段阅读(散文),具体考查内容如下:1.根据语境仿写句子;2.把握重点语句找出中心论点;3.论证方法分析;4.筛选信息(理解原因);5.赏析句子;6.课外积累	14
三、作文	半命题作文:告别——	30

综观这份试卷,体现以下特点:

1.试卷强调基础,重在运用。命题避开概念、知识的简单识记,重在考查学生能否运用所学知识来理解和分析语言材料的能力,不把字词和句子孤立起来考,而是让学生在具体的语言环境中去理解、辨析。如背诵默写,有简单的填上下句,也有要求学生根据提示填空,但没有在难度上为难学生,默写的内容都是学生耳熟能详的名句。

2.试卷重视人文精神,引导学生关注人生,关注现实,关注时代。无论是现代文阅读,还是文言文阅读,都注重人文意识的渗透。如议论文阅读《白求恩》,紧扣热点思考人生价值的体现;课外散文阅读《有效期限》与教材中第二单元的主题"道德修养"完全吻合。文言文语段的主题也较好地体现了语文学科所承载的德育功能。

3.作文命题贴近学生的思想和生活实际,使他们有话可说。要求以"告别——"为题作文,内容范围比较宽泛,可写物、人或事件,学生个个有话说,有内容写,给予学生广阔的、自由发挥空间,有利于学生表达自己的主观感受,能引发学生的真情实感。

4.试卷还有一个特点就是与新课程理念接轨,具体体现在引导学生与文本对话,创设一定的问题情境,增加开放性题型等方面。如试卷积累运用三、四题,阅读理解一(4),二(5)等。考查了学生的生活积累和联系生活实际的能力。题型虽不新,但求实,很好地考查了学生的能力。总之我希望,这份语文卷,首先是让那些想死记硬背就能把语文学好的人纷纷落马。其次是要让那些不爱思考、不爱阅读的学生不能获得高分。第三应该让学生感受到语文学习是有用的,是有趣的,是能通过努力学好的。检测学生一段时期以来语文学习的真实水平,体现时代对我们语文教学的新要求,真正做到面向全体学生,从而把语文素质教育落实在课堂教学中。

二、批改中发现的问题:

1.课内基础如字词、诗文默写得分情况层次分明:认真的同学满分,反之则失分严重。探究题失分严重,表明学生知识面狭窄,积累意识不强。

2.课内阅读题大多是老师课上强调的重点,但得分情况不容乐观,主要原因有:审题不清,草率下笔,导致扣题不严,答题不全。

3.课外阅读文章虽在课外,但理在课内,特别是紧扣一、二单元的重点议论文知识及"惜时惜缘"的主旨。得分尚可,但审题不清和归纳不全的弊漏仍很突出。

4.半命题作文"告别——"虽未设审题障碍,但有些学生写作情况不尽人意,视角窄,内容空,无病呻吟,主题含糊,甚至瞎命题,如"告别明天",编瞎话,如"告别单身",再加上用语晦涩,书写潦草,难以卒读,得分差别较大。

三、试卷对今后教学的启示:

1.遵循母语学习规律,在学习中要强调多读多背,多接触文本、精彩的文章或片段,力争做到熟读成诵,切实加强语言的积累和感悟。大量的事实证明,语文能力的形成,其关键不在于汉语知识学了多少,而在于语言积累是否丰富,语感的积淀是否深厚。因此,语文的教与学必须重在语言的积累和语感的培养。多读多背至少有以下四方面作用:①积累语言材料;②储存语言模型;③积淀语感;④接受文化熏陶。如果我们能认真落实,学生将受益匪浅。

2.重视方法的指导与能力的培养。现代文阅读,重在研读材料,审清题意,按点答题。对理解性阅读、评价性阅读、创造性阅读三个层次,应培养学生准确抓住问题要害,并能用简要的语言表达思想的能力。因此,应强调学生解题方法的学习,光记住答案是没有多大意义的,重在怎样解出这个正确答案的解题过程、思路。

3.重视语文课程资源的开发与利用,沟通课堂内外、课本内外、学校内外的联系,拓宽学习渠道,增加学生语文实践的机会。有计划地指导学生阅读文学名著、报刊,做好一些摘抄,背诵有关课内外诗句、名言警句。见缝插针,不推诿,不懈怠。

4.作文加强平时的练笔,如日记、周记等,一定要养成观察生活、感受生活、反映生活、表达自己的真情实感的良好写作习惯。重视作文指导、作文评改、作后评析等几个重要环节,要让学生参与到这几个重要环节中,可采用个人自改、小组互改、全班评改、重写一次的流程,让他们发扬自主、合作、探究的学习精神,变"别人要我写"为"我要写"。只有这样,才能为提高作文质量打下良好的基础。我相信,留给语文一些阅读时间,留给学生一些思考时间,找回语文,应该不难。

(出自 http://wzg.819.blog.163.com/blog/static/82978248200911101058l2691/)

第四节　试卷讲评的技能与方法

　　试卷讲评课是一种重要且常见的课型,尤其是到了单元小结、期中期末复习阶段甚至变成了主要的课型。其主要作用在于:通过试卷讲评帮助学生分析前一阶段的学习情况,查漏补缺、纠正错误、巩固双基,并且在此基础上寻找产生错误的原因,从中吸取失败的教训(包括听课、审题和做题的方法与习惯等等),总结成功的经验,从而完善学生的知识系统和思维系统,进一步提高学生解决问题的能力。同时,通过习题讲评还可以帮助教师发现自己教学方面的问题和不足,进行自我总结、自我反思、改进教学方法,最终达到提高教学质量的目的。

　　试卷讲评课根据讲评和学生练习与思考的先后可分为练前讲、练后讲(或思考前后讲)等等。

　　根据讲评课的教学水平层级由低到高依次又可分为只讲答案,讲评题意、思路和方法以及讲评联系、诱导创新等等。

　　只讲答案是最省力、最省时的讲法,教师报上习题的答案,希望学生在课后自我消化。如果学生有良好的学习习惯,有较强的自学能力,用这个方法自然不错。而事实上,这是在教师认为题目比较简单,或者由于习题多而时间少的情况下采用的。可以说它是题海战术的产物,其最大的弊端是忽略了对学生学习方法、学习技能的培养。因此,应该说只讲答案的讲评是最差的讲评。

　　讲评题意、思路和方法比讲答案高出一筹。这种方法的最大好处就是让学生了解解题的过程,学会审题、解题、辨题的技能。其实这也是上好试卷讲评课所必需的。

　　讲评联系、诱导创新应该说是讲评课的最高境界。一般的教师只能围绕一道题讲好题意、讲清思路、明明方法,但要从一道题中跳出去讲联系、讲创新并非易事,因为它要求教师心中装的不是一道题,而是许多题,而且是同类的题,教师通过讲一道题而学生掌握一类题,从一个知识点联系到整个知识网。并在此基础上,通过教师的有启发性的讲评,激发出学生的创新思维,促使学生讲出教师讲不出的思路与方法,做到有创新地解题。

一、试卷讲评课的教学功能

　　检测是为了考查学生知识和能力的水平,了解教与学的薄弱环节,以便及时采取补救措施。因此,学生的"考"只是前奏,考试目的的实现关键在于考后的"评"。试卷讲评课是学科教学的有机组成部分和重要环节,应看作是考试的延续,它的成败直接影响着考试的效果、教学的质量。它是综合因素互动的特殊教学现象,涉及师生、生生、个体与群体、群体和群体之间的综合互动。试卷讲评课教学,应充分发挥试卷讲评课教学的激励、诊断、强化、示范功能,充分考虑学生的实际情况,体现学生是学习活动的主体,符合"以学生为本,一切为了学生"的素质教育的宗旨。只有立足于学生,从学生的实际出发,激发学生学习的自主性、积极性,致力于学生的"最近发展区";进行有针对性的教学互动,才能提高教学的实际功效,促进学生有针对性地进行自我评价与提高,从而提高讲评的课堂效率和质量。

　　试卷讲评课主要是解决试卷中反映出来的问题。通过讲评能帮助学生澄清模糊概念,培养学生思维能力,明确解题思路,提高解题能力。一堂高质量的讲评课往往能起到做几套练习的效果,因此,我们应重视讲评课的教学,加强针对性、增强实效性、消除随意性、避免盲目性,才能提高试卷讲评课教学的效率和质量。

1. 充分发挥试卷讲评课教学的激励功能,激发学生学习的自主性、积极性

所谓"激励",主要是指激发人的动机,使人有一股内在的动力,朝所期望的目标前进。心理学的研究指出,学生学习主要是为了取得成就而不是为了某种报酬,对于学生而言,自我提高的需要占据重要地位。教育评价给予学生的表扬、分数和名次,能满足这种自我提高的需要,成为激发学习动机的诱因和强化物。

事实正是如此。每次测试结束后,学生最关心的是自己的分数和名次,他们对自己成绩的进退十分敏感。进步了,精神振奋,热情高涨;退步了,则神情沮丧,学习的积极性也会受到挫伤。因此,试卷讲评课要科学地分析学生的成绩,要本着多鼓励、少责备的原则,从不同角度,对不同类型的学生进行表扬;不仅表扬成绩一贯优秀的学生,更要热情表扬那些基础较差但有进步的学生,还要想方设法使那些成绩不理想的学生也有受表扬的机会。例如重视肯定和表扬那些解题思路清晰、方法灵活有创意、试卷解答规范,甚至书写规范的同学,使所有人获得成功的体验,从而激发学生的学习热情,以此为动力,改进学习方法,提高学习效率,朝所期望的目标,更努力、更主动地学习。切忌把讲评课变成批评课,对学生一味地埋怨、指责,甚至讽刺、挖苦,挫伤学生的自尊心和学习积极性。

在试卷讲评课上需要注意这样几点:不要公布所有学生的成绩,以免挫伤少数后进生的自尊心;在分析学生成绩的进退时,应重相对名次的变化而轻实际得分的升降,以减少试卷难易不同的影响;对因学习态度不好而无明显进步甚至退步的学生要给以中肯的批评,做到激励与鞭策相结合。

2. 充分发挥试卷讲评课教学的诊断功能,加强针对性,增强实效性

讲评课不可能从头至尾,面面俱到,而应该是有所选择,有所侧重。而讲什么题目,讲到什么程度取决于教师了解和反馈信息的准确与否。这要求教师在每次阅卷后、讲评前都要认真检查每位学生的答题情况,分析各题的错误率,细致诊断学生的解答,找出错误的症结,弄清哪些题目错得较多,错在哪里,学生需要何种帮助,等等。这样,试卷讲评课建立在学生知识缺漏的基础上,建立在学生思维遇到阻碍的基础上,集中了学生易错处和典型错例的分析,就能激发学生的思维,加深印象,从而提高课堂效果。

诊断的内容可以涉及:①学生在哪些问题上出错了;②学生掌握知识所处的目标层次(识记、理解、应用、分析综合、探究);③学生成绩不良的症结(知识方面、思维方面、心理方面)等。

诊断的方式主要有以下三种:

(1)教师统计诊断

选择有代表性的试卷作为样本,逐题统计错误人数,错误人数与样本数的比值为错误率,错误率高的问题一般就是教学中的弱点和盲点。这样的问题应该在课堂上重点讲评,及时进行补救教学。而那些错误率低的问题,则不必在课堂上多费口舌。另一方面,对于错误较多的问题,也可通过统计的方法了解错误的根源。

(2)学生自我诊断

一道试题,学生为什么会答错,原因是错综复杂的。可能是概念不清,知识记忆不牢,解题时无法再现所需知识;可能是读题、审题不仔细,忽略了关键字、句,误解了题意;可能是因为分析能力低下,抓不住关键条件,不知题目所云;可能是由于表达不准确、思路不正确,计算失误;还可能是考虑问题不全面等等。这些原因,有的可以根据教师的经验大致判断,但只有学生自己才最清楚错答的真正原因。为了提高诊断的准确性,可以编制"自我诊断表",指导学生进行自我诊断。

自我诊断表主要包含以下内容：

A.应得分与实得分

"应得分"不是试卷上的满分，而是学生根据自身的情况判断，完全有把握得到的分数。不少学生在应得分与实得分之间存在较大距离，表现出考试过程中的心理焦虑、解题时粗枝大叶等不良习惯以及考试技术等非智力因素，是影响考试成绩的不可忽视的因素。

通过这种诊断，既让学生看到自己可能达到的目标，又增强了克服不良习惯、养成良好素质的自觉性。

B.知识点得分统计

每一知识点对应试题的题号由老师给出。这种统计的目的在于诊断学生个体在学习中的薄弱环节，明确下一阶段的努力方向。

C.错因分析

学生填好"自我诊断表"后，由教师收回，认真批阅，针对具体情况写出简短评语或做个别指导。

指导学生进行自我诊断（即自我评价）具有特殊重要的意义。首先，教师的任何评价意见，只有内化为学生自己的认识，才能指导学生产生新的学习行为，这种内化只有通过自我评价才能完成。其次，学生认真的自我诊断往往能得到最真切、具体的反馈信息。再次，自我评价是自我意识中的一环，它可以直接转化为自我控制、自我调节，及时取得自我教育的效果。因此，自我评价具有自我反馈、自我激励、自我导向的功能，是端正学习态度、改进学习方法、提高学习效率的重要途径，也是形成自学能力的重要因素。

（3）课堂剖析诊断

有些试题的条件隐藏、综合度大，学生往往很难判断其错误的原因，这就需要在课堂上进行剖析诊断。剖析诊断必须给出一个问题的详细解答过程，包括题意的挖掘、关系的推导等，让学生自己领悟究竟在哪个环节上出了问题，进而有针对性地巩固强化。

试卷讲评的诊断，可以帮助学生总结经验，吸取教训，及时纠正不良习惯，调整学习方法，校正复习方向；加强教与学的针对性、增强实效性，提高试卷讲评课的效度和效率。

3.充分发挥试卷讲评课教学的强化功能，提高学生的素质和能力

考试之后，学生急切地想知道问题的答案及错误的原因，这个时候，他们的学习动机、求知欲望最为强烈，试卷讲评课因此具备了发挥其强化功能的良好基础。为了充分利用这一功能，一是标准答案要尽早发放或粘贴公布，二是讲评不能停留于就题论题、泛泛而谈的层次上。一份试题在教师批阅完了之后，必须弄清本套试题涉及到的知识考点、方法考点，分析学生存在的知识、方法的问题，并从中找到共性和个性差异。评讲的过程中，共性问题集体研究，个体问题个别交流。进行大容量、广角度、深层次的讲评，使同类问题规律化、零散知识集团化、解题思路最优化、思维角度发散化，使试卷讲评既可起到归纳、整理、升华知识的作用，又可促进学生积极思维、巩固双基、构建知识系统，引导学生灵活运用所学知识，培养综合能力，提高综合素质，一是避免下次再出现类似的问题，二是强化了考试的重点和热点。

4.充分发挥试卷讲评课教学的示范功能，提高学生解题的准确性、规范性

有的问题，学生心里知道是什么，但却不知如何表达。比如解答简答题时，有的词不达意，有的叙述不清。解答计算题时，有的解题繁琐，有的过程不规范，有的计算错误。为了逐步纠正这种现象，试卷讲评时，可以选取典型试题，给出完整、简练、规范的表达，给学生提供模仿、学习的范本。教师应多指导学生进行读题、审题、规范答题训练，使学生能抓住题意关键,寻找答题突破口,按要求规范答题,如回答操作方法题的模式应分为三步,即如何操作、有何现象、什么结论。谨防误入命题有意设计的圈套,以提高学生解题的准确性、规范性。

二、试卷讲评课应遵循的基本原则

有的教师认为,试卷讲评课并不适宜太多的条条框框的束缚,因此,并不过多备课,带着一张试卷,到课堂上信口开河,想到什么说什么,致使讲评课因过分随意而效率低下。其实,试卷讲评课作为一种课型,有其自身的规律和特点,只有按照这些规律和特点讲课,才会更富成效。一般来说,试卷讲评课应遵循以下原则:

1. 目标明确原则

讲课首先有一个"为什么"讲的问题,这就要求教师对讲课的内在意图要清楚,明确目标应当是备课时首先要斟酌的问题,它既是一节课的起点,又是一节课的归宿;它是一节课要努力的方向,是讲好课的前提和保证。讲评课有其特殊性,目标也要明确(这是一般教师不以为然的问题)。讲评课的教学目标应由教师根据总的教学目标和学生试卷上暴露出的问题(知识、能力、非智力因素等诸方面),有的放矢地确定。

落实这一原则,要求教师做好课前的精心准备,认真阅卷评分,做好成绩统计分析。统计好平均分、合格率、优分率、低分率,各分数段的人数的分布情况,统计好每题的得分率、每题的解答情况(包括独特的解法、典型的错误)等。最好课前将试卷发给学生,了解学生对试卷讲评的要求,做好问卷调查和调查情况统计分析,掌握第一手资料。

2. 重点突出原则

讲课还有一个"讲什么"的问题。讲课必须讲在重点、难点、疑点和关键点上,要具有导向性,要能激发学生的求知欲。调查发现,有些讲评课学生收获不大,最主要的原因是教师不分轻重,面面俱到,把学生当三岁的小孩看待,结果反而造成面面不到。其实试卷上大多数题目学生可自行解决,甚至有些问题学生刚考完就已发现并已经解决了,你讲评时再眉毛胡子一把抓,学生自然会厌烦,觉得浪费时间。

当然,"突出重点"并非只讲重点,只是一节课所涉及的内容可能很多,教师应根据课前调查精心备课,将上课的主要精力、时间集中到学生中存在问题最突出、最主要和最想知道的重点内容上来,为学生解惑、释疑,引导探究。

3. 针对性原则

讲评课的教学内容要根据学生测试情况来确定,应具有普遍性和典型性,以提高讲评课的针对性和有效性。要找准学生答题出现失误的"关节"点,透彻分析、解疑纠错,防止类似错误的再次发生。一套试卷涉及考查的知识点往往比较分散,教师应对考查的内容,参考对象所出现的"常见病"、"多发病"、典型病例归类评价,查缺补漏,对症下药,一个病例一个药方,要"目中有人",切忌泛泛地讲,逐题地讲。通常的做法是"先归纳,再提炼,各个突破,集体消化,整体提高"。这就要求教师备课前多了解学生对错的题是怎样思考的,多问几个"为什么学生会在这道题(这类问题)上出错?"找出学生在理解基本概念和原理规律上存在的问题,在思维方式、方法上存在的缺陷,这样讲评时才会击中要害。

另外,对学生非智力因素方面的问题要找得准,敲得狠,注意集体引导和个别辅导相结合,使学生形成严谨的学风。

4. 情感激励原则

讲评课要以赞扬、肯定为主基调,切忌出现"这道题我都讲好几遍了,你们怎么还不会?"等无能的语言,切忌挖苦、训斥、侮辱学生人格,应让学生达到"胜不骄、败不馁"的境界。

讲评课开始时对成绩好、进步快的学生提出表扬,鼓励其再接再厉,再创佳绩。讲评过程中,对学生的答卷优点应大加推崇。如卷面整洁、解题规范;思路清晰、思维敏捷;解法有独到之处、有创造性等。要善于点燃学生智慧的火花,激发其内在的更大潜能。讲题时可将试卷中出现的好的解题思路、方法用投影表示于课堂,也可由学生上台讲解。讲评后可将特别优秀的答卷加上点评张贴在"学习园地",供全班同学效仿、借鉴。对成绩暂时落后的学生要能和他们一起寻找原因,鼓励其克服困难,奋起直追。要善于挖掘他们答卷中的闪光点,肯定其进步。要让他们也能在赞扬声中获得满足和愉悦。对他们的错误解法要指出其合理成分并和他们一起研究怎样做就可以修正为正确答案,增强其信心,激发其兴趣,消除其压抑感,增添其成功感。

5. 主体性原则

学生的学习过程是一个特殊的认识过程,其主体是学生,教学效果要体现在学生身上,只有通过学生的自身操作和实践才是最有效的。

调查结果显示,对一个较难的问题,学生最希望的形式是教师把问题摆出来,让他们自己独立思考或通过同学间的相互讨论而获得解决。因为这样做印象会更深刻,不易忘记。因此,讲评课要发挥学生的主体作用,切忌教师一言堂。教师的作用在于组织、引导、点拨。要设计带有启发性、探索性、开放性的问题,让学生回答、板演,或设计为理解题意的小实验让学生操作,促进学生主动思考、积极探究、大胆假设猜测、凝练观点、提出问题,培养学生的创新意识和敢想、敢说、敢做、敢于标新立异的人格意识,要给学生充分表述思维过程的机会,增加教师与学生、学生与学生交流的时间,在自主反思的过程中暴露思维缺陷,暴露方法缺陷。寻找平时所说的"卡壳"的地方,以便更清楚地了解学习中的迷惑,从困境中重新自主探究,使学生真正成为讲评课的主人。让学生在动脑、动口、动手的活动中获取知识、发展智力、培养能力。

6. 归类分析原则

教师在讲评课时不能只是按照题号顺序讲评,而是要善于引导学生对试卷上涉及到的问题进行分析归类,让学生对考卷上的同一类问题有一个整体感。这样有利于学生的总结提高。具体可按三种方式归类:

(1)按知识点归类:就是把试卷上考同一知识点的题目归在一起进行分析讲评。这种归类可让学生在教师指导下进行,教师可选择重点知识的典型题进行分析讲评。

(2)按解题方法归类:即把试卷中涉及同一解题方法、技巧的题归到一起进行分析。

(3)按答卷中出现的错误类型进行归类,一般可分为:对概念、规律理解不透甚至错误;审题时对题中的关键字、词、句的理解有误;思维定势的负迁移;过程分析错误;运算错误等类型。

7. 及时性原则

我们常常抱怨学生喜欢把眼睛盯在分数上,不重反思,太过功利。其实造成这种结果的原因之一是试卷评和结果反馈相对滞后。学生每完成一套检测题,都会经历从识记、理解到鉴赏、评价、表达的复杂的思维过程,因此,他们对自己的劳动成效如何非常关注,这也在情理之中。但是,教学中,由于我们备课任务繁重、批改试卷难度大,往往把试卷发放和讲评工作搁置太久;而此时,学生做题时产生的思维火花已消失殆尽,能够刺激学生思维的就只剩下分数了。因此,及时将考试结果和答案反馈给学生,采取"热处理"的办法,是取得良好讲评效果的一个重要因素。

8. 开放性原则

开放性原则,一方面是指课堂教学形式上的开放,变"一言堂"为"群言堂";另一方面是指课堂教学中设计的问题要具有开放性。讲评课上,教师不要就题论题、孤立地逐题讲解,要透过题中的表面现象,善于抓住问题的本质特征进行开放性、发散式讲解。一般可从三个方面进行发散引导:①对解题思路发散——"一题多解"。②对情景发散——"一题多联"。③对问题发散——"一题多变"。进行"一题多变",可将原题中的情景、已知条件、设问……等进行改动,然后再重新分析、求解。如可将静态的情景变为动态的情景;或改变命题条件,或将题目中的因果关系颠倒……等等。此训练宜由浅入深、步步推进,使不同层次的学生均有所收获。

9. 矫正补偿原则

讲评课后必须根据讲评课反馈的情况进行矫正补偿,这是讲评课的延伸,也是保证讲评课教学效果的必要环节。可要求学生将答错的题全部订正在试卷上,并把自己在考试中出现的典型错误的试题(包括错解)收集在"错题集"中,作好答错原因的分析说明,给出相应的正确解答。教师要及时依据讲评情况,再精心设计一份针对性的练习题,或由学生针对答题时出现的错误,查找相关资料,自主选择相关试题进行巩固练习,作为讲评后的矫正补偿练习,让易错、易混淆的问题多次在练习中出现,达到矫正、巩固的目的,以求在同错误进行斗争的过程中取得螺旋式的上升。

10. 融会贯通原则

试卷讲评从一定程度上讲是一个重新整理知识的过程。讲评过程中,教师要帮助学生借题发挥,类比延伸,调动已有的知识积累,厘清相关的知识结构,使学生形成一个经纬交织、融会贯通的知识网络。讲成语运用,讲语病辨析,讲语言连贯等,应将相关考点的思考方法适当归类,力争讲活一题学生就能举一反三,触类旁通。

三、传统试卷讲评中存在的问题

传统试卷讲评课由于观念认识上的不足,因此存在许多误区,这些问题集中体现于以下几点:

1. 拖三拉四,讲评不及时

如测试结束后,大部分学生都急于知道自己的成绩,情绪比较高,而且对试题及自己的解题思路印象还比较深刻,此时讲评能够收到事半功倍的效果。有的老师往往好长时间批不完卷,批完以后,统计分析工作又不及时,等到讲评时,学生早已把试题忘得差不多了,而且情绪懈怠,讲评课的效果也就可想而知。因此,每次测试后,教师一定要抓紧时间批阅,迅速统计好数据,做好习题分析,摸准学生的心理,及时讲评,越快越好。

2. 准备不足,讲评随意

有人认为试卷讲评课无关紧要,甚至根本没有把习题讲评看成一种课型,课前不做准备,上课拿起习题就讲,无的放矢,信口开河,想到哪儿讲哪儿,讲到哪儿算哪儿,一节课下来,到底讲了些什么,自己也说不清楚,更不用说学生了。

试卷讲评课的准备工作,在批阅时就应开始。要将学生答题情况作好记录,记清哪些习题答得好,哪些习题失分多;哪些是因知识性失分,哪些是技巧性失分;哪些是普遍现象,哪些是个别现象;等等。通过统计和分析,写好试卷讲评课教案,讲评时才能做到有备无患,切中要害。

3. 平均用力,没有重点

一套习题中各道题的难度是不一致的,学生出错的数量和程度肯定也是不一致的。讲评习题,没有重点,面面俱到,从第一题按部就班地讲到最后一题,这是出力不讨好的事情。试卷讲评课应该分类进行。一般来说可分三类:第一类,没有或很少有差错的习题,通常不讲评或点到为止;第二类,部分学生有差错的习题,视具体情况适当讲评;第三类,绝大多数学生有差错的习题,这类习题往往属于迷惑性、综合性较强的考题,应重点讲评。

4. 不重视过程和方法

习题的讲评要给学生正确的答案,更要重视对解题思路、方法、步骤和技巧的讲解,这样才有利于今后教学的深化和扩展。

讲评中加强对学生答题方法的指导,一般来说可以从以下三个方面入手:第一,指导学生学会读题、审题、理解题意,正确把握答题方向;第二,指导学生厘清答题步骤,注意答题的条理性和规范性;第三,指导学生答题速度,并能在习题难度较大的情况下,机动灵活地予以解答。

5. 单讲独评,不注意联系

所谓单讲独评,是指讲评习题时,只是孤立地说这个题如何,那个题怎样,好像它们跟别的习题和知识毫无联系。习题总是根据大纲的要求来设计的,与课本知识有着密切的系统的联系,单讲独评往往不利于学生全面地理解和掌握。因此,批阅习题时,就应留意学生能否正确运用课本上的基本概念和基本规律答题;讲评习题时,应把每个试题都纳入知识体系中,紧扣课本分析讲解。要让学生根据课本的知识和原理,对号入座,同时,找出自己习题中的错误,并当堂纠正。这样的讲评能给学生留下深刻的印象,促使他们系统牢固地掌握和灵活地应用课本知识。

6. 方式单一,搞"一刀切"

有些老师讲评课喜欢自己唱独角戏,读题、分析、解答自个儿全包了。须知,虽然习题是一样的,但学生是不一样的。如果从头至尾都是一种讲评方法,都像是面对的只有一类学生,这样即使讲得再仔细再好,也难保全部学生都能听懂弄通,因此,不同的学生应该有不同的方法。习题讲评之前,应仔细分析和研究习题,并征求不同程度学生的意见,以便对症下药;习题讲评结束后,应对自己的教学方法和教学内容进行反思,特别是对学生错误相对集中的习题,要反思自己是否讲漏,是否讲透,并主动了解同学们对讲评的反映,以便课外个别辅导和实施补偿性教学。

7. 教师独霸课堂,缺乏学生参与

试卷讲评课一般是以教师的分析讲解为主,但教师包打天下、一讲到底的"一言之堂",是应尽力克服的。讲评中教师要积极创造条件,为学生搭建交流的舞台,以发挥学生的主体作用。要倡导自主、合作和探究的学习方式,多让学生自己讲,要给学生表述思维过程的机会,增加教师与学生、学生与学生讨论问题的时间;允许学生对习题的"评价"做出"反评价"。

对跨度大、综合性强、学生完成普遍感到困难的习题,也可以先让学生讨论,在讨论的基础上由教师综合、点评,形成一个参考答案,这样有利于充分调动学生的积极性和敏捷性,提高其分析问题和解决问题的能力。

8. 批评挖苦,缺乏激励表扬

有的教师把试卷讲评课变成对学生的批评课,一味地责怪学生,甚至冷嘲热讽,导致学生情绪紧张,思维迟缓,注意力涣散,进而厌恶试卷讲评课。其实,学生答错了题目,既反映了学生学习的问题,也反映了老师教学的问题,教师既要从学的角度分析,也要从教的角度分析,教师要有一个平和的心态,认真分析,是自己的责任要主动地承担,对稍有进步的后进同学,要在讲评时给以适当的表扬,这样可以鼓舞士气,提高其学习的积极性和主动性,并能激发其潜力的挖掘和能力的发挥。

9. 机械"补救",增添学生负担

有的教师在试卷讲评课上,要求学生把答错的试题做上多少多少遍,甚至要求学生把试卷再抄一遍,这样既增加了学生的学业负担,也不一定有预期的效果。有的教师按考试成绩把学生排队,大肆渲染,这样往往增加学生的心理负担,也是不可取的。

四、新课程下试卷讲评的新要求

新课程下的试卷讲评,与传统的试卷讲评有了新的变化,新的要求,主要体现在这样几点:

1. 认真批阅,捕捉信息

批阅试卷要突出"诊断功能",为教学"把脉",发现问题所在。例如对选择题,要通过统计,得出正误率,针对一定错误率以上的题目讲解,由选 A、B、C、D 的百分率找出学生错误的类型与根源。而对主观题,则可选择有代表性的试卷作样本,但必须好、中、差各有代表,逐题统计错误率与错误类型,做好批改记录。阅卷过程中,记录一些学生出现的典型错误答案;记录错误率高的问题,也就是教学过程中的弱点或盲点,予以重点讲评,对自己的教学进行及时补救;还可记录解题思路清晰、方法灵活有创意、试卷解答规范,甚至书写规范的学生,以便作出表扬,以做激励。

2. 突出主体,强调合作

《课程标准》强调:"在教学过程中,要始终体现学生的主体地位,教师应充分发挥学生在学习过程中的主动性和积极性,激发学生的学习兴趣,营造宽松、和谐的学习气氛……"学生的主体作用,简单地讲,是指在教学过程中学生作为学习活动的主体出现,他们能够能动地发展自己的潜能。学生应是教学活动的中心,教师、教材、教学手段都应为学生的"学"服务。在试卷讲评过程中,也要充分体现学生的主体性,强调学生之间的合作。

首先,要强调学生的自主订正。绝大多数学生接到试卷后,首先关心的是分数和名次,接着便会主动关注做错的题目。教师应把要讲评的试卷在做好分析统计后早些发给学生,让学生自己先独立纠错。对于会做而做错(即所谓粗心出错)的题目,学生多会为此懊悔和自责,教师不必多费口舌;对于那些当时不会做的题目,也可能通过向他人询问答案或查找资料,掌握或基本掌握了全部或部分问题的解决方法。学生这种主动纠错的积极性,教师十分珍视。对于那些不能准确把握答案的题目,学生则急切地想知道问题的答案和错误的原因,他们的学习动机和求知欲望才表现得最强烈,当评讲到这些内容时就可以收到很好的效果。因此,试卷正式讲评之前,教师宜提早发试卷或稍微留出一点时间,让学生自主订正。

其次,要强调师生互讲,尽量给学生有讲评的机会。苏霍姆林斯基指出:"让学生体验到一种自己亲身参与掌握知识的情感,乃是唤起少年特有的对知识兴趣的主要条件。"因此,教学中的每一个环节都应该给学生提供参与的机会。试卷讲评不同于教材教学,讲评的试卷学生都已经做过,学生对题目的解答已有自己的想法,因此试卷讲评教师大可不必包办代替,完全可以放手让学生去讲。最好的方法是谁错就请谁讲,错哪儿讲哪儿,同时发动其他学生适时补充和纠正。这样的做法肯定能调动学生的积极性,不但是上去讲的同学积极性很高,在下面听的学生也觉得很新鲜,同时学生间的思维方式可能更接近些,听者更容易接受。另外,对上去讲的同学也是一个锻炼的机会,对他(她)表达能力的提高也是有好处的。当学生完全不懂或毫无头绪的时候,这时就需要教师来讲。讲什么呢? 讲知识结构,以帮助学生形成知识网络;讲思路与方法,以提高学生的学习能力。当然由学生来讲要注意,学生讲的题目应该有所选择,尽量选择一些学生容易有不同想法、学生做题时容易有偏差的题目。这期间要做好引导工作,要激励、表扬学生,使学生感到满足,不会因为讲不下去而有挫

败感。如果存在的疑问和分歧较大,则可以通过同学间讨论、分析得出结论,以"兵教兵"方式进行,印象会更深刻。

3. 强化针对,紧扣重点

试卷讲评一般不侧重于知识的系统性,而是强调其针对性。针对性,是指对答卷中出现的问题进行归类,找出共性问题,分析产生错误的原因,区分出现的问题在不同学生中的分布情况;区分问题是基础性的、还是掌握层次上的,是知识目标上,还是能力、方法目标上;特别注意班级前30名学生出现的问题,在此基础上有重点地进行有针对性的讲评,指明解题的正确思路、方法和规律,切忌就错论错。对于个别问题可以安排生生之间的互评、讨论,或在课内、外进行个别指导,避免针对个别学生、个别问题的集体讲解。因此,讲评时教师要先把题目进行大概的分类,把得分率较低、属于教学重点并有一定方法规律可循的题目作为讲评的重点,再归纳总结方法。对于某些题目类型,要设置"举一反三"的题目进行练习,进一步加深、巩固。

4. 贵在方法,强调拓展

对疑难题,主要是启发学生如何分析,如何找到解题的切入口,有哪些解题途径,等等;对重点内容,要不断挖掘,逐步拓宽和加深,使学生真正弄懂、吃透;最后要指导学生总结规律和解题技巧,帮助记忆,并将没有反映出来的知识加以延伸、扩展,使之在学生的头脑中形成知识网络。只有这样的训练和讲评,学生才能举一反三,以不变应万变。因此,在讲评课的过程中,不管是由学生来讲还是由教师来讲,都要努力以一些简单的提问引导学生找到题目的关键点,并对个别题目加深、延展。

5. 再设练习,强调"补救"

评卷讲评课的诊断功能之一是总结教学中的得失,为下一步教学工作提供导向。一般来说,试卷讲评如能够做到突出重点和举一反三的话,效果已经是不错的,但没有评讲到的题目和知识点,对于中下生仍未能过关,试卷中出现的知识、能力方面的问题往往不可能一节课就能解决。为了达到这些目的,与之配套的跟踪训练实在不可少。教师可事先根据讲评的重难点以及学生答题易错点设计一定分量的练习,在讲评后留一点时间或布置学生课后练习,以达到反复强化所学知识、提高思维能力、解题能力和形成持久学习能力的目的。

6. 总结反思,促进成长

教师要反思试卷讲评是否科学合理,可以反思以下几个问题:①是否体现了新课程的理念,有效培养了学生自主学习、合作学习、研究性学习的能力;②是否抓住了学生知识上的薄弱环节,错因点拨是否到位;③审题、解题思路是否合理;④规律总结是否得当,规律宜精不宜多;⑤解题技巧是否点拨或讲解到位;⑥反思学生提出的新问题,提高讲评效率。

教师还应研究考试中学生所犯的错误,并把错误看成是认识过程和认识学生思维规律的教学手段;反思本次考试达没达到理想的效果?有哪些经验值得保持?哪些是由于教师教学原因而导致学生失分?哪些地方的错答本可避免?为什么会错答?……需要教师细致地归纳与统计,并把经验认真记录下来。

教师还应注意引导学生反思。引导学生写心得体会,总结考试成败的原因,学会自我评价、自我改进,明确努力方向,以利于下次考试时扬长避短。反思讲评后消化吸收情况,归纳解题方法和技巧,及时将讲评中获得的新知识整合到自己原有的知识体系中。

反思不仅有利于教师提高教学水平,也有利于教师与学生在思想上的共鸣,从而真正地赢得学生对老师的信任。

五、试卷讲评课基本模式及示例

试卷讲评课的基本教学流程为：数据统计→归类梳理→分层评点→合作探究→典型引领→变式训练→总结规律→二次过关。

1. 数据统计

讲评课前教师应对考试结果进行全面、深入的分析。要进行有关的成绩统计（包括全班的总分、平均分、最高分、最低分、优秀率、及格率等），以此确定本班学生对知识的掌握情况。然后，对答卷进行客观的分析。首先是对试卷的分析。统计试卷中所考知识点的分布状况，寻找本次考试考查的重点和难点；其次是对学生答题的分析。对试卷中每道题的出错人数进行认真细致的统计，寻找试卷中学生出错率高的试题或典型的错误，仔细分析其出错原因，避免讲评的盲目性；记下那些对某些出错率很高的题目做得很好的学生名字，避免表扬的模糊性。

2. 归类梳理

课堂效率的高低，在很大程度上取决于教师的备课是否充分，讲评课也不例外。教师通过批阅掌握了第一手资料后，应针对实际情况精心备课。教师应先对学生出错较多的题目按照知识板块进行归类梳理。在实际操作中，划分知识板块的标准并不是惟一的。如对于一套物理综合题，可以根据题目所考查的知识点按章节划分，分为"直线运动"、"相互作用"、"牛顿运动定律"、"功能关系"、"曲线运动"等等；也可按题目考查的模型划分知识板块，如"人船模型"、"子弹打木块问题"、"弹簧模型"等等；还可按涉及到的解题方法划分，如"整体法与隔离法"，"图像法"等等。总之，划分知识板块总的原则是根据试卷特点，将考查相同或相近知识点的题目加以归类，使知识系统化、网络化，便于学生接受。

3. 分层评点

评卷是对试卷的难度、效度、信度、知识分布、学生答题情况等对学生进行反馈，使学生知己知彼，做到心中有数。当然，要想把卷子评好，就必须站在一定的高度上，全方位地去判断、分析和评价，就必须全面把握教材，全面理解教学大纲，全面研究考试说明。一般说来，主要应做到以下"四评"：

评成绩。通过分析成绩让学生看到希望，反思差距。而不能简单地念念成绩草草了事。

评问题。知识掌握方面的，卷面规范方面的，审题方面的，技巧方面的，而不是稀里糊涂问题不明。

评错题。要重点评是怎么做错的，做错的原因是什么？我们应该从中吸取什么教训？而不是讲出答案就完事。

评思维。解剖解题过程，暴露解题思维，是深入有效的环节，而不是省略环节。不能忽视过程而直入答案。

4. 合作探究

讲评时，教师不应只满足于答案的订正，或者按自己事先所准备的解题思路"牵着学生的鼻子"走，而要充分调动学生的主动性，引导学生积极参与讲评过程。如开始上课时，学生需要了解自己的错误，自我矫正意识较强，教师可将答案印发给学生，让他们参考答案，通过反思、小组讨论、查阅课本等方法进行自我矫正。对出现典型错误的学生，特别是中等生，教师可让他们自己说出解题的思维过程，自己反省，发现问题的症结，并引导他们由此得出正确解法。对优秀学生的答案或一些解法独特的也可让他们作示范，给予其他同学揣摩和学习的机会，从而既起到对该同学的激励作用，又促使其他同学更积极地参与思考。教师要充分相信学生，大胆放手，做到学生能自己改的错教师绝不包办。

5. 典型引领

典型引领是讲评课的重头戏。典型试题要纵横拓展、深化质疑,把知识点从多角度、多方位来拓展。可将所考知识进行分析归纳和引申,打破题号限制,集中一起讲评;可与其他知识联系起来,达到融会贯通的目的;可以在掌握常规思路和解法的基础上,启发新思维,探索巧解、速解和"一题多解"、"一题多联",通过讲评训练,使学生由正向思维向逆向思维、发散思维过渡,以提高分析、综合和灵活运用的能力。

6. 变式训练

对学生易错的知识和本次考试未掌握的知识,还应配备一些同步练习,让他们通过强化训练,牢固掌握基础知识和基本技能,加深对同类知识的理解和巩固。

7. 总结规律

讲评中要注意引导学生总结规律,归纳出一般的解题方法,达到举一反三、触类旁通的效果。对典型试题切忌就题论题,要多角度、多方位、多层次地讲解,要进行引申、拓展,达到解一题会一类、以少胜多的目的。在引导学生归纳方法、总结规律时,可着眼于试题知识结构、试题涉及知识点的灵活运用、试题的解题思想和解题技巧、重要题型的命题思想这么几个方面。

8. 二次过关

每次试卷讲评后,要趁热打铁,跟上二次重考。这一环节实际上是采取必要的措施使学生消化讲评内容。教师应当围绕着试卷中所出现的一些问题再设计一些针对性练习与变式练习,让学生进一步及时巩固与提高。对于某些复杂问题,教师可从技巧、技能、思维、方法等多角度编制一些练习,使学生从各个角度来加深对该问题的理解和掌握。教师只有把握好最后这个环节,才能形成试题讲评的闭合系统,才能圆满完成讲评课的任务,达到讲评课的目的。

【示例】

历史试卷讲评课教案

济水一中　陈秋菊

【教学目标】

1. 知识目标:纠正错题,找准错因,有针对性地"专题补差",落实基础知识,强化记忆,从而掌握各类题型的做题方法和做题技巧。

2. 能力目标:厘清解题思路,掌握正确的解题方法、解题规律和解题技巧,引导学生善于从不同角度、不同层次来思考问题,提高学生的发散思维能力,鼓励他们进行创新活动。

3. 情感目标:培养学生正确的考试观,激发学生学习历史的热情,培养他们在成绩面前不骄傲、在挫折面前不气馁的良好心理品质。

【教学重点】通过出错率较高题目的讲解,把握做题的规律。

【教学难点】鉴于考题答案的多样性和不确定性,引导学生善于从不同角度、不同层次来思考问题,培养学生的发散思维能力。

【教学过程】

一、创设情境,导入新课

总体评价,此次考试成绩不尽人意,尤其是及格率太低,希望同学们和老师都能够认真反思,及时整改,在哪里跌倒就在哪里爬起,让我们齐心协力,尽快提高。

二、自学(自查自纠)

1. 展示得分率较低的题目:归纳总结、材料分析题。

2. 自主纠错,学生查找自己出错的地方及出错原因,进行独立修改,弄不懂的问题标出来。学生通过自己思考解决一些力所能及的问题,探求正确的解题方法。

三、互动

1. 考试情况分析

(1)试卷分析:

本套试题题目难度不大,既注重对基础知识的考查,又注重对学生能力的考查,基础知识占80%,能力提升占15%,难度较高的题占5%,考查内容覆盖面广,考查了学生的识记、理解、分析、归纳概括等能力。但纵观试卷得分率不高,每班不及格的人数均超过了10个,达到优秀的人数则在5～12人之间。平均分均在35分左右(满分50分),其中13班、15班较差,与平行班级有一定差距。

(2)错因分析:(学生相互讨论,师生共同总结)

A. 从答题情况看,学生出错的原因是基础知识掌握不牢,做题时审题不清,做题方法不到位;

B. 从平时教学过程来看,教师要求不是特别严格也是存在的问题,以后要努力改正。学生在学习上则必须更加刻苦,重视思考过程。

2. 典型错题分析

(1)下列哪一项不是第一届中国人民政治协商会议通过的决议(　　)

A. 以《共同纲领》为施政方针　　　　　　B. 以《义勇军进行曲》为国歌
C. 在天安门广场建立人民英雄纪念碑　　　D. 采用公元纪年

析:本题应该选A。第一届中国人民政治协商会议召开于1949年9月,会议只是通过了《共同纲领》,而以它为"施政方针"则是在1949年10月2日。时间概念模糊不清是造成出错的根本原因。

(2)抗美援朝、土地改革所反映的历史事件,如果用一个主题来概括,最符合的一项是(　　)

A. 新中国人民政权的巩固　　　　　　B. 社会主义道路的探索
C. 建设中国特色的社会主义　　　　　D. 社会主义制度的建立

析:本题需要把这两件事放在本单元的大框架下进行综合分析,而不能针对某一个知识点,它们和西藏和平解放都属于巩固新中国政权的措施,故本题选A。本题主要考查学生的基础知识运用能力。

(3)1954年9月,王爷爷作为一名人民代表,到北京参加一次全国性的重要会议,他亲历的活动是(　　)

A. 听取毛泽东作《论联合政府》的报告　　B. 以《义勇军进行曲》为国歌
C. 编制第一个五年计划　　　　　　　　　D. 制定《中华人民共和国宪法》

析:本题要抓住关键词:1954年、人民代表,所以他参加的肯定是政治活动,而且和全国人民代表大会有关,故本题选D。

(4)邓小平第一次提出建设有中国特色社会主义的目标的会议是中共(　　)

A. 十二大　　　　　B. 十三大　　　　　C. 十四大　　　　　D. 十五大

析:由于本册书所讲会议较多,学生不易记清,所以学习时针对每次会议要抓住关键词并要善于归类总结。如中共八大——探索建设社会主义道路的良好开端;十二大——提出建设有中国特色的社会主义;十三大——提出党在社会主义初级阶段的基本路线等。

(5)中国现代史是中国共产党领导全国各族人民进行社会主义现代化建设的历史,根据所学知识回答：

A. 改革开放和现代化建设的指导思想是什么？

B. 新时期推进祖国和平统一进程的指导思想是什么？

析：同样是指导思想，但实质不同，一个是党的指导思想，一个是实现和平统一进程的指导思想，做题时应审清楚，认真思考，区别对待，才能做对。

（6）结合台湾与祖国大陆交往日益密切的史实，你有何认识？

析：此题重点是谈认识，好多同学没有审清题，把台湾与祖国大陆交往的史实回答出来，而没有上升到"认识"这样一个高度，造成本题失分率较高。提高此类题目得分率最重要的是理解题意，学过的知识在具体的语境中能够正确使用，而不能滥用。（这是一种得分率较低的题型，是试卷中的难点题目。）

3. 师生共同小结：本次试题其实并不难，只要认真审题，掌握做题方法，揣摩出题人意图，运用学科语言，准确解答还是可以的。

四、反馈

1. 巩固与拓展性训练

阅读下面材料，请回答：

农业、农村和农民问题，简称"三农"问题，它是关系到农民的切身利益、社会的安定和发展的重大问题，无论在新民主主义革命时期，还是在社会主义建设时期，中国共产党始终重视"三农"问题。

（1）建国以来，中国农村经历的四次变革及影响：

（2）针对以上四次变革，谈谈你对今后我国调整农村政策应遵循的原则：

2. 归纳梳理本节课所学内容，提出今后的改进措施（师生共同总结）

（1）学生学习方面：

从成绩和评卷来看，学生基础相对较差，不重视历史学科的学习，习题做得较少，知识没有得到巩固；学生在平常的学习中不够扎实，缺少自我学习的能力，学习的主动性较差，部分学生存在明显的偏科现象。

（2）教师教学方面：

重视了教学，对学生学习管理相对比较薄弱。在今后的教学中应加强学习管理，增加检查、督促的力度，提高学生对知识的巩固程度。但因为所教班级过多，检查的力度是较难实现的。

（3）整改措施：

A. 注意查漏补缺

检查出学生不理解或没掌握的知识点是考试的目的之一。造成知识点漏缺的主要原因是学生没有将漏缺内容纳入知识体系和技能系统中，对课堂所讲知识点的纵向或横向联系，对所学内容在具体环境中的应用不甚了解。因此，教师在备讲评课教案时应根据试题内容，针对不同情况设计补偿性题目。这样既弥补了学生知识点上的漏缺，又可以培养学生认真、仔细、严谨的学习品质。

B. 注意知识辐射

试题受考试卷面、时间的限制，不可能将所学知识全部涉及，面面俱到。出题者往往以点带面体现课本知识，教师讲评时就应从这一"点"出发，把"面"带出来呈现给学生。因此，教师在平时的讲课中，要注意知识的辐射，注意知识间的前后联系，使学生把一个个知识点编成知识网，让学生在头脑中形成完整的知识体系，培养学生联想思维的能力，使学生逐步掌握历史基础知识和技能,达到"举一反三"的目的。

C. 注意培养学生的分析能力

考试能促进学生积极思维,开发学生的智力,培养学生综合分析问题的能力。现在历史考试是开卷考试,针对材料分析题,往往是材料在课外,观点在课内,这就对学生提出了更高的要求,不能学死书,死学书,而要"活学活用"。材料分析题着重考查学生的知识应用能力,一般占20%～25%的比例,但得分率却不高,因此要多做此类型的题,加强这方面的训练,这样,既可以巩固学生的基础知识,又可以提高学生的综合分析能力。

D. 注意答题规范

每次考试,总有些学生因非智力因素失分,这也是我们在讲评时应该提醒学生注意的地方。非智力因素的种类很多,有麻痹大意造成的,有看错题目造成的,有写字潦草、卷面差引起的,有不按要求答题而失分的。讲评时,可以找出较好的试卷展览,让学生参观,以培养学生答题必须规范的良好习惯。

第五节　试卷讲评要向深层次发展

教学实践中,许多教师的试卷讲评课简化为泛泛的"就题论题",这样就极大地局限了试卷讲评课的价值。在新的课程理念下,试卷讲评被赋予了更多的功能,因此,要加强对试卷讲评课特点的研究,使试卷讲评向深层次发展。

一、强调激励,调动学生的积极性

常见到教师带着满腹的怨气去上试卷讲评课,在教师的头脑中,存在着某个班级班风不正、学风不浓、纪律涣散、学生很笨之类的概念,一旦学生的测试成绩不理想,教师就"气不打一处来",一通训斥,甚至一番辱骂。在这种糟糕的情绪影响下,学生心绪紧张,顾虑重重,思维迟钝,压力骤增,注意力涣散,造成讲评课上消极、悲观、懦弱甚至抵触的情绪。而这种情绪又反馈回来影响到教师,使教师内心的思维定势得以强化,于是不满和厌烦情绪愈发严重。一来一去,形成恶性循环,学生没信心,教师没劲头,整个课堂陷于沉闷和压抑之中。

如此的讲评课意义何在?

教师的教育艺术之一就是善于调动自己的课堂,形成积极上进的课堂气氛。良好的课堂气氛中,教师和学生都是信心百倍,精神饱满,彼此认同,积极热情,在这样的氛围中,师生均可以高效率地投入到教与学的活动中,取得良好的效果。而这种良好课堂氛围的形成,最主要的取决于教师。教师的情绪是课堂情绪走向的"航标灯"。如果教师抱着消极的、悲观的态度去面对学生的测试结果,那么,不仅无助于学生从测试中吸取经验教训,甚至有可能进一步使学生失去自信,自暴自弃,"破罐破摔"。

实践证明,及时恰当的评价是有效的激励手段,绝大多数学生在测试之后都渴望得到认可,渴望得到肯定的评价。因此,强调激励,强调调动学生的积极性,应该是试卷讲评课的一个基本原则。

首先,要让学生清楚自己在集体中的准确定位。"知己知彼,百战不殆",要鼓励学生积极地正确地看待自己的分数,清楚自己的长项和不足,只有这样,才有助于学生保持学习的动力,找到前进的方向,产生更大的速度,从而最大限度地发挥其主观能动性,更加自觉地投入学习。

其次,要对学生进行综合性评价,不能惟"分数论"。分数固然重要,但如果教师仅仅围绕分数来评价学生,难免会出现一些问题,譬如优等生产生骄傲情绪,后进生产生无望情绪。因此,教师应该特别注意结合学生平时的学习态度、学习习惯、学习方法等情况,予以综合性的评价,关键是要引导学生将成绩与平时的行为习惯联系起来,让他们看到其间的关系,从而认识到优良的成绩来源于平时的点点滴滴的努力,树立正确的学习观。

第三,要通过讲评激发学生的学习兴趣,保持学习的热情。好胜心强是中小学生的特点,点滴的表扬与肯定,都会促使他产生满足感,从而激发起学习动力。这就要求教师在试卷讲评中,能够抓住学生的心理。对解答正确的学生,要给予肯定,让他们觉得,自己与老师的思路一样,表现很出色,从而充满自信心理;对解答有错误的学生,也应该给与"这些同学有自己的见解和自己的思路,说明动了脑筋,如果能够……就一定不会出问题了"的评判。这样的评价让学生顿生悔意:假如当初自己……不就好了? 从而增强了下次要更积极、更努力的心理。特别要注意保护学困生的兴趣和积极性。他们本来学习成绩不理想,心理压力大,自卑感强烈,如果教师在讲评中不讲策略,一味地批评指责,不断强化他们"自己很笨、很愚蠢"的心理定势,只能使他们越来越差。

二、及时准确,发挥教师的主导作用

一节讲评课效果的好坏取决于反馈信息的准确与否。讲评课不可能从头到尾,面面俱到,而应有所选择,有所侧重,教师在每次阅卷时应作好一些必要的数据记载。讲评前都要认真检查每位学生的答题情况,分析各题的错误率,细致诊断学生的解答,找出错误的症结,弄清哪些题目错得较多,错在哪里,学生需要何种帮助等等。因此,通过反馈信息统计错误频率是上好讲评课的前提和基础。

习题反馈来源于两个方面,一是来源于学生,即把习题答案告诉学生,并编制一张疑难问题统计表,要求每个学生把习题中做错的题目和有疑难问题的题目统计上来,老师进行分析归纳。二是来源于教师,教师要认真批阅,在批阅的过程中,做好学生作答统计表,从中了解学生知识上和方法上存在的问题,作到心中有数。统计出错频率时,教师统计的方法既可以由教师本人查数,也可以让学生举手记数。记录统计的结果要详尽,并使人一目了然。通常可以采用列表的方法。教师按题目顺序列好一张表,把统计的结果记到表里。这样,学生的错误就能较好地反映出来。

这样在上讲评课时,既节约了时间又有针对性,提高了课堂效率。

统计完学生的出错频率后,下一步就是查找每题错误的类型和根源。对于错误类型,教师翻翻学生的试卷不难归纳。教师要善于顺着学生的思路,"将心比心"地分析学生出错根源。有的学生的出错原因和教师凭空主观臆想的原因不相吻合,要尽可能地多了解学生对做错的题是怎样思考的,多问几个为什么学生会在这道题(这类题)上出错? 找出学生在理解基本概念、基本规律上存在的问题,在思维方式上存在的缺陷,有时还需要教师的调查、访谈和交流,这样才能得出科学的结论,讲评才会击中要害。同时也只有集中了学生易错处和典型错例的分析,才能激发学生的思维,加强印象,从而提高课堂效果。

另外,教师也要对由于自己的教学而导致学生产生的错误进行反思。如知识的遗漏使学生没有形成知识链;教授的内容不够深入,使学生掌握过于肤浅,而导致了错误;自己习惯给学生讲的某些题型的解题思路或许不够精彩和简要。对这类错误的出现,教师除了在讲评课上或今后的教学中及时弥补外,还要吸取教训,努力完善自己的教学。

查找到错误的原因之后,讲评时就有了依据,有了方向。一般来说,讲评课应把下列内容作为讲评重点:

(1)全班出错率较高、得分率较低的题目及相对应的知识点;

(2)具有典型性、针对性和综合性的题目;

（3）在以往的教学中已多次接触、多次矫正，但学生仍未掌握的难点；

（4）关系到后继学习的重点知识、重点技能；

（5）平时教学中疏忽的"教学盲区"；

（6）学生卷面上有独到见解的题。

上述各项内容往往在同一习题中相互渗透、叠加。

如果说上面的几个步骤是"把脉"，下面就要"开药方"了。经过上面的准备工作，教师对学生的试卷上出现的问题已然胸中有数，但还要对评讲方式和解题思路进一步优化，如普通题目、重点题目和难点题目都采用什么样的方式讲评，才能达到最佳教学效果等都应是此时考虑的内容，绝不能不假思索，随意讲评。一般采取的方法是分类讲解、按知识结构讲解、讲错误原因、讲方法和规律等。至于具体到某一套试卷或某一道题目，应该根据需要灵活选择。讲评应该注意，目的不是为了让学生掌握某一道试题，而是掌握与该试题相关的知识，掌握某种类型的题目，从而达成学生的举一反三的迁移能力。因此，讲评试卷时，对关键性的题目要能够及时补充一些相类似的题目，及时进行模仿式的巩固练习，往往效果比较好。讲评后，除了要求学生做好试题的订正工作并作好答错原因的分析和说明外，还要针对学生在考试中暴露出来的有代表性的共性问题，或者是教师及时根据讲评情况，再精心设计一些相应的逆思路题或变式题让学生再练习、再提高。不仅要做到考后一百分，而且要进一步深化所学的知识，牢固地掌握和运用所学知识。由于学生在基础、能力等方面存在差异，即使教师讲评后，让学生重做试卷，仍不能保证每一个学生都得满分；即使考试拿不到满分，若事后能获得满分，其收获是相同的。而对教师来说，这也是一个反思过程，通过这一过程可以了解教学效果，及时调整进度和方法。

三、实现自主，突出学生的合作参与

传统的讲评课更注重教师的作用，基本形成了纯"灌输性"的教学模式，教师以讲深、讲透为最佳标准，所以通常是"喋喋不休"，惟恐有所疏漏，而学生，则更多的是被动的接受，很少能有机会参与到试卷讲评中去，也很少能够把自己的思考结果展示出来。甚至有了困惑和疑问，也只能扼杀在头脑中。

新课程强调学生的自主性，强调师生双方的共同参与、相互交流，强调在思想的碰撞中，在彼此的探索、合作中，寻求最大的收获。讲评课也不例外。因此，讲评课要想方设法给学生参与表达自己思维过程的机会，增加师生共同谈论问题的时间，允许学生陈述自己的"理由"，表述自己的"思路"，即使他们的思考方式有问题，也应该鼓励其用完整的语言进行表述。为什么呢？因为只有将学生解题的思路展示出来，其存在的症结所在才能"暴露无遗"，才会寻找到问题所在，并在修正问题的过程中不断进步。教师"一言堂"式的讲评，虽然把正确的答案告诉给了学生，但未必能够"对症"。在教学现实中，有很多学生在教师讲评之后，仍然对自己的错误"一头雾水"、"不明不白"，教师又不给予其追问的权利，自然，这种模糊的认识就停留在学生的知识体系中，成为了提高成绩的巨大障碍。

具体而言，发挥学生在讲评中的主体作用可从这样几点入手：

第一，要尝试"先改后评"。打破一上来就逐一讲评的习惯，将试卷发还学生，让他们清楚自己在哪些题目上犯了错误，给一段时间，独立进行修改。在这样的过程中，学生就会主动打破原有的思路，努力寻找新的途径和方法。如果他们能够通过自身努力，重新找到了正确的解题方法并修正过来，比通过讲评之后了解了"正确答案"有更大的意义。

第二，要学会给学生"放权"。要尽可能提供由学生进行总结、分析、讲评的机会。对一些重点的题目，或错误率较高的题目，教师更应该放手让学生讨论、交流，分析出现问题的原因,找到正确的思路。要通过学生口头讲解或"板演"等方式,展示其新颖缜密的思路,培养学生的表达能力,同时给其成功感。对规律性强或对后续学习影响较大的基本知识、基本技能,更要注意学生参与解决的"面",要让所有学生都能参与进来,在思考、交流中真正掌握。

第三,要给学生"留有余地"。讲评课结束,并不代表着所有问题已全部解决。由于学生的程度不同,接受能力各异,不能指望一节讲评课就把所有问题都消灭。因此,要给学生灌输一个思想:讲评课之后的后续工作非常重要,要尝试着自己去寻找相应的练习进行巩固,也要学会带着新的问题走进课堂。这样,讲评课产生的作用才会更加深远。

四、重点突出,强调过程与方法

讲评试卷,切忌没有重点,面面俱到。那种从第一题开始,按部就班,平均用力,一直讲到最后一题的做法,实在是费力不讨好。有的老师认为,既然是讲评,当然要每一点都讲到,否则遗漏了什么不就麻烦了吗?其实不然。这种看似"照顾全面"的做法,恰恰因为主次不清,造成在该用力的地方没有用力,不该用力的地方还在下功夫,效率低下也就是必然的了。

针对一套试卷而言,试题的难度肯定有所不同,对具体的学生来说,出错的情况肯定也不一致。有些题难度大,学生掌握得不好,出错率就高,有些题难度小,学生掌握情况良好,答起题来没什么错误,甚至正确率百分之百。根据这些情况,试卷的讲评必须有所区别,分类进行。对没有或很少有错误的题目,可以不讲评,或者一带而过;对部分学生错误的题目,视具体情况适当讲评;对绝大多数学生出现问题的题目,则要作为重中之重,在讲评上下足功夫。这样区别对待,就将有限的时间充分利用起来,抓住学生的疏漏点,提高了讲评补差的效率。

讲评试卷时,还有的老师偏重于给学生提供正确答案,而不重视对解题思路、方法、步骤和技巧的讲解,不注重对解题中的"陷阱"和"错误"进行深入的剖析和挖掘。譬如选择题,很多老师满足于将 A、B、C、D 告诉学生,至于为什么选"A"而不选"B、C、D",却被有意无意地忽略了。这样做的结果,是学生"知其然而不知其所以然",题目是订正了,但却没有做到真正让学生牢固掌握相关的知识,没有能够形成相应的分析问题、解决问题的能力,很不利于今后教学的深化和扩展。

因此,讲评课应该把加强对学生答题过程和答题方法的指导作为重点,一般可从三个方面入手:一是指导学生学会读题、审题、理解题意,要能够看清题干中的具体要求以及限定的条件,确保答题方向的正确性,找到答题的切入点;二是指导学生了解不同题型的答题方法,厘清答题的步骤、书写的格式,注意答题的规范性和条理性;三是指导学生把握整份试卷的结构,加强对答题过程的把握,时间意识要强,掌握好答题的速度,根据试题难易程度和个人特长确定答题的先后顺序,以保证在固定的答题时间内取得最高的效率。

第六节　试卷讲评之后的工作

试卷讲评找到了学生的"学"和教师的"教"中所存在的问题,这并非最终的目的,还应该注重讲评之后的后续工作,才能彻底解决问题。

一、查漏补缺,消除"负积累"

学习的过程就是一个不断地同遗忘作斗争的过程,对于学生来说,最大的痛苦莫过于费了九牛二虎之力才记住的东西没几天就又抛到九霄云外了,一上考场,大脑一片空白。于是,很多人就在思索,怎样才能解决遗忘的问题呢?我想,最好的方法就是及时复习。因为识记不能一劳永逸,复习是对识记的巩固和完善,对已经学过的知识及时地进行总结,将理解不够准确或记忆不够深刻的知识作进一步加工整理,这样就会事半功倍。而相反,如果此时畏难而退的话,不仅会加快遗忘的速度,而且,久而久之,将会出现"负积累现象"。

提起"负积累现象",可能有很多人不甚了解或者不太在意,而实际上,它每时每刻都与学生的学习息息相关。那么,究竟什么是"负积累现象"呢?举个简单的例子,在学习了一个定理之后,会运用它解一些并不复杂的题。但是这里忽然遇到一道比较繁琐的题目,需要联系到以往学过的知识,而一时的思路堵塞无法解题。这种"思路堵塞"的现象正是"负积累现象"初步形成的具体表现。如果此时不采取措施的话,就将使"负积累现象"继续延续下去,累积成更大的"负积累",犹如滚雪球越滚越大。

改进教学,提高学生学习成绩的重要方式就是及时发现和消除学生的"负积累"。无疑,通过测试,最容易找到学生学习中的薄弱点,找到学生掌握得不够深刻、不够牢固的地方。这些地方,往往是"负积累"的具体表现。试卷讲评,就是发现这些亟需改进的"点",以"点"的修补促成学生知识网络的进一步完善。

1. 开展"清算工程"

找到了问题的根源,才可能找到解决问题的方法。只要从实际出发,给学生适宜的条件,再引导学生不停地有针对性地补缺、由浅入深地学习,学困生就一定会变成好学生。"清算工程"就是专为解决这些学生的问题而设计的。在测试结束后,教师要通过认真的试卷分析和讲评,针对学生实际,制定出"清算工程"的详细方案,安排具体的"清算课",编制有针对性的"清算检测题",对学生学习中的缺漏进行"过关检查",加上教师的个别辅导,直到学会为止。这样,就使查漏补缺工作实现了"定向、定量、定时"。

需要注意的是,"负积累"不只是学困生中存在的问题。通过对学困生形成原因的分析我们会发现,这是任何学生都会面临的一个普遍问题,只不过"负积累"的程度不同而已。如果不防患于未然,那么中等生、优生时刻都会面临掉队、"转化"为学困生的危险。因此,"清算工程"应该成为全体学生共同参与的一个常规性教学举措。对优生,实行"轻松过关,拔高训练",使其更好地发展;对中等生及学困生则提出"温故知新,确保清算"的口号,每天要"学一点"、"会一点"、"补一点",力争不产生新的问题,使"漏洞"不再扩大,从而使"负积累"逐渐被消化掉,一步步赶超上来。

2. 学会"搭脚手架"

在对学困生辅导时,通常普遍习惯采取的是"课后补"、"测后补"的方式,即在课后或测试后根据学生的掌握情况进行有针对性的辅导,帮助他们掌握知识和技能。这是非常必要的辅导策略,也是非常有效的。但如果再深入一些思考,我们是否应该去考虑这样一个问题:这些学生他们的课堂学习状态如何?我们知道,知识是有结构的,对新知的探究往往需要建立在必要的旧知的基础上,需要一定的知识背景。学生之所以难以掌握新知识,往往是旧知识的基础出了问题。这就要求教师在平时的知识传授中学会为学生"搭脚手架",给学生提供继续前行的台阶。学困生由于基础知识的薄弱和知识结构的缺陷,他们在接受新知识时往往遇到的困难会更多一些,也需要更多的时间。因此我们不难想象这些学生在课堂上的学习状态,也许很多学生是跟不上课堂节奏的。课堂上他们很费力但不一定能听明白,课堂学习的效率自然很低。课堂带给他们更多的可能只是失败的体验,更不要说学习的快乐了。于是不少学生在课堂上经常会"事不关己,我行我素",有的甚至学会了放弃,其实我们是可以理解他们在"听不懂"的课堂里所承受的煎熬的。

课堂是学生学习的最主要的场所,如果课堂学习的效率很低下甚至无效,仅仅靠课后补习、测后补习是很困难的,也容易造成恶性循环。要认真对待这个问题,积极寻求解决问题的办法,比如实施反馈教学,及时发现学生中的问题,重点讲解和训练;实施差异教学,关注不同层次学生,尽量让学困生先说、多说;实施合作学习,实现助人自助;实施活动教学,增强学习体验等。这些方法在很大程度上改善了课堂学习的单一、枯燥、机械,活跃了课堂。

除此之外,还可以考虑在进入课堂学习前,多提供给那些学困生必要的知识准备,让他们能相对适应课堂的学习,增加一点成功的体验,进而激发他们听课的兴趣,提高他们参与课堂学习的可能性和积极性。要想实现这个目的,就应该考虑将辅导适度前置,将一部分"事后补"的时间用于"提前教",也就是关注学困生的预习环节,重视对他们的预习指导。

"负积累现象"的形成或多或少都是存在的,我们只能尽力去弥补它。针对测试结果,对学生的学习及时进行一番盘点,将不明白的或有遗漏的知识想方设法地补救上来,努力使问题减小到最低限度,就一定能有效地抑制"负积累现象",如此,我们的教学才能健康持久地发展。

二、妙用"错题本",让错误"分类储存"

"错题本"是指中小学学生在学习过程中,把自己做过的作业、习题、试卷中的错题整理成册,便于找出自己学习中的薄弱环节,使得学习重点突出、学习更加有针对性、进而提高学习效率、提高学习成绩。

"错题本"是自身错误的系统汇总。当把错误汇总在一起的时候,就会很容易看出其中的规律性。"错题本"能改变学生对错误的态度,对待错题的态度是减少错题的关键。错误是宝贝,因为错误才能使学生知道自己的不足,而不能因为错题少或错误的原因简单而忽视它。一个错误实际就是一个盲点。如果对待错误的态度不积极,或者缺乏理想的方式解决错误,错误会在任何可能的时候发生,而且会经常重复发生。对待错误一定要"善待"、"严逮"。每次测试之后,对卷面上出现的典型错误,要当作最珍贵的资源,及时"捕捉",在错题本上呈现出来。

大多数同学可能还没有行动起来,一是觉得制作错题本耽误时间,二是觉得错题本不外乎是把错题重做一遍,没多大意思,三是觉得每天的学习任务那么重,哪有时间去做错题……其实,这是对错题本缺乏正确认知而出现的认识上的偏差。建立一本错题本,对特殊的知识点加以防范,是免入"陷阱"的好方法。

常见的"错题本"可以分为四大类型:一是索引型,将所有错题的题目抄下来,做成一个错题索引本;二是章节型,将所有错题按学科的章节顺序进行分类整理;三是原因型,将所有错题按错误的原因进行分类整理;四是三栏式,将所有错题按学科的章节顺序和错误性质进行分类整理,优点在于既能将错误分门别类,区别对待,又能按原因查找,还能按章节查找易错知识点。对于非知识结构性丢分可以只给出索引,这能有效地减轻工作量。通过错题与错误类型分析,可以培养同学们的归纳分析和认知思维能力,将"追求分数、论高低"转化成为素质培养(如:学会如何处理问题的能力)。

在整理错题本时,一定要有恒心和毅力,不要在乎时间的多少,不要敷衍了事,其作用决不仅仅是明白一道错题应该怎样去求解那么简单,更重要的是通过对错题的整理、分析与总结,可以培养学生的判断力、分析力、归纳总结力,学生将学会如何学习、如何去探究事物的本质,从而促进其智力因素发展。

错题本上也可以记载一些非常典型、考查知识全面、解法灵活多样的优秀题型。

错题本是一个探雷器,通过归类分析可以检查出自己知识结构体系中存在的漏洞,分析出自己学习中的盲点(如不懂的地方、易错的地方、常错的地方),总结出各种题型的解题思路,让自己对学习中存在的问题做到心中有数,使自己的学习目标和方向更加明确,再辅之以时间目标管理,并加以有效的执行,就可以用最短的有限时间去扫清尽可能多的盲点,真正做到"吃一堑长一智"。

"错题本"做好后不要束之高阁,不能满足于看一看、翻一翻,就自以为是地觉得自己已经掌握了,就能把自己的知识漏洞修补好了。对每一道知识结构性错题,应根据相同或相关的典型题型,去查找课本或资料,找到每道题的解题依据,找到出错的原因,讲出应该如何去做的道理。老师讲解正确答案时,在原题下面空白处记下自己没有做出来或做错的原因分析,把原题做一遍,以加深印象和逐步形成能力。如果此题有多种解题思路,可以在旁边用另一颜色笔把几种解法的简要思路写上。对于不太熟悉的内容和解题思路,一定要打破沙锅问到底,反复练习,掌握其解题规律,以便用一个点的解决带动一条线的解决,用一条线的解决带动一个面的解决。只有把典型题型弄清楚了,才能应对试题的千变万化,这就是以不变应万变。通过对试题的练习和印证,我们还会更加清晰地明白某道题属于某个知识板块,涉及到几个知识点,有哪些解题思路和方法,让模糊的东西清晰化。随着认识的一步步深化,思维能力也会随之增强。

要教会学生正确使用错题本,鼓励学生之间经常交换"错题本",互相借鉴,互相启发,在"错题"中淘"金",共同提高。鼓励学生贵在坚持,经常使用"错题本",只要持之以恒就能见效。要用事实让学生相信,从某种意义上讲,错题本就是一个分数筐,可以让学生决定自己可以从中拿取多少分。

三、保管试卷,作为复习的"重要资料"

学习是一个系统化的工程,同一学科在不同学段的学习内容,有着千丝万缕的关系,时时刻刻会建立联系。尤其到了阶段性复习或小考、中考、高考的总复习阶段,这种对知识关联的需求体现得就更为明显。但是,我们很多教师对这一点不太注重,也缺乏对学生良好学习行为和习惯的培养。其中一个很重要的表现,就是对学生各种形式的测试试卷不够重视,考过了,练过了,讲过了,丢弃了。结果造成学生就像"狗熊掰棒子",一路走,一路掰,也一路丢。

其实,学生的各种试卷是学生学习过程的一个非常重要的记录,也是各学段重点内容的集中体现,如果能够充分利用,对建立学生完整的知识、技能体系,修正学生思维的"陷阱",提高复习的效率,有着非常大的意义。因此,试卷讲评之后,对修改过的试卷,绝不能"一扔了之",而要教会学生认真保管,以备后用。

如何保管好试卷呢? 可以遵循以下简单的步骤:

步骤1:把所有的练习册和试卷找出来;分学科按学期顺序整理;以学年或学期为单位装订在一起,最好能在外面用厚的牛皮纸或报纸蒙上一张封皮。

步骤2:找若干个档案盒、文件夹或手提纸袋,分别按照所学科目贴上标签,如语文、数学、英语等。

步骤3:可以一个学期为一个阶段,将同学科所有试卷作出索引,注明每次考试的时间、考试的类型以及相关的内容,便于及时查找。

这件事情并不难做,但总有学生因为认识不到重要性或懒于动手而疏忽。要教育学生,如果能够很认真地坚持做这件事情的话,一定能够收到"事半功倍"的效果。

把试卷归档以后,待下次考试做完试卷分析后,与上一次的试卷做一下比较,看一看以前存在的问题,经过这段时间的努力是否得到了解决。如果将保管的试卷与错题本相结合,加以利用,效果会更好。

各类大考之前,细心地阅读和回味曾经做过的试卷,特别注意重新审视曾经出现的问题,会使复习在轻轻松松中获得高效率。

第八章

新课程理念下的作业设计与试卷命制的关联

重要观点:

◎通过多种方式和渠道反馈教学信息的教学"诊断",根据反馈信息而进行对策性、矫正性和弥补性教学的"补救"是有效教学的重要保障。

◎能力是练出来的,妄图通过一两次练习就彻底掌握某些能力是不现实的。

◎要求学生完成作业的过程,就像考试一样紧张,不断提高自己的解题速度与正确率,提高对题目的熟练程度。

◎教师采取"教什么考什么"的策略,对学生的指导会更为明晰,相应地,学生"学什么考什么",非常有利于用努力来达到完成学习任务的目的,信心会不断增强。

第一节 "诊断"和"救治":作业与测试的共同目的

教学活动的实施,固然强调教师的"教"和学生的"学",但是对于教学活动实施后,是否达成教学目标,学生是否具备了相应的知识和能力水平,则有赖于对教学的"诊断"和"补救"。通过多种方式和渠道反馈教学信息的教学"诊断",根据反馈信息而进行对策性、矫正性和弥补性教学的"补救",是有效教学的重要保障,也是后续教学顺利开展的必要前提。

作业与测试虽然是两种不同的教学行为,但其教学功能却有着极大的相似点,即二者同时承载着对教学的"诊断"和"救治"功能。教师利用各种形式的作业和诊断测试题,对学生的学习程度进行测量,可以及时发现学生的困难之处。两种测量方式都可以根据学习能力层级——排列,作为某一学科测量的项目。例如,语文学科涉及的学习能力有阅读、记忆、理解、分析、综合等,教师可以根据学生在完成作业或测试中不同等级的题目的解答情况,了解学生学习中的困难并进行补救。

"诊断"原本是一个医学术语,用到教学上,意指在教学过程中,教师发现学生存在学习困难时,采用适当的方法,判断并查明学生发生学习困难的根本原因,为补救教学提供客观依据。

导致学生学习困难的原因十分复杂。近些年来,国内外许多研究人员就这一问题进行了大量的归因调查。调查结果表明,造成学习困难、妨碍学生学业进步的原因主要来自学生本身、学校以及社会和家庭三个方面。下面就这三个方面的原因分别作简要介绍,教师应以此为依据对学习困难进行诊断。

病因之一:学生方面

1. 生理方面的障碍:

(1)神经系统发育不全,或因病、因重伤而心智低下;

(2)视听感官有缺陷,或受损伤,视力听觉迟钝;

(3)腺体分泌不平衡,影响情绪稳定;

(4)身体上因先天遗传或后天损伤造成的残缺;

（5）有不可医治之疾病，或体弱多病。

2. 心理方面的缺陷：

（1）智力低下，缺乏推理思考能力；

（2）情绪不稳定，不能安心学习；

（3）无内部驱动力，学习积极性不高；

（4）缺乏自信心，缺乏学习的兴趣；

（5）由于营养不良，精力不佳。

3. 态度和习惯方面的缺陷：

（1）对学校课程不感兴趣（其原因很多，或由于学校课程不适合学生的能力和需要，或由于教师的教法不好，或由于教师的态度不好，或由于家长的暗示，或由于一再失败等）；

（2）懒惰、不愿动脑；

（3）时常缺席，以致功课无法衔接；

（4）做事无恒心，时做时辍或有头无尾；

（5）注意力不集中等。

4. 能力基础方面的不足：

（1）阅读能力、计算能力等基础差；

（2）缺乏学习的技巧，如缺乏查字典的方法、作笔记的技巧、搜集参考资料的方法、作摘要的方法、绘图的方法、记忆的技巧等；

（3）因各种原因，教学没有在学生的现有基础上进行，致使能力程度不衔接。

病因之二：学校方面

1. 课程：

（1）课程编制不当，未切合学生的需要和学生的能力；

（2）教学内容陈旧，不符合时代精神和时代需要；

（3）缺乏适当的教学媒体及软件，如仪器、标本、幻灯、电影、课件等，以至于教学效果不佳；

（4）课外活动太多，分散学生的精力。

2. 教师：

（1）教师缺乏专业训练，教学方法运用不当，不能循循善诱，致使学生学习困难；

（2）教师待遇微薄，兼任校外工作，不能以全部精力指导学生；

（3）教师的教学负担太重（班内学生人数太多，或任课时数太多），不能对学生一一加以指导；

（4）教师所定的教学进度不当，不切合学生的能力，难以因材施教；

（5）教师固守其教学中的主体地位，妨碍学生自主能动性的发挥，不符合新课程理念的要求；

（6）教师制定的学习目标过高，不能照顾所有学生的能力，以至于有些学生无法达到预期的要求；

（7）教师健康状况不佳，精力不够，无法指导学生；

（8）教师的学历不够，学识浅薄，无法作适当的指导；

（9）教师缺乏仁慈、热心、公正、诚恳等品质，以至于不能引起学生的学习兴趣，甚至厌恶学习。

3. 学习环境：

(1)教室的采光、通风等不良,影响学生学习的效率;

(2)教室四周环境干扰因素太多,妨碍学习;

(3)学生座次排列不合理或班级人数太多,听不清教师的讲解。

病因之三:社会和家庭方面

1. 家庭环境:

(1)家庭经济窘迫,学生回家后需要帮工,无时间做作业、自学,终年疲乏;

(2)家庭与学校距离太远,往返费时疲劳,耗费精力;

(3)家庭学习条件太差,喧扰不宁,无法学习;

(4)家长教育水平较低,不能给予子女适当的指导;

(5)家庭迁徙频繁,一再更换学校,以致学生不能安心求学;

(6)家庭经济状况不佳,使学生缺乏必需的参考书及文具;

(7)父母对子女不加引导,以至于子女放任自流,不肯学习。

2. 社会环境:

(1)所在社区对学生学习的支持与重视不够,学习的氛围不佳,使学生认识不到学习的重要性;

(2)住宅周围环境不良,或不卫生,或过于喧嚣,影响学生的学习;

(3)受不良伙伴的影响,呼朋引伴,在外游荡。

上述是导致学生产生学习困难,造成学业成绩落后的可能因素。这些因素中,大部分是可以凭主观努力去解决或克服的,如教学内容欠佳、教学内容不切合学生的能力、受不良伙伴的影响等;也有一部分是凭主观努力无法克服的,如学生的身体缺陷、社会环境中的不良因素等。教师应结合学生作业和测试情况,以及平时的观察,细心地诊断学生学习困难的原因,并设法补救,促进学生有效的学习。

常见的"救治"举措如下:

1. 重点重复,补足知识上的不足

对作业和测试中所反馈出的不足,如果涉及到绝大多数学生,就有必要调整教学进度,对重点部分进行必要的重复。重新教学是补救教学的一种非常重要的方式,一般来说,需要进行重新教学的情况有两种:一种情况是由于教学内容太难或学生缺乏经验基础,以至于班上多数学生不能掌握教学内容,未达到预期的目标。此时,教师就应该把部分内容重新讲解一遍。在讲解过程中,要注意多举范例详加说明,还应利用图画、实物、模型、标本、仪器、电影、投影等教学媒体,配合再教学活动,使学生真正把握教学内容。另一种情况是由于教学过程过于简略,教师对学生的准备状况(包括知识和能力等方面)了解不充分,教师施教时未对教学内容予以充分的说明,只是稍作介绍,就匆匆而过,致使多数学生感到学习困难。教师在补救教学时,应适当增补教学内容,并给予详细的解释。

2. 强化训练,补足能力上的不足

学习中的重点和难点,往往有些学生存在不足,这一点在作业和测试中也会有明显体现。他们往往在一些关键点上出现问题。解决的根本办法就是在重点部分加强训练。能力是练出来的,妄图通过一两次练习就彻底掌握某些能力是不现实的。学生的学习困难,有时是由于缺乏练习所致。如学生在英语课上的拼写错误、语文课中的错字别字、数学课上的计算不熟练等,大都是由于缺乏适宜的练习所致。教师在发现了学生诸如此类的学习困难之后,就应为学生提供适当的练习材料。例如,教师可以把学生在作文中出现的错别字搜集起来,加以编排,编成有意义的句子,作为练习材料。另外,还应适当增加学生在课内外的练习时间,加强对学生作业的监督,以求得到最大程度的补救。当然,这里要强调练习选择的针对性和有效性,而不能变成盲目的"题海战术"。

3. 加强引导,补足方法上的不足

从教学实践来看,很多学生学业出现问题,往往是学习方法上存在显著的缺陷。例如,不会预习,不会听课,不会应试,等等。对这部分学生,单纯地用"补课"方式来弥补知识的缺陷就不够了。教师要对症下药,加强引导,加强在课内或课外的个别指导,帮助他们克服困难。如某生不会查字典,教师就指导他查字典的方法;某生不会制定学习计划,教师就帮助他制定学习计划。总之,要求教师根据这些特殊学生的不同需要,分别予以方法上的帮助,使之能够适应紧张的学习生活。

4. 循序渐进,补足习惯上的不足

没有良好的学习习惯,也是造成学生学业不足的重要因素。因此,在救治措施中,强化学生形成良好的学习习惯也不容忽视。所谓习惯的培养,不是随随便便的,应该纳入教师的教学方案,有一套培养的思路。就像教给学生知识有个序列一样,对学生的习惯培养也应该有个计划,对培养的内容、时间、方式都有所考虑。培养哪些习惯,如何培养,要作为一项教学内容写进教案,使之明确化,以便随时训练,有的放矢。学生的不良习惯积累越多,越不容易建立良好的习惯,要想改变它,必须做出巨大的努力,花费很大的气力。例如,有的学生形成上课不集中注意力听讲的坏习惯,即使在教师的教诲下有了改正的决心,有时好了几天却又犯了。犯了又改,改了又犯,这需要长期的意志锻炼,有时是非常痛苦的。需要强调的是,习惯是经过重复或练习而形成的自动化了的行为动作,它不是一朝一夕就能形成的,而是必须有一个过程。要养成良好的学习习惯,需要不断强化,需要持之以恒地渗透。千万不能一暴十寒,浅尝辄止。奢望一蹴而就,通过提一两次的要求就能够形成习惯了,这只能是一个空想。只有坚持不懈地进行要求和规范,久而久之,学生的习惯才能形成。

值得一提的是,教师的教学诊断是主动的、积极的,学生是较为被动的,有别于医生的医疗诊断。因此教师的诊断教学过程当中,要定期性、随时性地给与反馈、检讨,不要等到学生发现有明显的缺失或困难发生,才加以救治。因此,在批阅作业和试卷的过程中,教师头脑中必须时刻绷紧一根弦:发现问题,及时矫正。通常,学生之所以需要接受别人帮助,是因他先前所学习的,具有某种程度上的不适应,因此,救治必须依据学习诊断所分析出来的原因,提供适切合宜的有效教学策略。

第二节　作业与测试难断"血脉亲情"

作业与测试所共有的教学目的,使二者之间有着千丝万缕的"血脉亲情",在日常的教学过程中,应该加强作业与测试之间的联系,使彼此之间虽为两种教学行为,但能够相互促进,相得益彰。

一、像对待测试一样对待作业

完成作业尽管是学生学习过程中非常重要的一环,但在现实的教学中却存在诸多不足。譬如,有的学生完成作业的过程过于懒散,边玩边写,本可在较短时间内完成,却花费了很长的时间,效率低下,并且形成了极为不好的习惯;有的学生只图作业完成即可,不管正确与否,不管质量高低,能交差就行;有的学生想方设法投机取巧,甚至抄袭作业,一交了事,等等。这样做的结果,造成平时练习的内容也不少,但一上考场,却似乎没有用武之地,好像考场上的功夫在平时根本没有训练出来。如果想改变这种局面,必须学会"像对待考试一样地

对待作业"。

（1）强调独立完成。家庭作业，除了一些需要合作方式完成的，如探究性质的作业，操作性质的作业，其他的作业，一般都要强调学生的独立完成。如果学生不经过努力，就能够从其他同学那里进行"借鉴"，甚至"照搬"，久而久之，就会养成不愿动脑筋的恶习。一旦缺乏了独立思考、独立解决问题的习惯，学生的学习状态必然会出现问题。因此，教师要加强对学生的教育，引导学生本着为自己负责的原则，做好自己分内的事，还要想方设法借助家长的力量来督促学生独立完成作业。要让学生知道，作业的过程，就是自己考查自己的过程，这就像测试一样，如果从别人那里轻而易举地得到答案，那么就与测试中的"作弊"完全没有两样。

（2）强调限定时间。有的老师只管布置作业，却忽略了后续的工作，作业留了，但什么时间收，什么时间阅，都画上一个大问号，以至于布置下去的作业，今天推明天，明天推后天，迟迟交不上来，时间久了，学生再也不拿作业当回事。这是造成学生做事拖拉、效率低下的很重要的一个原因。作为教师，要有强烈的时间意识，不论是课堂练习作业，还是家庭作业，都要养成为学生限定时间的习惯。要求学生完成作业的过程，就像考试一样紧张，不断提高自己的解题速度与正确率，提高对题目的熟练程度。如果做对了，但时间没有达到预期的要求，也认定为失败。久而久之，学生就能够学会集中精力、全神贯注地做事，应试能力也会得到相应的提高。

（3）强调审题锻炼。其实，平时的作业也算是另一种形式的自我检测。作业题目的设计也要靠近测试的一般形式。这里面就有一个审题能力的问题。教师要有意识地将学生的审题能力作为重要的一项训练内容纳入到作业环节中来。不仅设计作业题目时要向测试题型靠拢，适当增加审题难度，而且要借助作业批阅和分析的过程，引导学生加强审题训练，以此来适应测试的要求。

（4）强调解题规范。各种测试中，解题过程的规范性也被纳入评分标准。很多学生在这个地方吃亏，明明能够理解和解答的试题，却总是无法得到满分，就是因为解题过程不符合学科的规范要求。这是非常可惜的事情。尽管如此，很多教师仍然没把这个问题放在心上，体现在作业批阅过程中，过分注重结果。结果对了，就是一个红红的大"√"，结果错了，就毫无情面地划一个大"×"，完全不管学生解题过程正确与否，格式要求规范不规范。平时的要求不到位，到测试时强求学生是不现实的。因此，批阅作业时，必须像测试一样将完整规范的解题步骤纳入评判的标准。

（5）强调书写整洁。卷面是否整洁、美观，虽然在绝大多数学科的测试中并未直接占据分值，但是，我们从实践中都可以看出，学生书写程度的好坏，很大程度上左右着教师批阅试卷时的尺度，尤其是语文、政治、历史等这些文字表述较多、答案开放灵活的学科，卷面的整洁度往往会对阅卷人产生重要的影响，致使赋分时出现较大差别。可惜的是，我们很多教师在平时的作业中，并未严格要求书写，以至于字写得龙飞凤舞，答案内容摆布得凌乱不堪，教师也并未非常重视，更别说耐心地教会学生如何保持卷面整洁了。结果造成学生测试时，一时改变不了平时的恶习，卷面上涂涂改改、字迹模糊，让人看起来就头疼，导致不可挽回的损失。

二、将作业内容纳入考试范围

在教师所"主宰"的测试命题中，不难见到一种奇怪的现象：有的教师总喜欢避开平时学习的重点，避开作业和练习中的试题，用一些偏、难、怪的题目来考查学生，还美其名曰"防止学生押题，激励学生更为认真地对待学习"。果真如此吗？学生平时辛辛苦苦地完成了大量的练习,等到考试时,却完全派不上用场,不仅导致了成绩的不理想,而且必然会对其心理产生负面影响,甚至对教师的教学产生怀疑:是不是老师的教学有问题,否则,为什么跟着老师学了半天,却依旧无法拿到一个理想的成绩? 这种心态一出现,对其学习行为的影响可想而知。有的老师潜意识中有种观点:让学生经历挫折,更容易激发他们的斗志,让他们在测试中"摸不着头脑",更能保证他们戒骄戒躁、永不满足。用新课程的理念来看,这种观点极为偏颇。固然有些学生会在挫折面前"愈挫愈勇",但对绝大多数学生来说,挫折只能让他们丢失原本存在的自信。这种妄图用"挫折"起到调动学生的作用的想法,也就得不偿失了。更何况,很多教师之所以在命题中采取了"回避教学重点"的策略,难免有"卖弄"自身才华之嫌呢?

新课程理念下有一个重要的观点:教什么考什么。即围绕课程标准和教材所确定的教学重点,围绕知识与技能、过程与方法、情感态度价值观三个层面的教学目标,实施具体的教学行为,而作为学习评价的最重要的方式——测试,应该始终围绕这些教学的重点内容来进行命题。这样就使得教师的"教"和学生的"学"具有了极强的针对性和明确性。"教"与"学"的行为不再是茫然的、随意的,相互之间不再脱节,而是紧密相连。教师采取"教什么考什么"的策略,对学生的指导会更为明晰,相应地,学生"学什么考什么",非常有利于用努力来达到完成学习任务的目的,信心会不断增强。较之教师和学生"兜圈子"、"捉迷藏"的测试方式,其优点不言自明。

平时的作业是教师针对每一章、每一节的教材重点遴选出来的,是对教学目标的巩固和深化。在平时的测试中,不应该采取刻意回避的方式,相反,如果教师有意识地将作业内容纳入测试范围,会促使学生更加关注学习过程,关注每一次作业的完成和作业批阅后的后续改正工作,无疑会提高学习的效率和效果。

1. 直接将作业内容作为测试题目,进行组题

既然作业本身就是教学重点的体现,不妨直接将作业本上的题目、练习册上的题目,作为学生测试的内容。譬如,一个学期下来了,教师要组织一次总复习前的测试,可以明确告诉学生,测试的范围就是这一个学期以来所完成的所有的作业内容,只要认真去回顾,就一定能够取得好的成绩。这样的做法,简单易行,学生复习起来,方向明确,相对比较容易获得成功感。如果再深入一步,也可以由学生自行编制试卷,他们就会围绕自己作业的情况,选择那些自己认为有一定难度,当初自己完成作业的过程中出现问题的题目来进行筛选和组合,以期"难为别人"。正是在这样一个过程中,他们迅速重温了一个学期以来的学习内容,能够收到良好的学习效果。

2. 有意将作业错误作为测试题目,进行巩固

不要简单地将学生作业中的错误看作孤立的、偶然的错误,他们在某些题目上出现了问题,很可能预示着他们在某一类试题的解题中存在模糊认识,在这类题目所包含的相关知识技能上存在缺陷。尽管当初已经对作业进行了修改,但这种知识系统和能力系统上的缺欠却很可能依旧没有得到彻底修复。当再出现类似试题,甚至是原封不动的试题时,学生依旧可能"被同一块石头第二次绊倒"。因此,教师要善于利用这些宝贵的教学"资源",定期进行小型测试,而测试的重点,就是在学生作业中普遍出现错误的试题。以"过关"的形式要求学生,"逼迫"学生不断反思、整理、温习、改正作业中所犯下的各种错误,以求顺利"达标"。这种测试形式,将测试范围大大缩小,学生的负担不重,但指向性极强,也能激发起学生挑战的欲望。当他们都把"百分之百不再重复犯错"作为自己的奋斗目标时,测试的积极意义就充分体现出来了。

后 记

以 2001 年 6 月 8 日教育部印发《基础教育课程改革纲要（试行）》为标志，我国基础教育新一轮课程改革正式启动。以政府行为来推进的本次课程改革，抓住了基础教育改革的核心，是为了适应时代要求、办好我国基础教育事业、落实科教兴国战略的一次重大行动。如今，新课程改革已经迈入第十个年头，基础教育发生了深刻的变化。教育工作者们在学习和领会新课程理念的过程中不断深化了对教育本质的认识，逐步形成了具有新时代特征的教师角色的定位。教师的教学表现得更加民主、灵活，学生的学习开始趋于主动、合作、探究和创新，生动活泼的课堂面貌正在形成，这都体现出课程改革的巨大成果。

但是，由于在升学、就业等方面的配套改革相对滞后，课程改革的进程也存在阻力和困难，尤其是在"作业"和"测试"两个方面，缺乏深入的研究和探讨，尚未形成深层次的变革，这大大阻碍了新课程改革的进程。本书就围绕新课程下教师设计作业、评阅作业、命制试卷、分析与讲评试卷等方面的基本技能展开，分别进行了详细分析与阐述，旨在引起广大教师对"作业"和"测试"改革的高度重视，提高相应的教学能力，以适应新课程改革进一步深化的需要。

本书内容主要包括两大板块：作业设计与评阅，试卷命制与分析讲评。

合理布置、认真批改作业，是教师日常教学工作的重要组成部分，但不少教师歪曲了"减负"的本意和实质，致使作业及批改这个教学环节更趋淡化乃至名存实亡。随意布置作业，马虎批改作业的现象，在常规教学中屡见不鲜。为什么作业不仅没能发挥巩固知识、发展能力、矫正教学、促进师生沟通的功能，反倒变成了学生沉重的负担，甚至造成学生的厌学情绪？本书围绕作业的意义、设计和批改等相关问题进行了冷静的思考和剖析，有助于引领教师树立正确的态度，养成必要的教学技能。

科学命题是素质教育发展的需要，也是教师专业发展的需要，命题是教学的一个不可缺少的环节，命制出优质的试卷是一个教育工作者必须掌握的一门技能。可我们的命题质量为什么就上不去，根源究竟在哪里？为什么花费了大量的人力、物力所进行的测试，却不能发挥对教学应有的作用？本书对试卷命制、试卷分析和讲评等方面的相关知识，进行了详尽的解析和介绍，目的就在于促进教师观念的转变和能力的提高。

本书紧紧围绕新课程改革的理念，吸收和借鉴了国内外最新的研究成果，采取最新的教学实例，反映当前一线教师的新尝试、新成果，既注重理论的厚重，更强调教师具体教学实施中的可模仿、可借鉴的操作思路与操作方法的介绍，较为全面地论述了"作业、试卷设计与评阅"的相关问题，通俗易懂，对有志于在新课程改革研究领域追求更高造诣的教师，有较高的参考价值。

本书在编写过程中坚持以"为第一线教师服务"的主旨，内容翔实，风格朴素、生动，可读性强，既可作为中小学教师专业技能培训的参考用书，又可作为师范类院校对师范生进行专业技能训练的教材，还可作为初涉教坛的中小学教师及非师范类院校毕业生或社会人员报考教师资格、进行专业技能自我提高的参考用书。

在本书编写过程中，编者力求理论精要一点、内容全面一点、案例充实一点、语言通俗一点、思考深入一点，但限于编者的水平，结果未必尽如人意。恳请各位同人批评指正！

另外，本书在编写过程中参考和借鉴了一些书籍、网络、杂志中的资料，在此表示衷心的感谢。在书中使用的大量资料，我们尽可能表明出处，但还是有一些资源无法查找作者和出处，在此向作者致以深深的歉意。

作者教育博客：http://fuchen0929.blog.163.com/

王福强

2010 年 5 月于河北廊坊

新课程理念下的作业、试卷设计与评阅

郑 重 声 明

　　为保护广大读者的合法权益,打击盗版,本图书已加入全国质量监督防伪查询系统,采用了数码防伪技术,在每本书的封面均张贴了数码防伪标签,请广大读者刮开防伪标签涂层获取密码,并按以下方式辨别所购图书的真伪:

　　固话查询:8007072315

　　网站查询:www.707315.com

　　如密码不存在,发现盗版,可直接拨打13121868875进行举报,经核实后,给予举报者奖励,并承诺为举报者保密。